国家社科基金一般项目“‘全面二孩’政策背景下大龄二孩家庭同胞关系研究”（项目批准号：19BSH069）结项成果

刘庆 著

大龄多孩家庭同胞关系研究

Research on the Sibling Relationship of Multiple-Child Families with Senile Gravida

中国社会科学出版社

图书在版编目（CIP）数据

大龄多孩家庭同胞关系研究 / 刘庆著．—北京：中国社会科学出版社，2024.6

ISBN 978－7－5227－3697－6

Ⅰ．①大…　Ⅱ．①刘…　Ⅲ．①家庭关系—人际关系—研究
Ⅳ．①C913.11

中国国家版本馆 CIP 数据核字(2024)第 110755 号

出 版 人　赵剑英
责任编辑　周　佳
责任校对　胡新芳
责任印制　王　超

出　　版　中国社会科学出版社
社　　址　北京鼓楼西大街甲 158 号
邮　　编　100720
网　　址　http://www.csspw.cn
发 行 部　010－84083685
门 市 部　010－84029450
经　　销　新华书店及其他书店

印　　刷　北京君升印刷有限公司
装　　订　廊坊市广阳区广增装订厂
版　　次　2024 年 6 月第 1 版
印　　次　2024 年 6 月第 1 次印刷

开　　本　710×1000　1/16
印　　张　16.75
插　　页　2
字　　数　245 千字
定　　价　88.00 元

目录 contents

第一章　导论 …………………………………………………… (1)
　第一节　研究背景 ……………………………………………… (1)
　第二节　研究目的、意义和内容 ……………………………… (8)
　第三节　研究设计 ……………………………………………… (13)
　第四节　本书的结构安排 ……………………………………… (21)

第一编　文献回顾

第二章　国外同胞关系研究 ……………………………………… (27)
　第一节　同胞关系的维度 ……………………………………… (27)
　第二节　同胞关系的类型 ……………………………………… (30)
　第三节　同胞关系的影响因素 ………………………………… (34)
　第四节　同胞关系的作用 ……………………………………… (46)

第三章　中国同胞关系研究的进展 ……………………………… (53)
　第一节　长子女对同胞出生的适应问题 ……………………… (54)
　第二节　同胞关系的特征与影响因素 ………………………… (56)
　第三节　同胞关系对个体心理和行为的影响 ………………… (62)
　第四节　同胞关系与家庭发展 ………………………………… (63)

第二编　大龄多孩家庭同胞关系的特点、影响因素及其作用

第四章　大龄多孩家庭同胞关系的现状与特点 ………………………… (69)
　第一节　变量测量与分析方法 ………………………………………… (72)
　第二节　研究结果 ……………………………………………………… (74)
　第三节　分析与讨论 …………………………………………………… (81)
　第四节　结论 …………………………………………………………… (86)

第五章　不同年龄段同胞关系的比较研究 ………………………………… (89)
　第一节　变量测量与分析方法 ………………………………………… (92)
　第二节　研究结果 ……………………………………………………… (92)
　第三节　分析与讨论 …………………………………………………… (99)
　第四节　结论 …………………………………………………………… (102)

第六章　同胞关系的影响因素研究 ………………………………………… (104)
　第一节　变量测量与分析方法 ………………………………………… (105)
　第二节　研究结果 ……………………………………………………… (109)
　第三节　分析与讨论 …………………………………………………… (115)
　第四节　结论 …………………………………………………………… (124)

第七章　同胞关系对青少年亲社会行为的影响 …………………………… (127)
　第一节　变量测量与分析方法 ………………………………………… (130)
　第二节　研究结果 ……………………………………………………… (132)
　第三节　分析与讨论 …………………………………………………… (139)
　第四节　结论 …………………………………………………………… (144)

第三编 “同胞隔阂”与家庭变革

第八章 “同胞隔阂”的形成机制研究 ……………………（151）
第一节 从世代“代沟”到“同胞隔阂” ……………………（151）
第二节 同胞年龄差别较大的类型 ……………………（154）
第三节 子代年龄差较大的影响——“同胞隔阂” ……………………（163）
第四节 讨论与结论 ……………………（175）

第九章 “同胞隔阂”下的家庭变革 ……………………（179）
第一节 后独生子女时代对家庭的影响 ……………………（181）
第二节 “同胞隔阂”下的家庭变革 ……………………（187）
第三节 讨论与结论 ……………………（207）

第四编 对策建议与总结

第十章 同胞关系的应对与调适 ……………………（213）
第一节 构建多元社会支持体系 ……………………（214）
第二节 维系融洽的婚姻相处之道 ……………………（218）
第三节 构建和谐的亲子关系 ……………………（223）
第四节 践行情感温暖的家庭教养方式 ……………………（229）

第十一章 总结 ……………………（239）
第一节 研究结论 ……………………（239）
第二节 讨论 ……………………（241）
第三节 研究不足 ……………………（245）

参考文献 ……………………（247）

第一章

导　　论

第一节　研究背景

一　中国生育政策的动态演进

中华人民共和国成立初期，随着国民经济的恢复发展、医疗卫生条件的改善、人民生活水平的提高，人口死亡率大幅度下降。政府在这一时期对生育采取的态度是放任、自由，基本上执行的是放任生育的政策，并没有对人口的发展做出整体上的战略规划，导致人口增长过快。此后中国经历了“大跃进”和“三年困难”的特殊时期，但是人口数量并没有停止增长的脚步。党和政府高度重视人口急剧增长的态势，提出计划生育。中共中央强调要对人口增长进行适当控制，尝试在城市和人口压力大的农村逐步实现有计划性的节制生育，将生育由自发状态转变为有计划的状态。20 世纪 70 年代初期开始在全国范围推行计划生育政策，以“晚、稀、少”为特点，随后，生育政策逐渐趋紧，70 年代中期，提倡家庭生育子女数量最多为 3 个，70 年代后期调整到最好为 2 个。国家提倡和推行计划生育，具体提出了生育的数量限定性目标，即“一对夫妇生育子女数最好一个，最多两个”，生育的时间间隔至少在三年以上。1980 年，中共中央发布《关于控制我国人口增长问题致全体共产党员共青团员的公开信》，明确提出“提倡一对夫妇只生育一个子女”的刚性政策。这标志着中国“一孩”政策正式出台并全面实施，成为计划生育历史上政策规定最为严厉的时期，自此计划生育政策正式成为中国的基本国策。

1984年，为了调和农村生育与生产的矛盾，适当放宽农村的生育政策为“一孩半”政策。在控制人口规模方面计划生育政策起到了非常关键的作用，它使得中国人口数量快速增长的势头得到有效控制，总和生育率下降到自然更替水平以下，实现了从高出生、低死亡、高增长向低出生、低死亡、低增长的人口再生产类型的转变。①

自20世纪90年代末以来，多次人口抽样调查、人口普查或者生育意愿专项调查的数据均显示中国已进入低生育水平时代。对于中国是否已经进入“低生育陷阱”，尽管还有一定的争论，但是人口发展的规律表明，人口长期处于低生育率水平必然会带来人口老龄化加剧、家庭养老压力剧增、劳动年龄人口数量缩减、新生婴儿的性别比严重失衡、家庭少子化等人口结构性矛盾。为了适应人口发展的新形势，事实上早在2000年以前，全国就有27个省份已经相继实施了“双独二孩”政策。②学者们出于对人口未来发展的担忧，一直在关注人们的生育动机与生育意愿的变化，提出在合适的时间可以放开生育政策。③因此，调整和实施适度宽松的生育政策也就成为必然之举，以避免未来人口的负增长带来的严重社会经济后果。④

2002年9月根据《人口与计划生育法》，全国各地陆续实施“双独二孩”政策。2013年11月，党的十八届三中全会通过的《中共中央关于全面深化改革若干重大问题的决定》中提到，“坚持计划生育的基本国策，启动实施一方是独生子女的夫妇可生育两个孩子的政策”。“单独二孩”政策是中国计划生育政策实施以来的第一次重大的调整，是对计划生育政策的完善，意味着生育政策出现了一个重要的“拐点”，从一味地“缩紧”转向适度的“宽松”，开启了相对宽松化的生育政策

---

① 宋健：《中国生育政策的完善与“善后”》，《中国人民大学学报》2015年第4期。

② 杨舸：《新中国成立以来的人口政策与人口转变》，《北京工业大学学报》（社会科学版）2019年第1期。

③ 周长洪：《关于完善现行生育政策的思考》，《人口与发展》2011年第1期。

④ 原新：《我国生育政策演进与人口均衡发展——从独生子女政策到全面二孩政策的思考》，《人口学刊》2016年第5期。

时代，被认为在计划生育政策的改革过程中具有里程碑意义。[①] 国家卫计委曾经预测，因“单独二孩”政策的实施，每年中国将新增200万人口，可是这项政策在实施一年之后，在全国范围内符合生育条件的育龄夫妇申请二孩的数量为105.4万人，严重低于预期，人口生育反弹的现象没有出现。可见，“单独二孩”政策的实施并没有如人们预料，效果并不显著。

为了有效地释放“人口红利”，延缓劳动力短缺和人口老龄化的问题，2015年10月，党的十八届五中全会进一步调整和完善了中国的生育政策，提出“全面实施一对夫妇可生育两个孩子政策”的决定（以下简称“全面二孩”政策），于2016年1月1日起开始正式实施“全面二孩”政策，标志着中国的生育政策迈向一个新时代，是在继“单独二孩”政策实施之后对生育政策的进一步调整和完善，满足了家庭生养两个孩子的意愿。[②] 自此，在中华民族“生生不息”的种族绵延中，实施近四十年的独生子女政策宣告退出历史的舞台。这是根据中国的经济社会发展与人口形势的变化，党中央经过仔细研判后做出的重大战略决策，旨在缓解人口老龄化，增加劳动年龄人口，改变新生人口性别比失衡现象，拉动总和生育率的回升，优化人口结构，提升家庭的发展能力。在“全面二孩”政策实施后的第二年，生育红利迎来了小幅度的上升后又开始出现下滑趋势，生育政策的目标群体并没有完全按照政策而生育。此后的五年新生人口由1786万人减少到1200万人，减少的幅度为32.8%。2020年第七次人口普查数据结果表明，人口出生率第一次下降到10‰以下，育龄妇女总和生育率进一步下降到1.3，进入“极低生育率”。[③] “全面二孩”政策一定程度上拉升了生育率，但是随

① 孙友然、温勇、焦永纪：《“全面二孩”政策对我国计划生育政策体系的影响研究》，《中州学刊》2016年第11期。

② 钟晓华：《“全面二孩”政策实施效果的评价与优化策略——基于城市“双非”夫妇再生育意愿的调查》，《中国行政管理》2016年第7期。

③ 聂建亮、董子越：《“三孩”政策：积极影响、多重障碍与因应策略》，《广州大学学报》（社会科学版）2021年第6期。

着政策效应的逐步消减，生育率又急剧下降。面对日益严峻复杂的人口形势，为进一步促进人口的均衡发展，2021 年 5 月中共中央政治局召开会议，指出要实施一对夫妻可以生育三个子女的政策。作为政策的回应，可以说这是对中国生育政策的又一次重大调整，由“二孩”政策向“三孩”政策转变。“三孩”政策的实施将会对中国社会发展产生全方位的影响，在当前社会转型时期对中国家庭的调整、发展具有重要意义。从人口学角度来看，因为人口形势的不断变化，从“一孩”政策到“二孩”政策，再到“三孩”政策的实施，意味着中国生育政策的取向发生了变化，从人口的缩减到稳定，再到增加，人口数量与人口结构之间要保持一种动态的平衡。①

二　同胞关系时代

自 2016 年 1 月 1 日开始，“全面二孩”政策正式启动。这一生育政策的重大调整直接影响了中国家庭，推动中国家庭开启了后独生子女时代。②“全面二孩”政策的最终目标是促进中国人口结构向长期均衡化方向发展。这一政策的实施除了带来直接的人口学后果，还会对社会的各个方面产生影响，特别是广大的家庭，他们具体承担着抚育子女的任务。③对于很多家庭而言，不仅要考虑“生”的问题，还有一个如何“养”的长远问题也需要慎重考虑，尤其是孩子之间的关系如何处理。与独生子女家庭不同，二孩家庭的一个显著变化就是随着新的家庭成员的增加，从一孩到二孩的转变在原有的关系格局中出现了一种新的家庭关系——同胞关系。毋庸置疑，随着国家“全面二孩”政策的落地，已有一孩的育龄父母不少年龄已经偏大，如果他们选择继续生育二孩，两个

① 陈卫：《中国的低生育率与三孩政策》，《社会科学文摘》2021 年第 10 期。

② 风笑天、王晓焘：《从独生子女家庭走向后独生子女家庭——“全面二孩”政策与中国家庭模式的变化》，《中国青年社会科学》2016 年第 2 期。

③ 风笑天：《“单独二孩”生育政策对年轻家庭亲子社会化的影响》，《东南大学学报》（哲学社会科学版）2015 年第 4 期。

孩子年龄差距较大就会形成事实上的大龄二孩家庭。[①] 2021 年 8 月，随着“三孩”生育政策正式入法，预测将会有越来越多的儿童和青少年迎来自己的手足同胞。[②] 长达四十余年的计划生育政策的长期实践，一定程度上掩盖了中国现实中家庭内部的同胞关系，也使得当下很多年轻父母普遍缺失手足相处的成长经验。同时，长期围绕独生子女政策进行的既有社会制度、经济模式和城市规划，也都具有了一定的文化和经济惯性。从这个意义上说，“全面二孩”政策、“三孩”政策的落地是对同胞关系的一种拯救，家庭转型中的“同胞关系”成为社会关切。

在个人的人生道路上，配偶姗姗来迟，而父母终将有一天会离去。在所有的人际关系中，同胞关系是持续时间最长、情感唤起最强烈的人际关系之一。整个生命历程中兄弟姐妹在一起相互陪伴的时间超过子女与父母在一起的时间，同胞间的交往互动既会产生积极情绪，也会带来消极情绪，但是在个人成长过程中同胞关系具有重要意义，影响着个人的自身发展和整个家庭的未来。同胞关系作为一种最为持久的陪伴关系，其间充满了亲密和温暖，也会有竞争、矛盾和冲突，会形成情感关系共同体。同胞关系是家庭成长环境中的一个重要系统，从一孩过渡到多孩的过程中，一个孩子意识到家庭中还有与自己先天特征和家庭地位相似的同伴，彼此之间相互陪伴，必须和谐相处。同胞关系也会让父母重新思考对待子女的态度和教养方式。对父母而言，手心手背都是肉，与多个子女在亲子关系上并没有本质差异，子女对他们来说都是一样的，不能厚此薄彼。但由于每个子女都有其独特性，父母需要面对新的经历和挑战，在实际生活中既要关爱他们又要理性地对待他们。他们的成长环境明显不同于独生子女家庭的成长环境，在家庭中兄弟姐妹在一起交往互动的时间相当多。有兄弟姐妹这种特定的人生经历，与手足之间的相

① 陆杰华、韦晓丹：《“全面两孩”政策下大龄二孩家庭亲子/同胞关系的调适机理探究》，《河北学刊》2017 年第 6 期。

② 刘雯、於嘉、谢宇：《家庭教育投资的性别差异——基于多子女家庭的分析》，《青年研究》2021 年第 5 期。

处有助于他们学会如何与同龄人更好地交往，如何面对竞争、冲突与合作以及更复杂的社会关系。另外需要指出的是，中国社会历来都非常注重同胞手足之情，重视同胞血亲，同胞关系作为一种家庭成长环境对个体的发展起着重要作用，而且是个体一生中最亲近的一种亲属关系，是相伴一生的重要家庭支持系统。进而言之，同胞关系作为个体生命历程中一种独特的关系，所衍生出来的一定亲属关系也是在生活中彼此之间提供依靠支持的一种非正式的社会支持系统。

在后独生子女时代，已有一孩的育龄父母不少年龄已经偏大，如果他们选择继续生育，孩子之间的年龄间隔较大，就会出现出生时间间隔较长的"兄弟姐妹关系"。随着"三孩"政策的不断深入推进，将会有越来越多的儿童和青少年迎来自己的手足同胞。从家庭关系上看，与普通多孩家庭相比，年龄差距较大的多孩家庭具有一些明显特点：一方面，孩子出生时间间隔较长，孩子之间可能会发生关系的错位或一孩难以接受，使得家庭关系进一步复杂化，同胞关系呈现出新的特征；另一方面，孩子与父母的年龄差距过大，他们的婚姻关系、亲子关系、代际关系都会产生与以往不同的模式，需要不断调整和适应新的家庭关系。因此，在子代年龄差距较大的家庭，同胞关系值得高度关注。在许多家长看来，"摸着石头过河是新一代父母的集体表征"。事实上，"三孩"时代刚刚起跑，无数的小家庭也因此发生着改变。生育政策对中国家庭结构的影响带有明显的"滞后"效应，未来随着家庭中的"二孩""三孩"进入中小学以及婚育阶段，生育政策的调整会给中国家庭结构带来更为明显的变迁。因此，对子代年龄差距较大的家庭同胞关系进行研究，一方面可以阐释当前一孩对弟弟/妹妹的出生表示反对、排斥的原因；另一方面能够理解弟弟/妹妹的出生给家庭带来的变革，帮助父母和一孩提前做好充分的思想准备，学习社会化的新内容，引导他们尽快适应新的家庭成员，建构和调适新的家庭关系。是故，政府、社会公众和平民百姓也都急需更为科学、健康的家庭生育观念和家庭教育技巧，及时地预防和应对潜在的以及正在发生的消极的同胞关系与家庭危机，培育亲密的同胞关系。

既往对家庭代际关系的研究取得了丰硕的成果，与此形成鲜明落差的是，当代国内社会学、文化学、青年学、人口学长期以来较少聚焦同胞关系问题，家庭内部兄弟姐妹手足之间的交往相处问题没有得到充分关注。也就是说，与家庭代际关系、夫妻关系的研究相比较，对同胞关系和家庭变革的研究滞后于政策和社会发展的需要，颇显薄弱。首先，由于中国长期实行的是计划生育政策，与此相对应，学者们都将目光聚焦于独生子女的相关议题研究。而实际上，虽然中国自 20 世纪 70 年代以来实施了计划生育政策，可是依然有不少家庭选择“超生”，造成多孩家庭的出现，在既有的家庭关系中增加了同胞关系，特别是在广大农村地区。而在城镇即使是在政策执行最严厉的时期，大概有 40% 的儿童都至少有一个同胞。① 其次，尽管学者非常关注“三孩”政策实施的意义、效果，以及由此产生的社会热点问题，但是大都探讨的是生育意愿、生育政策对中国人口结构和社会发展带来的影响，却较少有相关实证研究去探讨直接受政策影响的微观家庭的发展。最后，传统的家庭研究进路也较少聚焦由于年龄差、人格特质、成长阶段的不同，而在同胞间的交往中产生的矛盾冲突以及带来的家庭变革问题。中国进入后独生子女时代，也正值“三孩”政策启幕之际，聚焦家庭生育对子代关系的重构与调适具有重要的前瞻意义。一言以蔽之，世代之间的继替过程推动了中国社会的发展生生不息，也正是因为如此，微观家庭选择生或者不生的决策直接决定着“三孩”政策的实行效果，也对家庭结构变迁的方向产生影响。在后独生子女时代对中国同胞关系进行研究，有望开启重新构筑多孩新家庭理想的可能。

本书关注的是在大龄多孩家庭中，同胞年龄差距较大会对其相处模式带来什么影响？同胞之间会存在隔阂吗？会产生怎样的家庭变革？在青少年成长的不同阶段，同胞关系会发生何种阶段性变化？哪些个体特

① 郭志刚：《利用人口普查原始数据对独生子女信息的估计》，《市场与人口分析》2001 年第 1 期。

质和家庭环境因素会对同胞关系的特征和发展走向产生影响？在后独生子女时代，有没有较好的干预对策促使在家庭中去构建一种新家庭理想模式的可能呢？基于上述问题，本书希望对话和扩展已有的家庭研究理论，为后独生子女时代家庭教育的发展和亲密同胞关系的培育提供有益的参考，回应社会关切。

第二节　研究目的、意义和内容

一　研究目的

在后独生子女时代语境下探索家庭中年龄差距较大的同胞关系面貌，进而参与到既有家庭领域研究的理论对话，有望弥补国内现有对同胞关系研究的不充分，为未来研究同胞关系提供启发。长达四十余年以独生子女为主要特征的计划生育政策，使得国内研究一定程度上忽视了同胞关系的理论和实证研究，即使在中国农村和部分家庭中仍然广泛存在这种重要的家庭关系——同胞关系。直至“全面二孩”政策实施后，选择再次生育孩子的家庭日益增加，国内研究者才开始对同胞关系有更多的关注。在国内既有的家庭研究中，家庭代际关系、婚姻关系方面的研究较多，对家庭的“同胞关系”却鲜有涉及，关于同胞关系经验研究，还远远满足不了理论提升和政策实践部门的需要。2021 年随着“三孩”政策的入法，越来越多的儿童和青少年会迎来自己的手足同胞。本书拟提出“同胞隔阂”的概念，并以此为基础探究在家庭中子代年龄差距较大的现象，直面同胞关系的重构与家庭变革，进而拓展家庭研究的相关理论。

与宏观的社会政策相呼应，微观的家庭关系可以更好地探究中国家庭模式的变化，指导现实家庭发展的微观实践。同胞手足存在较大的年龄差，必然会带来心理障碍、情感隔阂和个人继续社会化的时代差异。随着时间的延长，同胞间的关系也许会发生变化，但至少说明家庭中曾经存在情感危机，是目前同胞手足之间一种暂时性的常态现象。本书试图阐述家庭中子代年龄差距较大的同胞关系及其阶段性发展特征，比较不同年龄段青少年同胞关系的类型，分析个体特质和家庭环境因素对同胞关系的影响，探讨“同胞隔阂”产生的具体机制，及其带来的家庭关系和养育结构的变革，希望寻求和探索相应的家庭应对策略，重建社会新家庭理想的可能。在“三孩”政策放开之时，关注家庭生育以及同胞关系对婚姻关系、亲子关系的影响机制，在此基础上寻找和探索积极良好的应对后独生子女时代的同胞关系和家庭关系的有效家庭干预策略，可以服务现实社会政策的需要，为家庭转型、同胞关系的发展、未来家庭教育的咨询提供依据。

二 研究意义

自 2016 年“全面二孩”政策实施后，选择生育二孩的家庭越来越多，国内研究者才开始对同胞关系有更多的关注。而随着“三孩”政策的落地，将会有越来越多的儿童和青少年迎来自己的手足同胞。以个人主义为导向的西方文化注重个性和自我，而以集体主义为核心的东方文化强调社会关系，关注情感关联，有很强的家庭主义观念，重视同胞之间的情谊，“血浓于水，手足情深”。这为研究中国的同胞关系提供了天然的土壤。本书将呈现兄弟姐妹之间因年龄间隔较大，其同胞关系的变化、发展过程，全面地去检验不同理论假设，并将中国家庭的相关研究证据整合进已有的理论，使其进一步完善和丰富。另外，本书从因生理年龄差产生的代内隔阂的机制入手，挖掘家庭中“同胞隔阂”关系的产生机制。借鉴相关理论，在历史与现实的比较研究中，发现“同胞隔阂”对家庭变革的影响，弥补当前对中国同胞关系研究的不足，为后续同胞关系研究提供参考。

（一）理论意义

1. 进一步补充和拓展家庭系统理论

中国长期以来实施的计划生育政策严重掩盖现实社会中家庭系统内部的同胞关系，学术界长期对同胞关系的研究和关注出现缺席的状态。

家庭系统理论认为，家庭中的任何两种关系都存在相互影响，同胞关系不仅影响着子女之间的交往互动，还会对亲子关系和夫妻关系产生重要影响，反过来亲子关系和夫妻关系也影响着同胞关系。国内既有家庭研究集中关注家庭代际关系、婚姻关系，而长期缺乏对家庭同胞关系的应有重视。本书在后独生子女时代语境下试图以同胞关系作为研究主题，探索中国家庭发展史上常态的同胞关系面貌，较全面地研究家庭子系统之间相互作用的核心内涵，参与到既有家庭领域研究的理论对话，进而试图拓展家庭系统理论，从而深入理解从一孩到多孩的过渡与家庭转型。

2. 同胞关系为人际关系的深化研究提供了新的途径

同胞关系是家庭关系系统中的重要一环，它温情又强烈，既可以对个体的发展具有积极的推动作用，也可能带来消极的影响，导致一系列问题行为的产生。同胞关系的重要作用不仅在于对家庭内部产生影响，还会扩展到家庭之外的人际关系。本书从因生理年龄差产生的代内隔阂的机制入手，挖掘在兄弟姐妹年龄差距较大的家庭中“同胞隔阂”关系的产生机制。个体在与同胞互动的过程中，学习的冲突处理技能等对发展同伴关系和成年后社会交往合作都会产生重要影响。

（二）现实意义

1. 家庭关系应对的重要补充和拓展

受当前生育政策的影响，越来越多的父母会选择再次生育。但是由于计划生育政策实施了四十余年，已然使人们接受了一个孩子的生育观念。因此在同胞出生时一孩可能产生较强的情感波动，担心父母的爱因同胞的出生而减少，从而产生焦虑情绪，甚至会采取各种方式进行抵制；另外，父母也缺乏相应的经验去平衡孩子之间的冲突和矛盾。本书旨在家庭系统理论的视角下，通过调查和挖掘青少年在生命成长过程中同胞关系会发生哪些阶段性变化特征，以及哪些个体特质和家庭环境因素会影响同胞关系的面貌和发展走向，进而探索出相应的同胞关系应对策略，引导家庭成员主动学习新的社会化内容，积极调适夫妻关系和亲子关系，可以为今后一定增长数量的多孩家庭提供一些有益的启示和及时的指导。

2. 应对和指导国家的家庭政策实践

在后独生子女时代出现了诸多长子女为反抗或排斥同胞而表现出的不良行为，而且同胞的到来使得家庭结构和教育方式发生了巨大的改变，因此对同胞关系的本土化特点及家庭教育启示的分析，能够为父母教育方式的转变提供一定的依据。本书通过探究家庭中过大的“子代年龄差”现象对“同胞隔阂”产生的影响，希望为“三孩”政策放开之时中国的社会家庭关系、家庭政策和社会养育模式有所助益，指导社会层面的家庭政策实践，同时应对国家生育政策变革，重建社会多孩新家庭理想的可能。

三　研究内容

中国进入后独生子女时代以后的家庭同胞关系经验研究，还远远满足不了理论提升和政策实践部门的需要。因此本书通过阐述随着生育政策的调整、同胞关系的问题发现及其带来的家庭变革，希望寻求和探索相应的家庭应对策略，重建社会新家庭理想的可能。

（一）进程分析：生育政策的衍化过程

共一，中国生育政策的历史演变。自20世纪70年代开始，随着中国经济政治形势的变化，生育政策经历了多次调整和变动，不同时期的生育政策有不同的侧重点，各地计划生育政策也有部分事实差异。从“一孩”政策到“二孩”政策，再到正在推进中的“三孩”政策，中国生育政策的逐步调整背后彰显的是人口结构的巨大变化。其二，民间生育意愿的演变。在探讨何时全面放开生育时，舆论和有关部门之间也多有互动。“三孩”生育政策是大势所趋，民众的生育意愿期望得到满足，给了家庭更为丰富的生育选择，但生育政策的调整事关全局和长远。

（二）现状描述：不同年龄段青少年同胞关系的发展特征

其一，描述青少年早期和中期同胞关系发展特征。生命周期理论认为，社会化过程中涉及一系列的个人、群体和机构。其中，同胞手足是最重要的同辈群体。同胞手足在不同成长阶段会对彼此有不同的心理诉求和生活期望。在青少年的成长历程中，同胞关系会呈现阶段性变化特征。其二，基于人口社会学特征的同胞关系类型比较研究。同胞关系是一种强制性的情感关系，包含彼此间的亲密和温暖，也会面临着矛盾和冲突，因同胞间不同的出生顺序还具有不平等成分。同胞关系受到同胞结构、个体特征与家庭结构的影响。

(三）影响因素分析：同胞关系的影响因素

同胞关系是伴随个体一生的强制性情感关系，它和夫妻关系、亲子关系一样在个体的认知和行为发展中起着重要作用。同胞关系在个体的一生中持续时间最长，超过了亲子关系、同伴关系以及夫妻关系。作为一种非常重要的家庭关系，同胞关系会对亲子关系、同伴关系、夫妻关系和家庭以外的人际关系产生重要影响。在家庭系统理论看来，家庭中任意成员间的交往互动都会对其他关系的发展产生影响，首先受到关注的就是亲子关系的作用；其次，家庭的养育模式在对子女的抚育中非常重要；最后，婚姻关系是家庭成立的基础，对个体发展存在重要影响。因此，在家庭系统中需要考察亲子关系、婚姻关系、抚育方式等对同胞关系的影响。

(四）机制解释："同胞隔阂" 产生的机制

家庭内部"同胞隔阂"状态的形成，是以有较大的生物年龄差鸿沟所相互作用的。文化变迁导致了代际隔阂，即"代沟"。事实上，生理年龄、心理年龄和时代差异，导致不同"代"人之间在交往中也会存在隔阂。客观上不仅不同世代之间存在，一个家庭内部同代子女之间也可能存在。"同胞隔阂"是传统"代沟"的变异。后独生子女时代所形成的"同胞隔阂"现象，是社会政策所引发的系列问题。一是家庭行动研究。考察有"同胞隔阂"下家庭的现实状况，分析家庭中父母日常养育的倾向性与日常生活中子代关系之间的互动，把握其中的情景因素与行动因素。二是家庭能动性研究。从自我角色认知入手，考察"同胞隔阂"产生之后，一孩对弟弟/妹妹的排斥、困惑以及到最后积极接纳的情感心路历程，研究一孩的自我角色转换与态度适应。

（五）结构解释：存在“同胞隔阂”的家庭结构

结构解释注重对在结构的形成中每个要素的特点和总体性的分析。一是前后过程研究。分析“同胞隔阂”的家庭养育条件，力图抓住前后子代关系的角色失调和角色适应。二是家庭结构研究。由一孩家庭结构转向多孩家庭结构之后，家庭成长过程将面临的冲击和调试，包括婚姻关系、亲子关系等。

（六）后独生子女时代应对同胞关系的策略

“同胞隔阂”的问题是因家庭中有较大年龄差的兄弟姊妹，在行为方式和思想深度等方面有差异而导致的，因此“同胞隔阂”问题关键在于较大的年龄差。其一，探讨社会政策对同胞关系的积极应对措施。在当前考虑和落实生育政策的许多家庭中，许多家庭父母纠缠在生与不生的抉择中，更有许多父母在如何抚育子女的摸索中迷茫。通过梳理借鉴已有的生育支持政策，探索加快公共福利系统支持和完善相关的家庭政策。其二，家庭应对同胞关系的发展危机和构建良好的同胞关系技巧。研究家庭中一孩身份继续社会化的历程，以及家庭养育模式的适应和变革；改变父母，使之重新调试工作和生育、同胞手足以及婚姻相处之间的关系。

第三节 研究设计

一 研究视角

由自然年龄差异和时代差异带来的代际交往最为突出的现象就是“代沟”的存在。这是代际关系研究的起点。西方对代问题的研究源远流长，其中以德国著名的社会学家卡尔·曼海姆的影响最为深远。[1] 由于急剧的社会变迁，代际冲突日益明显，代际问题的研究在第二次世界大战

① 周晓虹：《文化反哺：变迁社会中的亲子传承》，《社会学研究》2000 年第 2 期。

后出现了前所未有的发展。人类学者开始关注年轻的世代与年长的世代在价值观、思维方式、生活方式等方面产生的差异、隔阂和冲突，即“代沟”现象。代沟理论一经提出就在西方社会产生了强烈影响，关于代沟的表现形式、产生的原因和作用机制的探讨，引发了学界的激烈论战。其理论流派纷呈，但对代沟的概念基本达成了共识。作为一种社会思潮，对该理论的争鸣较多，围绕以下三方面展开。第一，代际代沟是否存在的问题。其中玛格丽特·米德的研究最具影响力。[①] 她形象生动地描述了代际差异这一现实，认为代沟的产生有两个基本前提：一是不同“代”的社会成员同时存在，二是他们的社会属性具有根本差异。代沟早已经不仅是两代人之间的差异、分歧，已经转向了激烈的冲突，形成了不可跨越的鸿沟。随着现代化进程的加速推进，形成“代”的时空距离在缩短。文化传递的差异导致不同世代之间在价值观、生活方式等方面出现了冲突与对立。面对急剧的社会变革，不同代之间适应能力的差异导致他们在价值观、生活方式等方面产生矛盾和冲突，无法调和代际的裂痕，代沟难以避免。第二，关于代沟的原因分析。玛格丽特·米德认为，是现代社会的高技术发展导致了代沟的产生。塔尔科特·帕森斯认为，年轻的世代与年老的世代处于社会化的不同阶段，他们社会地位的差别很大使得代际冲突产生。[②] 第三，关于代沟的社会功能。从文化的角度看，代沟的功能在于创新文化。玛格丽特·米德肯定了年轻的世代在社会变革中的作用，对文化进行了分类（即前喻文化、并喻文化和后喻文化，尤其是后喻文化在她的代沟理论中最具有独创性），并且细致地阐述了文化的间断性是时代进步的表征。从世代继承的角度，沃恩·本特森认为，代沟的功能不在于消灭传统文化，而是有选择地延续传统文化、吸收新文化，使世代得以延续下去。[③]

---

① ［美］玛格丽特·米德：《代沟》，曾胡译，光明日报出版社 2008 年版。

② 周怡：《“代沟”现象的社会学研究》，《社会学研究》1994 年第 4 期。

③ 李庆善：《美国社会学界关于“代沟”研究的综述》，《青年研究》1986 年第 5 期。

20世纪80年代，国内学者开始研究有关代沟的理论，主要围绕以下四个方面展开：代沟的界定和划分标准、代沟产生的原因、代沟的表征、代沟的功能。在急剧的社会转型背景下，代沟的形式已发生了重要转变，同一代人之间也存在代沟，即“同代代沟”。也就是说，不仅是年轻世代与年长世代之间会存在差异，而且在同一代人之间也会产生差异、隔阂。大概10年的年龄差距就有可能存在代沟问题。① 价值观的断裂导致青年群体内也在发生分化，“亚代”呈现多元化特征。② 处于同一代的青年群体内也会产生代沟现象，应该采取差别化方式客观理性评判这一现象。③

文化变迁使得代际产生隔阂，即“代沟”，这是急剧的社会变迁在代际关系上的必然结果。代沟又被称为“代差”“世代隔阂”，是不同代人群之间在价值理念、生活方式等方面存在明显差异、隔阂，乃至冲突的一种社会现象。生理年龄、心理年龄和时代的差异导致了“代沟”的产生，表征着社会文化发生了断裂。“每一代人都会书写自己这一代人的历史”，在剧烈的社会变迁背景下，不仅不同“代”人之间在社会交往的过程中会出现隔阂、冲突，甚至同一个家庭内部同代子女之间也可能会客观存在——特别是在当前后独生子女时代背景下。采用卡尔·曼海姆提出的“同时代人的非同时代性”并加以扩展，在社会变迁的大背景下，年龄间隔较大的同一代人，其社会化的程度不同、对事物的感知也存在差异，他们在价值观、生活态度、语言习惯、行为方式等方面存在明显的差异与隔阂。同一家庭内部兄弟姐妹之间存在的“代沟”，我们称其为“同胞隔阂”，以区别于传统上约定俗成特指代际关系内容的“代沟”。事实上，自2016年中国社会进入后独生子女时代，同胞关系领域研究薄弱的局面发生了改变，越来越多的学者开始聚焦有关家庭内部同胞关系的话题。除了“要不要生”“生几个”的问题，“养不起”“怎么教”等问题也日益受到社会舆论的高度关

---

① 沈汝发：《我国“代际关系”研究述评》，《青年研究》2002年第2期。

② 廖小平：《代际价值观及其初步瞻望》，《广东社会科学》2007年第6期。

③ 董海军、高飞：《“80后”社会评价的代际性——基于长沙、杭州两地的调查研究》，《青年研究》2009年第6期。

注，成为家庭生育选择和家庭养育的核心公众焦虑。

在此时代语境和实践背景中，根据既有文献的理论启发和田野素材的经验，参照“代沟”的定义，本书提出一个核心概念——“同胞隔阂”。“同胞隔阂”是指核心家庭内部同胞之间，在价值观念、思想意识、行为方式、兴趣爱好等方面存在的明显差异、心理障碍和情感隔阂。为了更精确地明晰“同胞隔阂”的概念范畴，在比较研究的层次上，选择“同胞亲密”作为它的对应面。简言之，“隔阂—亲密”作为同胞关系的天平两端，以此作为比较分析的标尺，来观察和验证现实生活中多种多样的同胞关系形态和发展趋势。形象地说，在同胞关系的情境中，隔阂与亲密就像是一条跷跷板的两头，联系中间是脐带上的血缘。

二 研究思路

“代沟”作为一种文化断裂现象的比喻修辞，核心基础变量就是年龄(时代）差别，这不只存在于长辈与晚辈、上代与下代之间，也广泛存在于年龄相隔较大的同代子女之间。这就证实了一种新的“代沟”——“同胞隔阂”的产生。在后独生子女时代，大龄多孩家庭中由于同胞手足存在较大的年龄差，必然会带来心理障碍、情感隔阂和个人继续社会化的时代差异。即使这不是长期稳定不变的，至少也是出现过的家庭情感危机，或是当前暂时性的同胞关系常态。然而，是不是所有存在代内年龄差别过大同胞关系都会出现家庭危机？这种同胞手足隔阂有没有被挽救或修复的可能？有没有较好的心理社会干预模式促使构筑一种崭新的“多孩”新家庭理想模式的可能呢？

基于上述问题，本书试图通过阐述大龄多孩家庭中的同胞亲密与“同胞隔阂”，重点分析“同胞隔阂”的问题发现及其带来的家庭关系和养育结构的变革，希望寻求和探索相应的家庭应对策略，重建社会“多孩”新家庭理想的可能，并为当前中国“三孩”政策放开后的家庭变革和社会应对提供智力供给。一是境况描述层面，采用结构分析，呈现后独生子女时代同胞关系的变化、发展过程；在家庭系统理论的视角下分析影响同胞关系的主要因素。二是理论解释层面，挖掘“同胞隔阂”关系产生机制，进行家庭结构变革研究。三是应对策略层面，探索在后独生子女时代背景下“代沟”的表现新形式——“同胞隔阂”，建构家庭干预的理论框架，提炼应对同胞关系的调试策略，以达成研究的实际应用价值。

三 研究方法

当前对同胞关系的研究主要采取的是问卷调查的方法，这一方法在青少年同胞关系的研究中是非常适用的，能从个体和家庭层面收集资料以进行分析，反映其现状和问题，通过检验等方式归纳形成理论解释。量化研究与质性研究方法各有其特征，研究者往往结合两种方法来寻求问题的答案，这样可以避免使用一种方法的局限，减少研究误差，能更全面深入地把握复杂的社会现象。因此，在对同胞关系的研究中，将量化研究和质性研究相结合，既希望能去验证已有理论，又试图去构建一个整合性的、合乎实际的理论框架。基于问卷调查的方法去描述年龄差距较大的兄弟姐妹的同胞关系的现状；对不同年龄段青少年同胞关系的发展进行比较研究，以了解同胞关系在青少年成长过程中的阶段性变化特征；在家庭系统理论的视角下，分析个体特质和家庭环境因素如何影响同胞关系的面貌和发展走向；探讨同胞关系对青少年亲社会行为的影响及其可能的作用机制。而在对“同胞隔阂”关系的产生机制和家庭结构变革的研究中，则将质性研究方法深入细致地应用于其中，两种研究方法各取所长，以期完成研究计划。

（一）资料收集方法

本书综合采用问卷调查、深度访谈等方法，全方位收集研究所需资料。

1. 问卷调查

对于实证研究，无论使用怎样的具体方法，其评价标准如下：研究问题是真实的，并且具有重要性；根据理论基础提出研究假设；数据具有真实可靠性，保证数据的质量；使用的具体分析方法要正确，如数据处理方式要合适，回归工具选择要妥当，回归模型使用要正确，研究结果推论要具有稳健性，回归结果的解释要合理等。

本研究设计了大龄多孩家庭同胞关系的调查问卷，并于2020年采用组织调查分队和委托调研的方法，在湖北省武汉市和江西省南昌市进行。通过问卷调查数据来发现同胞关系及其作用机制的普遍规律。本研究的调查对象为拥有同胞且是家庭中的头胎青少年（在2016年“全面二孩”政策实施之后才升级为哥哥或姐姐），与同胞的年龄差距在7岁及以上。问卷调查分为学生问卷和家长问卷，其中学生问卷内容包括学生的个人信息，成长的经历，在校学习情况，同胞亲密、竞争、冲突与心理距离，亲子互动，亲社会行为等；家长问卷包括家长基本信息、家庭经济状况、婚姻关系、教养方式等。

2. 深度访谈

在质性研究中，采用深度访谈的方法，依靠目的性抽样方式寻找目标受访者，受访者要能够提供最大的信息量。基于研究的目的，为了从不同视角获得更立体的相关资料，深度访谈的对象要考虑研究问题的各变量（如年龄、性别、年龄间隔、家庭社会经济地位等）。在选择受访者时，应该遵循如下原则：一是受访者是头胎青少年（考虑到弟弟/妹妹年龄尚小，相关问题的理解能力有限）及他们的父母；二是头胎青少年与弟弟/妹妹的年龄差距至少在7岁及以上；三是兼顾不同的家庭类型、同胞性别组合。

本研究在2020年6月—2021年5月历时近一年的时间，对20个家庭的父母、头胎青少年通过半结构式的访谈方法收集资料，每次访谈的时长约90分钟。在正式访谈以前，为保证研究效果，研究者根据研究的问题和目的，与包括部分访谈对象在内的大龄多孩家庭接触了一段时间，进行访谈预试，鼓励他们提出问题并讲述个人意见，根据回答情况和真实感想调整访谈大纲和访谈策略。访谈以时间的分配导入，确定了方向，在田野中依据自动呈现出的相关主题和个案特点展开进一步对话与追问，多次回访了对同胞关系体验深刻、有较深入思考的个案，获得较为翔实的资料，保证了数据的说服力。

研究者在收集数据前事先告知研究的目的、征询访谈对象同意、保证信息安全的基础上进行了全程录音，在访谈结束后将录音内容转成文字稿，结合笔记的线索进行补充，避免信息的缺失，以此整理访谈资料。通过反复阅读访谈资料，在类型中寻找关系和主题，最终确定分析框架。针对访谈过程中的技巧，研究者也在不断追问和反思，呈现访谈资料原本的状态，以保证资料的真实性。

（二）资料分析方法

依据研究的问题，在开展问卷调查和深度访谈前，为获得更翔实的资料，专门设计了访谈提纲，有效地回答研究问题。问卷调查的问题和访谈提纲两者关系紧密。

一是类属分析。通过充分的比较，深度挖掘在后独生子女时代，“同胞隔阂”的产生机制及其对家庭养育的影响，并进一步掌握同胞关系在家庭中的表现和特征。二是历史比较分析。以历史的长时段视野，梳理和分析中国计划生育政策的演变及其对中国微观家庭改造的动态影响机制。三是统计分析。结合实地调查，对问卷定量数据进行统计分析，深入分析同胞关系的各种影响因素。同时，对获得的数据资料进行系统整理和分析，归纳和概括数据分析的结果，借此得出“同胞隔阂”在家庭中产生的问题并予以总结。为进一步帮助理解“同胞隔阂”对家庭养育的影响提供指导。四是过程分析。通过对后独生子女时代产生的“同胞隔阂”机制的深度分析，探索子代关系和家庭养育的动态发展机制。

四 数据来源与样本特征

本研究从2020年起采用组织调查分队和委托调研的方法，在湖北省武汉市、江西省南昌市进行问卷调查。2016年“全面二孩”政策实施以来，中国二孩出生数在上升，中国已经出现了较多的二孩家庭，而且随着“三孩”政策的实施，可以预见未来将会有更多的儿童和青少年迎来自己的手足同胞。[①] 借鉴已有研究，[②] 将大龄多孩家庭界定为一孩与同胞的生育时间间隔在7岁及以上的家庭，由于母亲再次生育时的年龄相对偏大，通常在35岁及以上，称为“大龄”。[③]本研究的调查对象为拥有同胞且是家庭中的头胎青少年，与同胞的年龄差距在7岁及以上。[④] 此次调查地点为武汉市和南昌市，具体抽样过程如下。其一，按照不同的学校类型（重点、普通），通过简单随机抽样的方法抽取初中和高中各7所，共抽取28所学校。其二，按不放回抽样的方式，分别对初中1—3年级和高中1—3年级符合条件的青少年按整群抽样的方法进行。

资料采用自填问卷的方法进行收集，为了保证问卷的质量，对具有心理学相关知识的调查员进行了调研技巧和问卷内容的统一培训，并开展了相关试调查，随后根据调查反馈的情况修改了部分问卷内容。学生问卷由调查员通过集中讲解，学生在教室填答后当场回收；家长问卷则委托学生带回由家长填写，填好后次日交给老师。本次调查共发放问卷2000份，剔除138份不合格问卷，回收有效问卷1862份，有效回答率为93.1%。

另外，在开展问卷调查的同时，还运用深度访谈的方法开展了对大龄多孩家庭同胞关系的质性研究，以弥补问卷调查、量化分析在方法论

---

① 刘雯、於嘉、谢宇：《家庭教育投资的性别差异——基于多子女家庭的分析》，《青年研究》2021年第5期。

② 陆杰华、韦晓丹：《“全面两孩”政策下大龄二孩家庭亲子/同胞关系的调适机理探究》，《河北学刊》2017年第6期。

③ 由于此次调查是在2020年进行，2021年5月31日起才实施“三孩”政策，而且“三孩”政策的初衷和追求的目标并不是普遍生育三孩，而是将扩大人口增长的期望放在提高二孩生育的比例上，因此本研究以近年来广泛出现的拥有两个孩子的家庭为研究对象。

④ 由于人们受教育时间逐渐延长、就业年龄相应延后，个体的心理社会成熟也相应推迟，当代大多数研究者都将青少年期的范围从原来的“十余岁”扩展到二十几岁，将青少年期划分为青少年早期（10—13岁）、青少年中期（14—17岁）和青少年晚期（18—20多岁）三个阶段，基本相当于进入初中、高中和大学的大概年龄，但由于经济社会发展水平和文化的制约，亚裔青少年的独立性和自主性可能稍微滞后一点（参见［美］劳伦斯·斯滕伯格《青春期：青少年的心理发展与健康成长（第7版）》，戴俊毅译，上海社会科学院出版社2007年版），三个阶段的年龄范围也可能稍微顺延一点，如青少年早期（10—14岁）、中期（14—18岁）。

层面的不足。深度访谈个案的基本情况详见第十章，这里展示的是问卷调查样本的基本情况（见表1－1）。

表1－1　样本基本情况　（单位：%）

人口学变量	类别	频数	百分比
性别	男	970	52.1
	女	892	47.9
年龄	12—15岁	909	48.8
	16—19岁	953	51.2
年级	初一	313	16.8
	初二	315	16.9
	初三	310	16.6
	高一	316	17
	高二	307	16.5
	高三	301	16.2
父母最高文化程度	初中及以下	197	10.6
	高中（中专）	758	40.7
	大专及本科	825	44.3
	研究生及以上	82	4.4
家庭年收入	10万元以下	39	2.1
	11万—15万元	287	15.4
	16万—20万元	832	44.7
	21万—25万元	512	27.5
	25万元以上	192	10.3
同胞性别组合	兄弟	551	29.6
	姐妹	451	24.2
	兄妹	378	20.3
	姐弟	482	25.9
同胞年龄差距	7岁	629	33.8
	8岁	467	25.1
	9岁	339	18.2
	10岁	231	12.4
	10岁以上	196	10.5

第四节　本书的结构安排

当前中国已进入后独生子女时代，家庭同胞关系的经验研究还远远满足不了理论提升和政策实践的需要。因此本书致力于在家庭系统理论的视角下，通过调查年龄间隔较大的兄姐姐妹间的同胞关系会发生哪些阶段性变化特征，以及哪些个体特质和家庭环境因素会影响同胞关系的面貌和发展走向，进而希望寻求和探索相应的家庭同胞危机应对策略，重建社会新家庭理想的可能。本书在结构上共分为十三章。

第一章，导论。基于当前中国人口生育政策的调整，对同胞关系研究的背景进行介绍，提出研究的问题，指出研究的目的和意义，确定研究方法后介绍了本书的结构安排。

第一编是文献回顾，对国内外同胞关系的相关研究进行了文献总结。这一编共包括两章。

第二章，国外同胞关系研究。从同胞关系的概念出发，介绍了同胞关系的不同维度和不同类型的划分，影响同胞关系的主要因素；对同胞关系的发展特征以及同胞关系的作用进行了较全面的文献梳理。

第三章，国内同胞关系的研究进展。梳理了近年来国内对同胞关系的研究状况。研究者对同胞关系的理论和实证研究日益增多，但是成果较为零散，多为心理学、教育学的视角，进一步研究的空间较大。

第二编是对中国大龄多孩家庭同胞关系的特点、影响因素及其作用机制进行了实证研究。这一编共包括四章。

第四章，大龄多孩家庭同胞关系的现状与特点。采用问卷调查的方法，从亲密、竞争、冲突和心理距离四个维度描述了大龄多孩家庭同胞关系的发展特征，基于人口学基本特征分析同胞结构性因素对同胞关系的影响。

第五章，不同年龄段同胞关系的比较研究。采用问卷调查的方法对青少年成长过程中不同年龄段的同胞关系发展特征进行比较，呈现同胞关系的变化、发展过程。

第六章，同胞关系的影响因素分析。采用问卷调查的方法，从家庭系统理论出发，分析家庭系统中亲子关系、婚姻关系、家庭教养方式等对同胞关系的影响。

第七章，同胞关系对青少年亲社会行为的影响。采用问卷调查的方法，探讨同胞关系与青少年亲社会行为的关系，并考察了道德推脱、共情在同胞关系与亲社会行为关系中的具体作用机制。

第三编探讨了“同胞隔阂”与家庭变革。这一编共包括两章。

第八章，“同胞隔阂”的形成机制研究。采用深度访谈的方法，分析在子代年龄差距较大的家庭中，父母日常养育的倾向性与日常生活中子代关系之间的互动，考察“同胞隔阂”产生之后，长子女从对弟弟/妹妹的主动排斥、困惑以及到最后积极接纳的情感心路历程。

第九章，“同胞隔阂”下的家庭变革。采用深度访谈的方法，通过前后过程研究，分析在子代年龄差距较大的家庭中“同胞隔阂”的家庭养育条件，力图抓住前后子代关系的角色失调和角色适应。通过家庭结构转变的研究，探讨家庭成长过程将面临的冲击和调整，包括婚姻关系、亲子关系等。

第四编为对策建议与总结。

第十章，同胞关系的应对与调适。从中国生育政策变迁的视角，探讨社会政策对后独生子女时代同胞关系的积极应对措施。家庭如何重新调适工作和生育、同胞手足以及婚姻相处之间的关系，以应对同胞关系的发展危机和建立亲密的同胞关系。

第十一章，总结。对本书进行了总结与展望。提炼本书的主要结论，总结本书的主要贡献与不足之处，并对后续研究进行展望。

第一编

文献回顾

第二章

国外同胞关系研究

在家庭系统中，同胞关系是一种最直接的人际关系，是个体无法割舍的血脉亲情。作为生命历程中的一种独特关系，同胞关系也是情感唤起最持久和最强烈的一种依恋关系、情感纽带和陪伴关系，具有非选择性和强制性。在个体的成长轨迹中，同胞关系提供了个体发展的场域和时机，对每个人的发展都具有重要意义。

第一节　同胞关系的维度

同胞关系包含多种维度，是家庭系统中一种复杂的情感联结。关于同胞关系的具体维度构成，已有研究结论也不尽相同。W. Furman 和 D. Buhrmester 基于社会学习理论，认为同胞关系主要由同胞亲密与同胞冲突两个维度构成。① L. Buist 等从心理功能角度，将同胞关系划分为积极同胞关系和消极同胞关系两个维度，积极的维度包括同胞之间的温暖、亲密、合作、喜爱、相似、崇拜、陪伴等，消极的维度包括排斥、敌意、争吵、竞争、冲突、权利对比等。② S. Lecce 等把同胞关系分成竞争、冲

① W. Furman, D. Buhrmester, "Children's Perceptions of the Qualities of Sibling Relationships", *Child Development*, Vol. 56, No. 2, 1985, pp. 448 – 461.

② K. L. Buist, M. Deković, P. Prinzie, "Sibling Relationship Quality and Psychopathology of Children and Adolescents: A Meta-analysis", *Clinical Psychology Review*, Vol. 33, No. 1, 2013, pp. 97 – 106.

突与情感三个维度。[①] N. Campione-Barr 和 J. G. Smetana 也将其划分为三个维度，分别是沟通、信任与冲突。[②] N. Howe 等对同胞关系的维度进行了扩展，提出在儿童和青少年时期，同胞关系由四个维度组成，即亲密、冲突、竞争和权利对比。[③]

一　同胞亲密

同胞亲密是指个体感觉自己与同胞的亲近密切程度，表现为彼此之间的亲近、温暖、友谊、相似、尊敬、相互理解、陪伴等。同胞之间有着与生俱来的血缘关系，在基因相似性上有50%。从基因相似性的角度，演化心理学家认为家庭中的同胞关系具有亲密的特点，内群体机制让同胞之间能建立起亲密无间的社会联结。[④] 很多研究都认为，在儿童和青少年时期同胞亲密会因性别不同而呈现差异。K. A. Updegraff 等研究发现，姐姐具有亲近、温暖、陪伴、易于接近的特点，愿意分享生活中的点滴，与哥哥相比，能满足同胞更多的心理需求，愿意为同胞提供更多的帮助和支持，容易与同胞建立亲密、温暖的关系。[⑤] A. Milevsky 和 M. Levitt 认为，姐姐的支持还具有缓冲器效应，在朝夕相处的过程中，姐姐培养了弟弟/妹妹可以被信任的特质，提升了其心理健康水平，增强了其社会适应能力；而哥哥在同胞关系中则表现得更加有活力、积极主动和有较强的自尊心，以身体力行榜样示范的作用引导弟弟/妹妹表现得更加坚强、

---

① S. Lecce, A. Pagnin, G. Pinto, "Agreement in Children's Evaluation of Their Relationships with Siblings and Friends", *European Journal of Developmental Psychology*, Vol. 6, No. 2, 2009, pp. 153 – 169.

② N. Campione-Barr, J. G. Smetana, "Who Said You Could Wear My Sweater? Adolescent Siblings' Conflicts and Associations with Relationship Quality", *Child Development*, Vol. 81, No. 2, 2010, pp. 464 – 471.

③ N. Howe, L. K. Karos, J. Aquan-Assee, "Sibling Relationship Quality in Early Adolescence: Child and Maternal Perceptions and Daily Interactions", *Infant and Child Development*, Vol. 20, No. 2, 2011, pp. 227 – 245.

④ K. L. Buist, M. Vermande, "Sibling Relationship Patterns and Their Associations with Child Competence and Problem Behavior", *Journal of Family Psychology*, Vol. 28, No. 4, 2014, pp. 529 – 537.

⑤ K. A. Updegraff et al., "Adolescent Sibling Relationships in Mexican American Families: Exploring the Role of Familism", *Journal of Family Psychology*, Vol. 19, No. 4, 2005, pp. 512 – 522.

勇敢、独立和强大。①

二 同胞冲突

同胞冲突是指从个体与同胞之间存在不同程度和不同形式的对抗，通常是从敌对情绪、争吵、抢夺、攻击的程度考察同胞关系。同胞关系是一种矛盾的情感关系，在同胞之间的互动过程中，既有相互的支持与合作，又不可避免地产生矛盾和冲突。② 精神分析理论认为，同胞之间基于对父母的爱和注意力的矛盾，导致了同胞冲突的产生。同胞冲突会让手足之间产生敌对、愤怒的情绪，体现为一系列破坏性行为，使个体外化问题行为严重。如果不能得到及时有效的解决，就会导致暴力的发生，容易出现反社会行为。同胞虐待就是通过言语、推搡、殴打等行为，以胁迫的方式一方控制、伤害另一方的一种暴力行为。在儿童和青少年时期，同胞冲突主要体现为侵犯个人领域、内在伤害、敌对情绪、关系冲突、争吵等。③

三 同胞竞争

同胞竞争是在同胞互动过程中一方试图压倒或战胜另一方的心理需要和行为活动，包括良性竞争和恶性竞争。随着弟弟/妹妹的出生，家庭生活的中心或焦点发生了转变，父母将注意力更多地转移到年幼的同胞身上。他们就是一个未知的“竞争者”，争抢了长子女享有的物质资源，还夺走了父母对长子女专属的爱。长子女一时间难以接受弟弟/妹妹的到来，被关爱的程度有所削减，会表现出某种程度的情绪紊乱，产生了妒忌、失落心理。为了吸引父母的注意，获得较多的关心与支持，长子女会用其他的方式进

---

① A. Milevsky, M. Levitt, “Sibling Support in Early Adolescence: Buffering and Compensation across Relationships”, *European Journal of Development Psychology*, Vol. 2, No. 3, 2005, pp. 299 – 320.

② K. L. Buist, M. Vermande, “Sibling Relationship Patterns and Their Associations with Child Competence and Problem Behavior”, *Journal of Family Psychology*, Vol. 28, No. 4, 2014, pp. 529 – 537.

③ S. D. Whiteman, S. M. McHale, A. Soli, “The Oretical Perspectives on Sibling Relationships”, *Family Theory Review*, Vol. 3, No. 2, 2011, pp. 124 – 139.

行反抗，宣泄自己的不满情绪。若父母没有对长子女进行心理疏导，协调同胞关系，长子女就会出现一系列退化的行为和人际交往障碍，产生易怒、焦虑、逆反、抑郁情绪等，加剧同胞间的对抗。①

四　权利对比

同胞权利对比是兄弟姐妹之间的出生顺序和年龄差距等因素，造成彼此关系的不平等，主要通过支配与被支配、赞赏两个维度测量。支配与被支配是指在互动过程中，一方处于指导、控制、指挥的地位，另一方处于被指导、被控制、被指挥的地位；赞赏是指个体与同胞之间相互尊重与欣赏。出生顺序和年龄间隔等先天因素导致同胞关系不平等。当然，同胞权利对比在不同的年龄发展阶段也会有差异。随着年龄的增长、个体心智的发展，在青少年时期同胞之间关系向平等化方向发展，他们相互尊重、彼此赞赏，更能理解对方，关系变得更加平等。②

第二节　同胞关系的类型

一　同胞温暖与同胞冲突

同胞既是个体的重要陪伴者，提供了社会支持，同时又伴随着敌对、竞争和冲突。同胞亲密与同胞冲突并不是完全对立的，同胞关系是情感矛盾的统一体，两者交互作用形成了如下三种同胞关系类型。

（一）温暖和谐型

同胞之间有着与生俱来的血缘关系，相同的成长背景和家庭教育使得他们会认定彼此是自己内群体中的一员，彼此之间的交往过程中表现出亲密、温暖、友爱与支持。和同龄朋友比较，个体与同胞有着基因的

---

① N. Campione-Barr et al.,"Differing Domains of Actual Sibling Conflict Discussions and Associations with Conflict Styles and Relationship Quality", *Social Development*, Vol. 23, No. 4, 2014, pp. 666 -683.

② W. Furman, D. Buhrmester, "Children's Perceptions of the Qualities of Sibling Relationships", *Child Development*, Vol. 56, No. 2, 1985, pp. 448 -461.

相似性，血浓于水的亲情使得他们齐心协力，能够拉近彼此之间的心理距离，乐意将自己的想法感受分享给同胞，给予帮助和建议，提供更多社会支持，产生利他行为。① 儿童如果在同胞关系中表现出更多的亲密、相似、合作、亲社会行为，则会善于用协商的策略解决矛盾冲突，有助于儿童社会性的发展。②

（二）敌意冲突型

同胞之间除了表现出亲密和温暖的情感，也会产生对立和冲突。同胞之间利益的争夺容易使彼此之间出现隔阂、对抗和冲突，在儿童中尤其常见。很多非独生子女在儿童时期都会与自己的兄弟姐妹产生排斥、敌意与冲突。相互攻击是儿童时期非常普遍的一种现象。③ K. L. Buist 在针对儿童和青少年同胞关系质量的追踪研究中发现，同胞手足间相互攻击的行为出现得越早，随着个体的不断成熟，在日后就越有可能出现对抗冲突行为。④ 另外，同胞之间的嫉妒也是敌意冲突的一种表现形式。K. L. Buist 等在针对青少年同胞关系的一项元分析中发现，同胞嫉妒会促使同胞手足间的攻击行为增加，相互支持照顾行为减少。⑤

（三）和谐与冲突并存型

这种类型的同胞关系介于温暖和谐型与敌意冲突型之间，同胞之间的交往既不会始终表现为亲密与温暖，也不会总是表现为矛盾与冲突。

---

① K. L. Buist, M. Deković, P. Prinzie, "Sibling Relationship Quality and Psychopathology of Children and Adolescents: A Meta-Analysis", *Clinical Psychology Review*, Vol. 33, No. 1, 2013, pp. 97－106; K. L. Buist, M. Vermande, "Sibling Relationship Patterns and Their Associations with Child Competence and Problem Behavior", *Journal of Family Psychology*, Vol. 28, No. 4, 2014, pp. 529－537.

② H. E. Recchia, N. Howe, "Associations between Social Understanding, Sibling Relationship Quality, and Siblings' Conflict Strategies and Outcomes", *Child Development*, Vol. 80, No. 5, 2009, pp. 1564－1578.

③ N. Tippett, D. Wolke, "Aggression between Siblings: Associations with the Home Environment and Peer Bullying", *Aggressive Behavior*, Vol. 41, No. 1, 2015, pp. 14－24.

④ K. L. Buist, "Sibling Relationship Quality and Adolescent Delinquency: A Latent Growth Curve Approach", *Journal of Family Psychology*, Vol. 24, No. 4, 2010, pp. 400－410.

⑤ K. L. Buist, M. Deković, P. Prinzie, "Sibling Relationship Quality and Psychopathology of Children and Adolescents: A Meta-Analysis", *Clinical Psychology Review*, Vol. 33, No. 1, 2013, pp. 97－106.

同胞关系是个体情感体验最强烈、最持久的家庭关系，在彼此的交往中，既有温暖亲近，又有矛盾冲突。是故，温暖和冲突这两个维度并不对立，在同胞之间的交往中常常表现为这两种状态并存。例如，K. L. Buist 和 M. Vermande 在一项针对荷兰青少年同胞关系类型的研究中，使用聚类分析的方法发现，在青少年成长过程中除了温暖和谐型、敌意冲突型外，和谐与冲突并存型尤为值得关注。青少年同胞之间既有高水平的温暖与亲密，又有高水平的竞争与冲突，这是一种“强烈情感型”的同胞关系，和谐与冲突并存。[①]

二　同胞纠缠与同胞疏离

同胞关系因个体的性别、年龄、气质、兴趣、权力、发展任务的不同，呈现不同的特征。同胞手足在互动中除了亲密与冲突的关系，也存在相互之间边界的侵犯，也就是在传递信息时存在内隐关系规则不对称。[②] 如果将同胞关系看成一个谱系，大多数同胞关系都处于中间位置，而居于两端的则是同胞边界纠缠与同胞边界疏离。

（一）同胞边界纠缠

同胞边界纠缠是指在同胞互动的过程中，对对方过度依赖、亲密，情感卷入程度过深。特别是对于年幼的同胞而言，一方面能够体验到来自长子女的温暖、照顾与关爱；另一方面与长子女过多情感卷入的这种强烈的排他性，也会让年幼的同胞深深地感受到被控制。长子女的权力擅断行为使他们产生了严重的依附感。[③] 这种类型的同胞关系尽管可以促进情感融合，减少同胞冲突，但是牺牲了儿童的独立自主性，阻碍了个

① K. L. Buist, M. Vermande, “Sibling Relationship Patterns and Their Associations with Child Competence and Problem Behavior”, *Journal of Family Psychology*, Vol. 28, No. 4, 2014, pp. 529 – 537.

② S. M. Bascoe, P. T. Davies, E. M. Cummings, “Beyond Warmth and Conflict: The Developmental Utility of a Boundary Conceptualization of Sibling Relationship Processes”, *Child Development*, Vol. 83, No. 6, 2012, pp. 2121 – 2138.

③ D. Yucel, D. B. Downey, “When Quality Trumps Quantity: Siblings and the Development of Peer Relationships”, *Child Indicators Research*, Vol. 8, No. 4, 2015, pp. 845 – 865.

体自我的发展，增加了个体内化问题，也影响到了其对外部世界的探索和社会性发展。

（二）同胞边界疏离

同胞边界疏离是指在同胞手足之间几乎没有温暖、亲密、支持、合作和其他关系资源，彼此的边界变得不可渗透、过于严苛。同胞之间的关系充满了敌意与对抗，缺乏与同胞建立亲密关系的能力，形成了僵硬、冷漠的情感。这种氛围产生了消极的效应——同胞之间的互动出现了排斥、疏忽，从而导致儿童在与同伴的交往中外化问题行为增加。① 这一分类拓展了对同胞关系研究的广度和深度，指出同胞在互动过程中存在的内隐关系规则，但是对同胞互动中的边界问题研究仍较薄弱。

三　积极同胞关系和消极同胞关系

从心理作用来看，同胞关系既具有积极的作用，也具有消极的作用，因而同胞关系分为积极的同胞关系和消极的同胞关系两种类型。②

（一）积极同胞关系

积极的同胞关系是指在同胞互动的过程中，彼此给予的关心、帮助、支持、建议、亲密和合作等，具体可以分为亲密、喜爱、友谊、尊重、相似性和亲社会行为六个维度。从同胞之间交往互动的边界来看，同胞边界纠缠和同胞边界疏离对积极同胞关系具有显著的负向影响。同胞间的温暖与亲密能够减少青少年的内化和外化问题，同时也有利于发展青少年的其他人际关系和情绪适应能力。③ 例如，D. Yucel 和 D. B. Downey

---

① M. L. Sturge-Apple, P. T. Davies, E. M. Cummings, "Typologies of Family Functioning and Children's Adjustment during the Early School years", *Child Development*, Vol. 81, No. 4, 2010, pp. 1320 – 1335.

② L. M. Padilla-Walker, J. M. Harper, A. C. Jensen, "Self-regulation as a Mediator between Sibling Relationship Quality and Early Adolescents' Positive and Negative Outcomes", *Journal of Family Psychology*, Vol. 24, No. 4, 2010, pp. 419 – 428.

③ K. L. Buist, M. Deković, P. Prinzie, "Sibling Relationship Quality and Psychopathology of Children and Adolescents: A Meta-analysis", *Clinical Psychology Review*, Vol. 33, No. 1, 2013, pp. 97 – 106.

利用面板数据对10—15岁青少年同胞关系进一步研究发现，积极的同胞关系能显著提高同伴关系质量。①

（二）消极同胞关系

消极的同胞关系是指在同胞互动的过程中出现的消极情绪和不良行为，分为竞争、争吵和敌对三个维度。从同胞之间交往互动的边界来看，同胞边界纠缠和同胞边界疏离均对消极的同胞关系具有显著的预测作用。② K. L. Buist 等对青少年同胞关系的一项元分析显示，与同胞关系的积极作用对比，消极作用对青少年问题行为的影响更大。③ 消极的同胞关系也会对青少年的其他人际关系产生负向影响。例如，N. Tippet 和 D. Wolke 对青少年同胞关系进行了两年的追踪研究发现，同胞之间的敌对行为对青少年的同伴关系具有显著的负向影响。④ 因此同胞之间的冲突、敌对尤为值得关注。

第三节　同胞关系的影响因素

同胞关系具有多面向，既包括温暖与亲密，又具有对立、冲突的成分。同胞间因为性别、年龄、出生顺序、个人特质、认知、父母教养方式的不同，在交往中会产生分歧和冲突，但也会相互分享与支持，共同成长。生态系统理论指出，个体成长的环境由微观、中观和宏观系统三个层面组成，三个系统相互影响、相互作用。同胞关系受到同胞自身、家庭结构、同伴关系和文化差异等因素的共同影响而异常复杂。

---

① D. Yucel, D. B. Downey, "When Quality Trumps Quantity: Siblings and the Development of Peer Relationships", *Child Indicators Research*, Vol. 8, No. 4, 2015, pp. 845 – 865.

② S. M. Bascoe, P. T. Davies, E. M. Cummings, "Beyond Warmth and Conflict: The Developmental Utility of a Boundary Conceptualization of Sibling Relationship Processes", *Child Development*, Vol. 83, No. 6, 2012, pp. 2121 – 2138.

③ K. L. Buist, M. Deković, P. Prinzie, "Sibling Relationship Quality and Psychopathology of Children and Adolescents: A Meta-analysis", *Clinical Psychology Review*, Vol. 33, No. 1, 2013, pp. 97 – 106.

④ N. Tippett, D. Wolke, "Aggression between Siblings: Associations with the Home Environment and Peer Bullying", *Aggressive Behavior*, Vol. 41, No. 1, 2015, pp. 14 – 24.

一　同胞自身因素

（一）同胞结构特征

同胞结构特征是指家庭中兄弟姐妹由性别、年龄等人口学因素形成的结构性组合，包括出生顺序、性别组合、年龄间隔等。结构特征的复杂性使得同胞之间的关系差异较大。

1. 同胞出生顺序

出生顺序对个体的角色认知、人格特征和在家庭中的最终地位产生重要作用，影响着同胞互动的模式。面对同胞的出生，有些长子女扮演着照顾者和指导者角色，在与同胞的互动中表现得积极主动，协助父母照料同胞，在教导同胞的过程中长子女也从中获益，提高了自己的生活能力和学习能力。随着认知的发展，长子女在同胞关系中倾向于提供支持与合作。[①] J. N. Gullicks 和 S. J. Crase 研究认为，同胞的到来让长子女处于压力之中，曾经是家庭中独生子女的长子女，现在不再是家庭生活唯一的焦点和中心，在与同胞的互动过程中长子女会表现出紧张、焦虑、嫉妒、易怒、退行、攻击等消极情绪和行为问题。[②] 事实上并不是所有儿童在同胞出生后都会出现消极的情绪体验，相对而言，长子女相较于年幼的同胞，由于情绪的自我调控能力和共情能力的提升，较少出现负向的情感表达和对同胞的攻击行为。可能是研究样本、研究方法的不同导致以上研究结论并不一致，但也在一定程度上证明了生态系统理论的观点，个体自身因素与环境因素的相互影响，导致其发展呈现显著的差异。

2. 同胞性别组合

性别因素对父母的生育意愿、家庭教养方式、个体的认知和同胞之

---

① D. L. Vandell, "Baby Sister/Baby Brother: Reactions to the Birth of a Sibling and Patterns of Early Sibling Relations", *Journal of Children in Contemporary Society*, Vol. 19, 1988, pp. 13 – 37.

② J. N. Gullicks, S. J. Crase, "Sibling Behavior with a Newborn: Parents' Expectations and Observations", *Obstet Gynecol Neonatal Nurs*, Vol. 22, No. 5, 1993, pp. 438 – 444.

间的交往产生重要作用，还通过社会文化影响个体的社会化发展。由于生理上的不同，不同性别的同胞在兴趣爱好、行为活动等方面存在差异。异性同胞之间看待与处理问题的方式不一致，为彼此提供的支持方式也不相同。对于同性别的同胞而言，他们有相同的生理机制，发展阶段也相似，在互动中表现出的敌对更少，关系更为亲密。① 相对于男孩，女孩天性更加温柔，性格相对平和，易于支持同胞和做出退让。这可能是在同性别的同胞关系中姐妹组合最为亲密的原因。例如，K. McCoy 等研究发现，不同性别组合对儿童友谊的发展的影响存在差异，女孩更倾向在同胞互动中展现亲密、合作，相同性别组合给女孩带来积极的同胞关系体验。② J. Kim 等通过纵向追踪研究的方法发现，在各个发展阶段姐妹之间的同胞关系始终亲密程度最高。对于同性别组合来说，随着年龄的增长，同胞间的亲密关系逐步稳定；而对于异性别组合，其亲密关系则呈现倒"U"形结构。③ M. Voorpostel 和 R. Blieszner 以 7126 个 18—80 岁的荷兰人为调查对象，分析他们的同胞关系，认为姊妹组合具有明显的优势。在劳动分配和提供支持两个方面，姊妹组合的联系更紧密。相比其他性别组合，姊妹间的关系更为温暖与亲密。④ 但是有研究发现，同性别组合对建立亲密的同胞关系也具有消极效应。例如，H. Okudaira 等分别通过对 135 名 15—18 岁和 15—21 岁的两组青少年同胞关系的对比研究认为，同性别的同胞有着相似的需求，面临的分歧、竞争和冲突就会更多。同性别的同胞和异性别的同胞都会不可避免地产生分歧和冲突。⑤

---

① S. Eriksen, N. A. Gerstel, "Labor of Love or Labor Itself: Care Work among Adult Brothers and Sisters", *Journal of Family Issues*, Vol. 23, No. 7, 2002, pp. 836 – 856.

② K. McCoy, H. Brody, Z. Stoneman, "Temperament and the Quality of Best Friendships: Effect of Same-Sex Sibling Relationships", *Family Relations*, Vol. 51, No. 3, 2002, pp. 248 – 255.

③ J. Kim et al., "Longitudinal Course and Family Correlates of Sibling Relationships from Childhood through Adolescence", *Child Development*, Vol. 77, No. 6, 2006, pp. 1746 – 1761.

④ M. Voorpostel, R. Blieszner, "Intergenrational Solidarity and Support between Adult Siblings", *Journal of Marriage and Family*, Vol. 70, No. 1, 2008, pp. 157 – 167.

⑤ H. Okudaira et al., "Older Sisters and Younger Brothers: The Impact of Siblings on Preference for Competition", *Personality and Individual Differences*, Vol. 82, 2015, pp. 81 – 89.

3. 同胞年龄间隔

由于个体认知行为上的差异，同胞年龄间隔也会对同胞关系产生影响，但是不同的年龄间隔对同胞关系质量的影响研究结论并不一致。有研究发现，兄弟姐妹之间的年龄间隔越小，其竞争和冲突就越多，容易导致个体产生外显行为问题，彼此之间的关系较差。兄弟姐妹之间的年龄间隔至少超过三岁，才能避免同胞竞争与敌对。这有利于个体的发展，同胞关系的质量也会更好。年龄间隔越大，同胞关系越亲密。因为长子女会在同胞互动中处于积极主导的地位，肩负着照顾的责任，产生模范作用，表现出更多的支持、帮助和亲社会行为。① 也有研究认为，兄弟姐妹之间的年龄间隔过大，兴趣爱好不一致，容易导致同胞冲突；年龄间隔过小，使得兄弟姐妹之间容易产生竞争，对个体的认知和情感的培养带来消极效应，影响同胞关系的质量。最佳的年龄间隔是2—4岁，能使兄弟姐妹之间的情感联系最大化和竞争冲突最小化，避免攻击性的同胞关系。② 另外，随着个体年龄的增长，年龄间隔对同胞地位的影响会减弱，而彼此间的互助、合作和亲密的情感会不断增强。③ 但是也有研究发现，年龄间隔并不会对同胞间的情感产生影响。④

4. 个体年龄

在不同的年龄段，个体面对着不同的发展任务，同胞关系具有阶段性发展的特征。一方面，从儿童时期进入青少年时期，同胞之间的关系具有一定程度的稳定性特征。一项对儿童中期到青少年早期的同胞关系的纵向研究发现，6—13岁同胞之间的互动，不管是积极还是消极的方

---

① K. L. Buist, M. Deković, P. Prinzie, "Sibling Relationship Quality and Psychopathology of Children and Adolescents: A Meta-Analysis", *Clinical Psychology Review*, Vol. 33, No. 1, 2013, pp. 97 – 106.

② D. V. Riordan et al., "Interbirth Spacing and Offspring Mental Health Outcomes", *Psychological Medicine*, Vol. 42, 2012, pp. 2511 – 2521.

③ V. G. Cicirelli, "Sibling Relationships in Cross-Cultural Perspective", *Journal of Marriage and the Family*, Vol. 56, No. 1, 1994, pp. 7 – 20.

④ T. R. Lee, J. A. Mancini, J. W. Maxwell, "Sibling Relationships in Adulthood: Contact Patterns and Motivations", *Journal of Marriage and the Family*, Vol. 52, No. 2, 1990, pp. 431 – 440.

式，都具有一致性倾向，儿童早期同胞间的矛盾和冲突对青少年期的问题行为具有显著的预测作用。[①] 另一方面，同胞之间的关系表现为可变性的特征。在儿童早期，同胞之间互动频繁。随着年龄的增长，从中晚期开始，儿童对外部世界的兴趣逐步增强，与自己同胞的卷入程度下降。在青少年时期，个体会相应减少与同胞的互动和情感投入，同胞之间的陪伴、喜爱、亲密与温暖在减少，竞争、冲突和敌对也在减弱，同胞间的相对权力趋于平等，容易相互尊重和理解，同胞关系向着平等化方向发展，随后同胞之间的关系趋于稳定。[②]

（二）气质

气质是个体产生行为问题的基础，气质影响着个体处理情绪的方法和社会行为，对其人生经历具有重要影响。儿童的气质特征会映射在同胞之间的交往互动中，影响彼此交流的行为方式以及同胞关系。[③] 与其他气质类型的儿童相比，具有困难型气质的头胎儿童面对同胞的出生，会产生心理压力和心理威胁。家庭的重心发生了转移，原本中心的位置发生变化。他们的占有欲较强，导致一系列消极心理和行为的产生。[④] 困难型气质的头胎儿童敏感度很高，难以理解同胞的亲缘意义，为了表达抗议会产生强烈的嫉妒、敌对情绪，产生故意性的行为问题。[⑤] 而那些性情温和安静的儿童，具有较强的适应能力和情绪管理能力，与同胞之间的敌对、冲突也相对较少。随着年龄的增长，即使到了青少年时期，个体

① J. Dunn, C. Slomkowski, L. Beardsall, "Sibling Relationships from the Preschool Period through Middle Childhood and Early Adolescence", *Developmental Psychology*, Vol. 30, No. 3, 1994, pp. 315 – 324.

② J. Kim et al., "Longitudinal Course and Family Correlates of Sibling Relationships from Childhood through Adolescence", *Child Development*, Vol. 77, No. 6, 2006, pp. 1746 – 1761.

③ G. H. Brody, "Sibling Relationship Quality: Its Causes and Consequences", *Annual Review of Psychology*, Vol. 49, No. 1, 1998, pp. 1 – 24.

④ J. H. Song, L. Volling, "Coparenting and Children's Temperament Predict Firstborns' Cooperation in the Care of an Infant Sibling", *Journal of Family Psychology*, Vol. 29, No. 1, 2015, pp. 130 – 135.

⑤ S. L. Hart, K. Y. Behrens, "Affective and Behavioral Features of Jealousy Protest: Associations with Child Temperament, Maternal Interaction Style, and Attachment", *Infancy*, Vol. 8, No. 3, 2013, pp. 369 – 399.

的气质特征依然对同胞关系产生影响。困难型气质的青少年在同胞互动过程中，没有良好的情绪表达能力，适应调节能力较差，心理与行为方面产生了消极变化。尽管从长远意义上来说，同胞关系有助于个体的成长，但面对同胞的出生，在过渡阶段仍然会表现出适应困难和应对困难，产生内化情绪问题和外化行为问题，同胞之间容易产生冲突。①

（三）同胞互动

同胞间的互动体现在互惠性和互补性两方面。互惠性是指在互动过程中，同胞间是平等的，共同玩耍、分享利益、彼此支持。互补性是由长子女教导弟弟/妹妹，提供帮助和照料，使他们对长子女产生一种依恋，在同胞互动中形成相对地位，体现了层次的相互作用。② H. E. Recchia 和 N. Howe 在研究中发现，当同胞的年龄相仿时，同胞关系更多体现出互惠性的特征。③ C. J. Tucker 等研究发现，在同胞互动中长子女常常扮演指导者和照顾者的角色，同胞关系具有非对称性的互补特征。与弟弟/妹妹的交往，会促进他们的认知、行为能力的发展。如果没有这种积极互动，可能会产生一系列问题行为。④ 同胞互动，为儿童发展人际关系技巧提供了一个平台。即使同胞间出现了争吵、竞争与冲突，在相互作用的过程中，彼此提供的信息也促进了儿童观点采纳能力、沟通协商能力和社会性情感的发展，有助于其人际交往技能和亲社会行为的发展。⑤

---

① P. Munn, J. Dunn, "Temperament and the Developing Relationship between Siblings", *International Journal of Behavioral Development*, Vol. 12, No. 4, 1989, pp. 433 – 451.

② J. Dunn, "Sibling Relationships in Early Childhood", *Child Development*, Vol. 54, No. 4, 1983, pp. 787 – 811.

③ H. E. Recchia, N. Howe, "Associations between Social Understanding, Sibling Relationship Quality, and Siblings' Conflict Strategies and Outcomes", *Child Development*, Vol. 80, No. 5, 2009, pp. 1564 – 1578.

④ C. J. Tucker, D. Finkelhor, H. Turner, "Sibling and Peer Victimization in Childhood and Adolescence", *Child Abuse & Neglect*, Vol. 38, No. 10, 2014, pp. 1599 – 1606.

⑤ M. Nozaki, K. K. Fujisawa, "The Effects of Sibling Relationships on Social Adjustment among Japanese Twins Compared with Singletons", *Twin Research and Human Genetics*, Vol. 15, No. 6, 2012, pp. 727 – 736.

二 家庭结构因素

在家庭系统理论看来，家庭由若干不同的子系统组成，家庭成员是其中的组成部分，家庭成员与各子系统之间彼此依存、相互影响，这种有机联结使得家庭系统中各组成部分相互作用和渗透。同胞的出生使家庭发生了结构性重组，家庭原有的平衡状态受到了冲击，家庭成员和子系统发生了调整，产生新的角色和关系系统。家庭结构因素对同胞关系的影响主要体现在亲子关系、父母教养方式、父母差别对待和父母婚姻质量四个方面。

（一）亲子关系

在家庭系统中，亲子关系是其中重要的构成部分，父母在子女成长的很多方面都发挥着决定性作用。父母对子女的态度、行为和情感，对子女同胞关系的发展具有重要影响。凝聚和谐的亲子关系促使儿童和青少年去学习模仿父母间相互支持的行为，产生更多的亲社会行为；而冲突的亲子关系、父母的拒绝则可能使儿童和青少年采取攻击行为，以消极行为卷入同胞关系中，对同胞关系产生消极的影响。[①] C. M. Stocker 和 L. Youngblade 的研究发现，父母与子女之间亲密的情感联结，使儿童从父母那里感受到爱、温暖与支持。家庭成员的积极互动，有助于他们学会倾听、尊重、理解与帮助同胞，能从同胞那里感受到友爱与支持，相互之间竞争对抗的程度相对降低。相反，父母在亲子关系上表现出的对抗与敌意性、消极的亲子互动，让儿童感受到父母对自己的爱、关注与支持较少，使得同胞之间出现较多的矛盾与冲突。当然，如果在同胞关系中有一个儿童与父母表现得过于亲密，有过度的情感卷入，则会引发另一个儿童的焦虑、嫉妒等消极心理。[②] 因此协调与子女的关系、促进同

① K. L. Buist, M. Vermande, "Sibling Relationship Patterns and Their Associations with Child Competence and Problem Behavior", *Journal of Family Psychology*, Vol. 28, No. 4, 2014, pp. 529 – 537.

② C. M. Stocker, L. Youngblade, "Marital Conflict and Parental Hostility: Links with Children's Sibling and Peer Relationships", *Journal of Family Psychology*, Vol. 13, No. 4, 1999, pp. 598 – 609.

胞之间的亲密与和谐，是父母面对的一项重要任务。

（二）父母教养方式

在日常活动中，教养方式体现为父母对子女的要求和及时回应子女的行为，反映的是在养育子女时父母和子女间互动的过程。父母的个体特征、文化程度、自身经历的不同，使得其在养育、教育子女时表现出来的教养行为和情感倾向具有差异性。W. A. Arrindell 等将父母的教养方式分为情感温暖、过度保护和拒绝三种类型，并注重儿童和青少年对教养方式的自身体验。[①] L. A. Serbin 和 J. Karp 研究发现，情感温暖型的教养方式能让儿童和青少年感知到父母更多的理解、温暖和积极的反馈，有助于其与父母形成亲密融洽的亲子关系，提高家庭教育的效果，较少与同胞发生冲突行为。父母的过度保护则会导致儿童和青少年在与同胞的交往中，出现主动性的攻击行为。被父母拒绝的儿童和青少年在与同胞的互动中容易产生消极情绪，与敌意和攻击行为存在较大的关联性，使同胞关系恶化。[②] D. Baumrind 将父母的教养方式划分为三种类型，即专制型、权威型和宽容型。[③] 专制型的教养方式不能促进同胞关系向深层次的积极方向发展，与同胞关系呈显著负相关。在这样的教养方式下，儿童和青少年很少得到父母的悉心指导，不会与他人分享与合作，导致更多攻击行为和破坏行为的发生，在与同胞的交往中加剧了对抗与冲突。权威型的教养方式有助于儿童和青少年人格、情绪和社会性的发展，增强了同胞间的亲密程度，同胞关系质量最高。[④] 在父母情感温暖的教育中成长的儿童和青少年，从中会习得同样的方式与同胞交往，对建立亲密

---

① W. A. Arrindell et al. , "The Development of a Short Form of the EMBU: Its Appraisal with Students in Greece, Guatemala, Hungary and Italy", *Personality & Individual Differences*, Vol. 27, No. 4, 1999, pp. 613 – 628.

② L. A. Serbin, J. Karp, "The Intergenerational Transfer of Psychosocial Risk: Mediators of Vulnerability and Resilience", *Annual Review of Psychology*, Vol. 55, No. 5, 2004, pp. 333 – 363.

③ D. Baumrind, "Current Patterns of Parental Authority", *Development Psychology Monograph*, Vol. 4, No. 1, 1971, pp. 1 – 10.

④ J. Kim et al. , "Longitudinal Course and Family Correlates of Sibling Relationships from Childhood through Adolescence", *Child Development*, Vol. 77, No. 6, 2006, pp. 1746 – 1761.

的同胞关系起到积极的作用。

（三）父母差别对待

差别对待是指父母在分配养育时间与精力、物质与情感投入等方面会对子女有所偏向，较多倾向于某一个子女而较少或者忽略其他子女的养育方式，导致不同子女的养育出现差异。受到社会比较机制的影响，同胞之间在生活待遇上的差别会导致比较心理和嫉妒心理的产生，对同胞关系产生消极影响。从分配资源的角度而言，父母提供的资源分配不均、明显地差别对待，导致同胞冲突甚至产生攻击行为。① 但是，并不是父母差别对待都会导致同胞关系向消极方向发展。根据子女的年龄差距采取有差异的态度和方式，反而能提升同胞间的亲密度，减少同胞间的敌意或冲突。随着子女年龄的增长，从儿童早期到晚期和青少年时期，父母采取不对等的态度可以帮助个体认识到自身与同胞的差异，对父母的行为方式也表示理解和认同。父母的差别对待能培养不同年龄段子女的综合能力，提高对同胞的接纳与适应能力。② A. Kowal 和 L. Kramer 在一项关于父母的差别对待对同胞关系质量的影响的研究中，通过对 11—13 岁的儿童和他们的父母的双向调查发现，大部分父母都对子女采取了不对等的态度和方式，只有 1/3 的儿童承认父母是有所偏向的，与同胞的养育方式不一样。尽管如此，这其中 3/4 的儿童并不觉得父母差异化的养育方式是不公平的。③

（四）父母婚姻关系

婚姻关系是影响同胞关系质量的重要因素。融洽的婚姻关系往往与和谐的家庭氛围相随，而不良的婚姻关系会导致家庭情绪氛围紧张。G. H. Brody 等通过对两组儿童的实验，探讨了家庭功能对同胞关系的影

① A. C. Jensen, S. D. Whiteman, "Parents' Differential Treatment and Adolescents' Delinquent Behaviors: Direct and Indirect Effects of Difference Score-and Perception-based Measures", *Journal of Family Psychology*, Vol. 28, No. 4, 2014, pp. 549 – 559.

② M. E. Feinberg et al., "Sibling Differentiation: Sibling and Parent Relationship Trajectories in Adolescence", *Child Development*, Vol. 74, No. 5, 2003, pp. 1261 – 1274.

③ A. Kowal, L. Kramer, "Children's Understanding of Parental Differential Treatment", *Child Development*, Vol. 68, No. 1, 1997, pp. 113 – 126.

响，认为父母在婚姻中的满意度与积极的同胞关系呈正相关关系。研究证明亲密的同胞关系比冲突的同胞关系在父母婚姻满意度上的得分要更高。[①] 在婚姻中遇到矛盾和冲突时，父母解决问题的方法对子女应对同胞冲突的方式有直接的影响。良好的婚姻关系为子女树立了学习榜样。在日常生活中，父母往往潜移默化地影响着子女的言行。当同胞之间出现竞争、矛盾和争端时，儿童会效仿父母应对问题的解决方式。父母良好的沟通方式让儿童懂得谦让和理解同胞，相互之间易达成妥协。当发现父母将更多的注意力投向同胞时，儿童也很少对同胞产生抵触和敌对情绪，会更好地接纳同胞，能有效减少同胞冲突发生的概率。[②] 另外，婚姻子系统会通过家庭情绪社会化这一重要路径，继而对同胞子系统产生影响。C. M. Stocker 和 L. Youngblade 在一项针对婚姻关系、父母的情绪表达与儿童同胞关系的研究中发现，积极的情绪表达（尤其是母亲积极的情绪表达）有助于同胞之间的关系更加亲密与温暖，而消极的情绪表达则会导致同胞之间出现更多的竞争、敌对与冲突。[③] B. L. Volling 和 J. Belsky 的研究发现，父母婚姻关系中的紧张与冲突会导致儿童产生消极的情绪和行为，从而影响儿童的人际关系，同胞关系也会受此影响。[④]

三　同伴关系

关于同伴关系对同胞关系的影响，已有文献主要有两种不同的研究结论。从社会学习理论来看，儿童和青少年的可塑性较强，他们会将在一种互动关系中习得的社会交往技能迁移到另一种互动的场域中。当儿

① G. H. Brody, Z. Stoneman, M. Burke, "Family System and Individual Child Correlates of Sibling Behavior", *American Journal of Orthopsychiatry*, Vol. 57, No. 4, 1987, pp. 561 – 569.

② N. Szabó et al., "Jealousy in Firstborn Toddlers within the Context of the Primary Family Triad", *Social Development*, Vol. 23, No. 2, 2014, pp. 325 – 339.

③ C. M. Stocker, L. Youngblade, "Marital Conflict and Parental Hostility: Links with Children's Sibling and Peer Relationships", *Journal of Family Psychology*, Vol. 13, No. 4, 1999, pp. 598 – 609.

④ B. L. Volling, J. Belsky, "The Contribution of Mother-Child and Father-Child Relationships to the Quality of Sibling Interaction: A Longitudinal Study", *Child Development*, Vol. 63, No. 5, 1992, pp. 1209 – 1222.

童青少年在面临压力时，同伴接纳为个体提供了支持，帮助个体增强社会竞争力。同伴关系能显著正向预测同胞关系的发展。个体在面临同胞压力与竞争时，良好的同伴关系能提供积极的支持，使其在同胞互动的过程中能较好地理解与接纳同胞，有益于彼此消除误解隔阂，促进同胞间形成亲密的关系。当同伴关系紧张时，个体可能会有一系列情绪化的行为，导致同胞关系的紧张与冲突，而并不会寻求同胞之间的亲近。① W. Furman 和 D. Buhrmester 分析了友谊在同胞关系中的作用，认为友情和同胞关系具有一致性。当个体和同伴之间的关系较差，遭到同伴拒绝时，同伴交往的经历会被带入同胞互动中，在与同胞的交往中也容易产生对抗和冲突。② 另外，在可能补偿理论看来，同伴关系与同胞关系呈现一种负相关关系。儿童和青少年消极的同伴关系可能会在积极的同胞关系中得到补偿。③ 在充满紧张与压力的同伴关系中，儿童和青少年无法与同伴形成亲密的联结与互动，他们会转而试图从同胞关系中找寻补偿，会对同胞倾注更多的时间与精力，希望与同胞保持亲密的关系。④ 当然，两种理论都对同伴关系与同胞关系之间的作用影响机制进行了解释，但是同伴关系与同胞关系具有一致性的观点获得了更多实证研究的支持，而支持可能补偿理论的证据则较少。

四　社会文化因素

在不同的社会形态、民族文化传统和价值观中，同胞关系是不相同

① C. D. Batson, J. G. Batson, R. M. Todd, "Empathy and the Collective Good: Caring for One of the Others in a Social Dilemma", *Journal of Personality and Social Psychology*, Vol. 68, No. 4, 1995, pp. 619 – 631.

② W. Furman, D. Buhrmester, "Age and Sex Differences in Perceptions of Networks of Personal Relationships", *Child Development*, Vol. 63, No. 1, 1992, pp. 103 – 115.

③ J. Dunn, S. McGuire, "Sibling and Peer Relationships in Childhood", *Journal of Child Psychology and Psychiatry*, Vol. 33, No. 1, 1992, pp. 114 – 145.

④ P. L. East, S. T. Khoo, "Longitudinal Pathways Linking Family Factors and Sibling Relationship Qualities to Adolescent Substance Use and Sexual Risk Behaviors", *Journal of Family Psychology*, Vol. 19, No. 4, 2005, pp. 571 – 580.

的。这种跨文化的差异经常用个人主义和集体主义来解释。西方社会崇尚的是以个人主义为导向的文化，注重个人展现和自我的发展，偏向“利己”的思想，同胞关系更多体现同胞之间的竞争冲突、紧张关系。集体主义文化注重家庭主义的价值观，讲究长幼有序，强调群体意识和人际关系，追求“利他”精神。在同胞互动的过程中，强调的是同胞之间的依存，彼此负有责任与义务。① 例如，D. C. French 等通过对比印度与美国青少年的同胞关系后发现，印度青少年同胞之间更多体现的是支持、合作与亲密。② 而 K. L. Buist 等也通过对印度青少年和荷兰青少年同胞关系的对比研究证实，在同胞权利对比维度，印度青少年在与同胞的交往中表现出更多的地位不平等与差异，而荷兰青少年则更多呈现的是权利的对等。③ 对不同文化背景下儿童和青少年同胞关系进行聚类分析，例如，S. McGuire 等通过对欧裔美国家庭中的同胞关系进行研究发现，温暖和谐型、敌意冲突型、情感强烈型与关系疏离型的同胞关系在欧裔美国家庭的儿童和青少年中均会出现。④ 而 S. M. McHale 等在非裔美国家庭的研究中已经证实，同胞之间并没有表现出高亲密、高冲突的情感强烈型关系。⑤ 已有很多研究都是基于西方文化探讨同胞关系，而非西方文化背景下也是进行研究的一片沃土。由于东西方文化的巨大差异，未来需要来自东方文化的经验研究去关注文化带来的不同。

---

① K. A. Updegraff et al.，“Adolescent Sibling Relationships in Mexican American Families：Exploring the Role of Familism”，*Journal of Family Psychology*，Vol. 19，No. 4，2005，pp. 512－522.

② D. C. French et al.，“Social Support of Indonesian and U. S. Children and Adolescents by Family Members and Friends”，*Merrill-Palmer Quarerly*，Vol. 47，No. 3，2001，pp. 377－394.

③ K. L. Buist，A. Metindogan，S. Coban，“Cross-Culture Difference in Sibling Power Balance and Its Concomitants across Three Age Periods”，*Journal of General and Family Medicine*，Vol. 156，2017，pp. 87－104.

④ S. McGuire，S. M. McHale，K. Updegraf，“Children's Percpeptions of the Sibling Relationship in Middle Childhood：Connections within and between Family Relationship”，*Personal Relationhips*，Vol. 3，No. 3，1996，pp. 229－239.

⑤ S. M. McHale et al.，“Characrisics and Correlate of Sibling Relationships in Two-parent African American Family”，*Journal of Family Psychology*，Vol. 21，No. 2，2007，pp. 227－235.

第四节 同胞关系的作用

同胞关系是个体一生中最持久的家庭关系之一，超过了亲子关系、夫妻关系和同伴关系，影响着家庭内外的人际关系。由于互动的频率、关系的持久性、被保护的角色、可及性和共同的经验，同胞关系形成了一个独特而重要的环境，强烈影响着个体的社会心理发展。同胞关系对个体的发展具有双重效应，既可以对个体发展具有积极的促进作用，又可能会带来消极的后果。

一 积极的同胞关系对个体社会性发展的影响

积极的同胞关系包括亲密、温暖、友爱、支持、陪伴、照顾等亲社会行为，能够减少个体的各种内化和外化问题行为。除了直接影响外，积极的同胞关系还可以缓冲紧张压力事件对个体社会性发展的负面影响。

（一）积极的同胞关系与内化和外化问题行为

积极的同胞关系可以让儿童和青少年感受到彼此之间的亲密、鼓励、接受和照顾，有助于减少其各种问题行为。已有研究发现，儿童和青少年如果在和同胞的互动中建立了积极的关系，更有可能发展自我价值感，增加自信，增强自我效能感，减少其适应问题。① 当儿童处于一个未知的情境时，同胞的支持为儿童建立安全感和保持情感连续性提供了重要基础，积极的同胞关系有利于心理弹性的发展，面对困境时提升其自信心和对自身能力的信任。② 亲密的同胞关系能促进儿童和青少年的认知，社会适应和技能的发展以及对情绪、情感的更好理解，减少攻击、反社会行为等外化问

① L. M. Padilla-Walker, J. M. Harper, A. C. Jensen, "Self Regulation as a Mediator between Sibling Relationship Quality and Early Adolescents' Positive and Negative Outcomes", *Journal of Family Psychology*, Vol. 24, No. 4, 2010, pp. 419 – 428.

② P. T. Davies, D. Cicchetti, "Toward an Integration of Family Systems and Developmental Psychopathology Approaches", *Development and Psychopathology*, Vol. 16, No. 3, 2004, pp. 477 – 481.

题行为。[1] 另外，积极的同胞关系被视为抵御紧张的生活事件造成的压力的潜在重要缓冲，能够保护儿童免受因经历生活事件而导致的失调。[2] 同胞间的积极互动缓冲了压力性的生活事件对儿童内化问题的影响，推动了儿童社会理解的发展。当儿童遇到各种发展困境时，与他们关系密切的同胞可以成为儿童获得社会支持的重要来源，积极的同胞关系在儿童适应方面发挥着重要作用，可以作为外化问题的保护因素。[3]

（二）积极的同胞关系与人际关系

积极的同胞关系对儿童和青少年的社会交往能力与人际适应能力具有显著的促进作用。[4] 与同胞建立的亲密感情和彼此认同的心理，给儿童和青少年处理同伴关系问题提供了很好的范本。积极的同胞关系可以通过帮助青少年建立良好的友谊，减轻其孤独感，减少不良行为和物质滥用现象，从而促进青少年的发展。[5] 青少年在家庭中发展起来的亲密的同胞关系，对于后续的同伴关系、恋爱关系等产生积极和持续性的效应。S. E. Doughty 等针对从青少年到成年早期的同胞关系展开了 10 年的纵向研究发现，与异性同胞的接触为其观察其他性别的同龄人和互动提供了一个机会。随着时间的推移，与异性同胞积极的互动对青少年的浪漫感知能力具有促进作用，青少年认为自己将在后续的恋爱关系中也能够与恋人保持亲密的关系。[6] 一项对早中期青少年同胞关系的分析也认

---

① L. M. Padilla-Walker, J. M. Harper, A. C. Jensen, "Self Regulation as a Mediator between Sibling Relationship Quality and Early Adolescents' Positive and Negative Outcomes", *Journal of Family Psychology*, Vol. 24, No. 4, 2010, pp. 419 – 428.

② G. Perricone et al., "Sibling Relationships as a Resource for Coping with Traumatic Events", *Springer Plus*, Vol. 3, No. 1, 2014, pp. 525 – 531.

③ G. H. Brody, "Siblings' Direct and Indirect Contributions to Child Development", *Current Directions in Psychological Science*, Vol. 13, No. 3, 2004, pp. 124 – 126.

④ V. J. Noland et al., "Is Adolescent Sibling Violence a Precursor to College Dating Violence?", *American Journal of Health Behavior*, Vol. 28, No. 1, 2004, pp. 13 – 23.

⑤ H. C. Yeh, J. D. Lempers, "Perceived Sibling Relationships and Adolescent Development", *Journal of Youth and Adolescence*, Vol. 33, No. 2, 2004, pp. 133 – 147.

⑥ S. E. Doughty et al., "Links between Sibling Experiences and Romantic Competence from Adolescence through Young Adulthood", *Journal of Youth and Adolescence*, Vol. 44, No. 11, 2015, pp. 2054 – 2066.

为，同胞关系在塑造同伴关系方面起着重要作用。同胞间的支持、互惠与分享使青少年获得了社会交往技能，有助于与他人建立良好的人际关系，对青少年建立积极的同伴关系产生正向影响。[①]

（三）积极的同胞关系与情绪社会性发展

同胞之间的互动为个体提供了了解自己和他人情绪反应和情绪变化的独特机会。在与同胞的交往中，个体会产生一系列的情绪变化，如快乐、骄傲、嫉妒、生气、沮丧、恐惧等。亲密的同胞关系是儿童与青少年情感支持的重要来源，与同胞的积极互动为他们学习如何识别、表达和控制各种情绪提供了充足的机会，并能帮助儿童与青少年在特定的情境下预测他人的情绪反应。[②] 积极的同胞关系有助于个体情绪社会性发展。同胞间的亲密关系使得儿童与青少年在互动中能较多地进行自我表露，较好地了解同胞的内心世界，从而提高其情绪适应的能力。[③] 另外，同胞间建设性冲突对其情绪理解能力也具有促进作用。面对同胞冲突，他们会战略性地思考与采取行动，学习相关的技巧去合理表达自己的负面情绪，并采取积极的调适措施提升情绪理解能力，在情绪激动的情况下能有效调节自己的情绪以保持镇定。[④]

（四）积极同胞关系对个体社会性发展的作用机制

其一，同胞关系是个体自我形成的重要基础，影响着个体的自尊、自我效能感和情绪发展。同胞的鼓励和支持使彼此之间建立起一种亲密、友爱、信任的紧密联系，促进了自我的发展，有助于提高儿童和青少年

---

① D. Yucel, D. B. Downey, "When Quality Trumps Quantity: Siblings and the Development of Peer Relationships", *Child Indicators Research*, Vol. 8, No. 4, 2015, pp. 845 – 865.

② L. Kramer, "Learning Emotional Understanding and Emotion Regulation through Sibling Interaction", *Early Education and Development*, Vol. 25, No. 2, 2014, pp. 160 – 184.

③ N. Campione-Barr et al., "Domain Differentiated Disclosure to Mothers and Siblings and Associations with Sibling Relationship Quality and Youth Emotional Adjustment", *Developmental Psychology*, Vol. 51, No. 9, 2015, pp. 1278 – 1291.

④ L. Kramer, "Learning Emotional Understanding and Emotion Regulation through Sibling Interaction", *Early Education and Development*, Vol. 25, No. 2, 2014, pp. 160 – 184.

的情绪健康。① 同胞间的相互支持有助于增强青少年的抗逆能力，提升其自信心，促进了青少年社会技能的发展。② 与同胞建立积极关系的青少年，能从这种良性互动中感受到温暖、鼓励、接受和支持，因此他们更有可能提升自我价值感，增强自信心，进而减少适应问题。其二，积极的同胞关系有助于个体情绪社会性的发展。儿童与同胞间积极互动，促进其共情能力的发展，从而表现出更多的亲社会行为。③ 安全型依恋的儿童具有积极的同胞关系，与同胞分享的行为更多，在识别同胞的情绪情感时，体验到了与同胞共有的情绪情感，并以此转移和泛化到其他情境中，增强了对他人的思想和情绪的感同身受的能力，从而促进儿童的亲社会行为发展，提升其社会适应能力。④

二　消极的同胞关系对个体社会性发展的影响

消极的同胞关系包括争吵、敌意、欺凌、侵犯、胁迫与伤害等行为。在童年生活早期，同胞间的交流较多，彼此之间相互帮助，亲密度较高。随着年龄的增长，从儿童中晚期开始，同胞的卷入程度逐步下降。他们更多融入同伴中，参与和同伴的互动，建立和维持同伴关系。青少年与同胞之间的冲突变得日益增多和剧烈，消极的同胞关系对他们的社会性发展产生了负面作用。

（一）消极的同胞关系与内化和外化问题行为

消极的同胞关系与个体的内化、外化问题行为呈现显著的正相关关

① C. P. Mota, P. M. Matos, "Does Sibling Relationship Matter to Self-Concept and Resilience in Aadolescents under Residential Care?", *Children and Youth Services Review*, Vol. 56, 2015, pp. 97－106.

② A. S. Wojciak, L. M. McWey, C. M. Helfrich, "Sibling Relationships and Internalizing Symptoms of Youth in Foster Care", *Children and Youth Services Review*, Vol. 35, No. 7, 2013, pp. 1071－1077.

③ C. B. Lam, A. R. Solmeyer, S. M. McHale, "Sibling Relationships and Empathy across the Transition to Adolescence", *Journal of Youth and Adolescence*, Vol. 41, No. 12, 2012, pp. 1657－1670.

④ J. M. Harper, L. M. Padilla-Walker, A. C. Jensen, "Do Siblings Matter Independent of Both Parents and Friends? Sympathy as a Mediator between Sibling Relationship Quality and Adolescent Outcomes", *Journal of Research on Adolescence*, Vol. 26, No. 1, 2016, pp. 101－114.

系。同胞冲突对儿童和青少年的焦虑、抑郁情绪具有显著的预测作用。[①]当同胞间的年龄差距较小时，同胞冲突和内化症状之间的关系更强，这可能是因为年龄相近的同胞之间争斗更多。[②] 另外，同胞间的冲突与焦虑、抑郁情绪之间可能互为因果关系。有研究利用纵向追踪数据对非裔美国早中期青少年的家庭关系进行分析发现，同胞间的敌意、冲突越多，青少年的移情能力就越差，其焦虑、抑郁症状和危险行为也随之增加。[③] K. L. Buist 等的研究也发现，同胞间的矛盾和冲突是导致青少年问题行为的风险因素，尽管同胞间的冲突具有建设性的一面，但是消极的同胞关系需要引起足够重视。[④] 一项针对 10—12 岁儿童同胞关系的分析发现，消极的同胞关系能显著预测儿童的孤独感、焦虑情绪与反社会行为，还表现出明显的性别差异，对男孩的消极作用更显著。[⑤] 与高亲密低冲突的同胞关系相比，低亲密高冲突的同胞关系使得青少年出现较多的焦虑、抑郁、孤独、低自尊等内化问题，而且会产生较多的攻击等外化问题行为。[⑥]

（二）消极的同胞关系与其他人际关系

消极的同胞关系对个体的其他人际关系的发展产生了负面影响。从社会学习理论的角度，在互动过程中个体与同胞彼此相互学习，而其中

① N. Campione-Barr, J. G. Smetana, "Who Said You Could Wear My Sweater: Adolescent Siblings' Conflicts and Associations with Relationship Quality", *Child Development*, Vol. 81, No. 2, 2010, pp. 464 – 471.

② H. Recchia, C. Wainryb, M. Pasupathi, "Two for Finching: Children's and Adolescents' Narrative Accounts of Harming Their Friends and Siblings", *Child Development*, Vol. 84, No. 4, 2013, pp. 1459 – 1474.

③ S. D. Whiteman, A. R. Solmeyer, S. M. McHale, "Sibling Relationships and Adolescent Adjustment: Longitudinal Associations in Two-Parent African American Families", *Journal of Youth and Adolescence*, Vol. 44, No. 11, 2015, pp. 2042 – 2053.

④ K. L. Buist, M. Deković, P. Prinzie, "Sibling Relationship Quality and Psychopathology of Children and Adolescents: A Meta-analysis", *Clinical Psychology Review*, Vol. 33, No. 1, 2013, pp. 97 – 106.

⑤ J. M. Harper, L. M. Padilla-Walker, A. C. Jensen, "Do Siblings Matter Independent of Both Parents and Friends? Sympathy as a Mediator between Sibling Relationship Quality and Adolescent Outcomes", *Journal of Research on Adolescence*, Vol. 26, No. 1, 2016, pp. 101 – 114.

⑥ M. A. Dirks et al., "Sibling Relationships as Sources of Risk and Resilience in the Development and Maintenance of Internalizing and Externalizing Problems during Childhood and Adolescence", *Clinical Psychology Review*, Vol. 42, 2015, pp. 145 – 155.

习得的消极行为与沟通方式也可以迁移、概化到其他环境中，如同伴关系、恋爱关系等。有研究发现，同胞间的消极互动可能延续到恋爱关系中，随着同胞间矛盾冲突的不断增加，青少年在成年早期感知浪漫的能力就越差。在控制了亲子关系后，同胞冲突与感知浪漫的能力依然密切相关。[①] 一项对儿童攻击行为的横断研究发现，儿童与同胞之间的攻击行为越多，在与同伴的交往中就会表现较多的对抗与攻击行为，或更容易遭受到来自同伴的攻击。[②] 青少年同胞的攻击行为加剧了同伴接纳的困难，可以预测 1 年后同伴的欺凌行为，可能导致同伴排斥和伤害。[③] 对青少年的同胞攻击行为进行了两年的纵向研究也认为，同胞间的身体攻击、言语攻击和心理攻击与同伴攻击显著相关，使得在同伴互动中发生欺凌行为。[④] 同胞欺凌和同伴欺凌可能是互为因果的关系。儿童和青少年观察并经历同胞在家庭中的欺凌行为，然后在学校环境中也会欺负同龄人，同胞欺凌与同伴欺凌显著相关。相反，他们可以观察并体验在校同学的欺凌，然后在家庭中对同胞进行身体、情感或言语攻击。[⑤]

（三）消极的同胞关系对个体社会性发展的作用机制

消极的同胞关系使个体的社会认知可能出现偏差，导致社会适应能力较差。同胞间破坏性的冲突加剧了儿童和青少年对同胞的敌意归因，对心理健康带来消极影响，增加了内化和外化问题行为。[⑥] 消极的同胞关

① S. E. Doughty et al., "Links between Sibling Experiences and Romantic Competence from Adolescence through Young Adulthood", *Journal of Youth and Adolescence*, Vol. 44, No. 11, 2015, pp. 2054 – 2066.

② D. Wolke, A. J. Skew, "Bullying among Siblings", *International Journal of Adolescent Medicine and Health*, Vol. 24, No. 1, 2012, pp. 17 – 25.

③ R. Ensor et al., "Trajectories of Antisocial Behavior towards Siblings Predict Antisocial Behavior towards Peers", *Journal of Child Psychology and Psychiatry*, Vol. 51, No. 11, 2010, pp. 1208 – 1216.

④ N. Tippett, D. Wolke, "Aggression between Siblings: Associations with the Home Environment and Peer Bullying", *Aggressive Behavior*, Vol. 41, No. 1, 2015, pp. 14 – 24.

⑤ I. Tanrikulu, M. A. Campbell, "Sibling Bullying Perpetration: Associations with Gender, Grade, Peer Perpetration, Trait Anger, and Moral Disengagement", *Journal of Interpersonal Violence*, Vol. 30, No. 6, 2015, pp. 1010 – 1024.

⑥ H. E. Recchia, A. Rajput, S. Peccia, "Children's Interpretations of Ambiguous Provocation from Their Siblings: Comparisons with Peers and Links to Relationship Quality", *Social Development*, Vol. 24, No. 4, 2015, pp. 782 – 797.

系可以通过以下三条路径对其社会性发展产生影响。第一条路径认为，消极的同胞关系通过同伴关系对其社会性发展产生影响。同胞之间的消极互动会泛化到同伴与学校的情境中，有可能增加同伴交往的困难，产生学校适应不良问题。尤其是当儿童和青少年与有偏差行为的同伴接触越多，同伴关系的偏差会使其出现更多不良行为问题。第二条路径认为，消极的同胞关系可以通过家庭关系从而影响其社会性发展。同胞间的冲突使儿童习得了错误的认知，随着与同胞消极互动的累积，儿童更有可能产生越轨行为。第三条路径认为，同胞间的矛盾与冲突对家庭的教养方式产生了消极影响，从而增加了青少年内化和外化问题行为的风险。同胞冲突对于父母而言是一种巨大的压力，迫使父母减少对同胞关系的监控，难以发现和矫正同胞的偏差行为，继而弱化了其自我效能感，使其产生焦虑情绪。这是其越轨行为发生的风险性因素。尤其对于青春期的男孩而言，同胞之间的冲突可能会加重或放大无效的父母教养对其适应的负面影响。①

综上，积极的同胞关系有利于儿童和青少年形成正确的认知，表现出较好的情绪控制能力，可以获得解决冲突的技能和互动方式。这些技能和互动方式可用于发展和维持健康的同伴关系，降低焦虑、抑郁和攻击性行为问题的风险，增强他们的自尊和社会适应能力。消极的同胞关系与儿童和青少年内外化问题行为密切相关，使其易于出现诸如焦虑、抑郁或悲观之类的情绪问题，社会适应问题和行为障碍。在同胞冲突的背景下，儿童和青少年学习到的强制性互动方式会扩展到家庭之外的其他环境中，在同伴关系中增加了参与同伴欺凌的风险，对同伴表现出反社会行为，对其社会性发展产生消极作用。

① M. E. Feinberg, A. R. Solmeyer, S. M. McHale, "The Third Rail of Family Systems: Sibling Relationships, Mental and Behavioral Health, and Preventive Intervention in Childhood and Adolescence", *Clinical Child and Family Psychology Review*, Vol. 15, No. 1, 2012, pp. 43 – 57.

第三章

中国同胞关系研究的进展

近四十年的独生子女政策一定程度上掩盖了中国家庭内部的同胞关系，研究者主要关注独生子女的身心发展，而对于非独生子女的同胞关系鲜有探讨。在后独生子女时代随着“三孩”政策的施行，越来越多的儿童和青少年会迎来自己的手足同胞。同胞关系作为一种重要的而又被长期忽视的家庭关系，开始受到学者们更多的关注。同胞关系在西方文化情境中取得了丰硕的成果，从不同的研究视角出发探讨了同胞出生对儿童和青少年心理与行为的影响及其家庭适应问题，结合相关理论分析了同胞关系的具体影响机制，为中国开展同胞关系研究提供了值得借鉴的方法。然而同胞关系具有较强的文化差异性，不同家庭观念下同胞关系呈现不同的特征，因此需要开展本土化研究，关注文化观念带来的同胞关系的差异。由于“三孩”政策在中国实施的时间不长，相关问题才慢慢显现，现有研究只是将独生子女和非独生子女进行对比，关于家庭同胞关系的直接研究比较缺乏。纵观已有文献，学者们主要聚焦生育政策的调整对中国经济社会发展的影响，评估生育政策实施的效果，而较少关注家庭所受的影响。在后独生子女时代随着“三孩”政策的逐步实施，有关家庭内部子代之间的同胞关系研究逐渐进入越来越多学者的视线。尤其是教育学和心理学对同胞关系的探讨开始增多，其研究不足的现状正在发生改变。因为子女的出生是家庭系统的再次转型，家庭面临的转变主要表现为：长子女对同胞的接纳、同胞关系的特征与作用、家庭结构与家庭关系的变化。

第一节　长子女对同胞出生的适应问题

在后独生子女时代，不少家庭都会选择生育多个孩子，面对同胞的到来，家庭规模、家庭关系、个体在家庭中的地位和身份角色都会发生相应变化。对于长子女来说，这是一个挑战与机遇并存的适应过程。[①]

同胞的出生给家庭中的长子女带来了不同程度的冲击，会产生情绪、行为问题及心理的不适应。一是在情绪反应方面，长子女容易出现情绪障碍，积极的情绪反应明显减少，表现出不良情绪，如担忧、沮丧、失落、嫉妒、暴躁、易怒等。年长儿童的消极情绪通常出现在同胞出生前后的过渡时期，通常表现为占有欲很强，容易对母亲发火，脾气焦躁，没有理由地无理取闹，闷闷不乐，对同胞产生强烈的嫉妒感和敌对意识。[②] 年长儿童出现焦虑和不安等情绪问题的原因在于，同胞的出生使其渴望爱、想占有爱，感觉自己被疏忽。[③] 二是在行为方面，长子女会表现出一系列问题行为，如交往障碍、性格大变、攻击行为、退行行为等。有研究发现，年长儿童在同胞出生前后的睡眠状况发生明显的改变，入睡时间延长、夜醒次数增加。[④] 同胞的出生得到了父母更多的关注，年长儿童感受到了危机，他们往往嫉妒心较重，要将自己保护起来，自我保护意识较强，变得不合群，不愿意参与集体活动，容易与同学发生争执。同胞的到来使得年长的儿童从个性正常转变为沉默敏感，学业成绩下滑，爱发脾气、打架、攻击同胞，会表现出“早熟”的特

① 庄妍：《家庭长子女对同胞出生的适应研究：进展与反思》，《中国健康教育》2017 年第 2 期。

② 屈国梁、曹晓君：《同胞冲突及其解决：家庭子系统的影响》，《心理科学进展》2021 年第 2 期；郑治国等：《二胎环境下小学高年级“脱独”儿童父母教养方式与同胞关系：心理理论的中介作用》，《心理学探新》2020 年第 4 期。

③ 宋梅：《生育第二胎对长子女的心理影响及对策分析》，《教育导刊》（下半月）2015 年第 6 期。

④ 庄妍：《多元视角下同胞出生对儿童的影响研究》，《中小学心理健康教育》2017 年第 25 期。

点，可能会提前进入青春期。[①] 年长儿童在同胞出生的短期内不会主动拥抱他们，生活自理能力反而下降，对母亲特别依赖，甚至出现类似婴儿的行为，诸如喝奶瓶、喂饭等退行行为。年长儿童的异常行为与其年龄、父母教养方式、父母婚姻质量、代际关系密切相关。如果同胞之间的年龄间隔较大，长子女已经进入初中、高中或者大学，他们的心智发展相对较成熟，淡化了父母情感支持的心理需要，可能更担心的是未来财产继承的问题。三是亲子关系方面，当同胞出生后，长子女尤其需要母亲的陪伴，表现出对母亲更为依赖，但是母子之间的冲突对抗也在不断增加。长子女和母亲共处的时间减少，公开违背母亲、母亲责备长子女的情况在增加。父子之间的互动更有利于了解长子女在同胞降生后的适应问题，[②] 但是目前较欠缺的是父子之间关系的深入研究。如果同胞之间年龄差过大，还容易产生代沟。这种同代人之间的裂缝、隔阂甚至冲突，会直接影响亲子之间的沟通和情感交流的方式，容易导致彼此之间不亲近、不信任和对抗。[③]

生态系统理论认为，同胞出生的过渡期对于一个家庭而言是正常的发展阶段，再次生育孩子都可能会经历这种压力。同胞的出生可能导致儿童的某种不适应性，但同时也是他们生命历程中一次成长的机会。转折点理论还认为，并不是所有的长子女在同胞出生的过渡期都会表现出更多的消极情绪、问题行为，只有少数特定类型的儿童才会出现不适应性。但是，已有研究对这一问题还未展开系统的分析。陈斌斌等基于一般发展轨迹和个体的变化轨迹开展了三项研究，探讨了儿童在同胞出生

---

① 李何丽、韩巍、张慧敏：《基于全面二胎政策开放下长子女心理探析——长子女心理问题新分析》，《广西教育学院学报》2017 年第 4 期。

② 宋梅：《生育第二胎对长子女的心理影响及对策分析》，《教育导刊》（下半月）2015 年第 6 期。

③ 陆杰华、韦晓丹：《“全面两孩”政策下大龄二孩家庭亲子/同胞关系的调适机理探究》，《河北学刊》2017 年第 6 期。

前后的身心变化以及影响其身心变化的个人及其家庭因素。[①] 但是该研究仍停留在设想阶段，还需要进一步的经验数据去验证。

第二节 同胞关系的特征与影响因素

一 同胞关系的特征

同胞关系是多维度的，已有文献主要是从亲密、竞争、冲突和权利对比四个维度测量个体的同胞关系特征。

在儿童同胞关系特征的探讨中，张雪丽以小学 3—6 年级头胎与二胎儿童为受试样本发现，在亲密、竞争、冲突和权利对比四个维度上，同胞关系没有显著差异，可能是因为对于这一年龄段的儿童来说，同胞是他们主要交往的对象，同胞间的亲密程度较高，共同的兴趣爱好较多，相互之间更多的是依赖和认同，权利对比没有发生较大的改变。研究进一步比较了头胎儿童与二胎儿童的同胞关系特征，当儿童是头胎时，女生的同胞亲密度高于男生，城市儿童同胞亲密度高于农村儿童，家庭关系和睦的儿童同胞亲密度较高，家庭社会经济地位越高的儿童同胞亲密度越高；当儿童是二胎时，男生的同胞竞争程度更高，城市儿童更容易产生同胞冲突，家庭的社会经济地位与同胞亲密、同胞竞争和权利对比呈正相关关系，家庭关系能显著正向预测同胞亲密与同胞竞争。[②] 庄妍通过对儿童同胞关系进行分析认为，儿童的同胞亲密度略高于均值，而竞争、冲突与权利对比三个维度略低于均值，同胞之间的亲密与温暖较多，同时也存在矛盾与冲突，却又不是完全的疏离与对抗。不同性别的同胞在亲密维度上的差异具有统计学意义，女生比男生更容易与同胞建立亲密的关系；不同性别的同胞在竞争、冲突与权利对比三个维度上没有显著差异；不同年级的同胞在亲密、

---

① 陈斌斌等：《二胎进行时：头胎儿童在向同胞关系过渡时的生理和心理变化及其影响因素》，《心理科学进展》2016 年第 6 期。

② 张雪丽：《“单独二胎”新计生政策下儿童同胞关系及相关因素研究》，硕士学位论文，四川医科大学，2015 年。

竞争、冲突与权利对比四个维度上的差异没有统计学意义。家庭的教养方式和父子关系对儿童的同胞关系具有显著作用。民主型的教养方式对儿童形成亲密的同胞关系有积极的影响，有助于减少彼此之间的竞争与冲突；父子关系与同胞亲密呈正相关关系，父子关系越好，儿童与同胞之间的温暖与亲密就越多，相互间的竞争和冲突相对就越少。①

在青少年同胞关系特征的研究中，张晓娟等关注了处于不同教育成长阶段同胞关系呈现的特征。研究发现，不同年龄段的青少年同胞竞争具有显著差异，高中阶段同胞竞争程度相对较高，初中阶段居中，小学阶段竞争程度最低；同胞序位对同胞亲密具有显著的影响，年幼组同胞之间的亲密程度较高。随着年龄的增长，同胞之间的竞争与矛盾越来越突出，长子女更在意父母是否关注自己；年幼的同胞喜欢与长子女亲密相处，在情感上更愿意亲近与依赖长子女。② 其研究结论与张雪丽的不同，可能是由于受试样本存在年龄差异。王文婷对中晚期青少年的同胞关系进行了深入探讨。在同胞亲密维度，性别和家庭居住地存在交互作用，具体来说城市男生的同胞亲密程度高于农村男生，农村女生的同胞亲密程度高于城市女生；在同胞冲突维度，性别和年龄、性别和家庭居住地的交互作用显著，表现为高二男生的同胞冲突程度高于高一和高三的男生、高一女生的同胞冲突程度高于其他两个年级的女生，城市男生的同胞冲突较高、农村女生的同胞冲突较高。③ 董颖红通过对初中生同胞关系的类型进行考察后发现，同胞关系主要有三种类型，即温暖和谐型、敌意冲突型和情感紧张型，没有出现关系疏离型，随着年龄的增长，同胞关系变得日益亲密，而不是冲突与对抗。④ 刘小峰等基于青少年自传日记研究发现，这种根基于血缘脐带上的同胞关系具有血缘给定性和交往

① 庄妍：《“二孩”家庭儿童同胞关系调查》，《中国校医》2017 年第 10 期。

② 张晓娟等：《不同年龄段青少年同胞关系的调查》，《中国健康心理学杂志》2018 年第 2 期。

③ 王文婷：《高中生同胞关系与孤独感的关系：同伴关系的中介作用》，硕士学位论文，鲁东大学，2014 年。

④ 董颖红：《被忽视的家庭关系——同胞关系对个体心理和行为发展的影响》，中国社会科学出版社 2018 年版。

互动性的特征。在不同教育成长过程中“血浓于水”，同胞关系总体来说是偏向亲密，但是同胞竞争与冲突仍然与之始终相伴。在教育成长过程中，同胞关系呈现“稳中有变”的互动需求，主要表现在同胞之间的生活互助、心理归属在不断增长，个体独立意识递增导致同胞情感纽带在逐步减弱。①

在大学生同胞关系特征的研究中，董颖红发现，大学生的同胞亲密程度较高，冲突程度较低，同胞关系主要有温暖和谐型和情感紧张型两种类型，没有出现敌意冲突型和关系疏离型。② 还有学者进一步分析了人口学变量在同胞关系各个维度上的差异，同胞亲密程度在性别、年龄间隔、性别组合上具有显著差异，表现为女生的同胞亲密程度高于男生，年龄间隔在3—6岁的同胞之间最亲密，姐妹组合同胞亲密程度最高，兄弟之间的亲密程度最低。在同胞冲突维度，性别、年龄间隔、性别组合的主效应以及性别与家庭所在地的交互作用均具有显著的差异，表现为男生的同胞冲突程度高于女生，年龄间隔在0—3岁的同胞冲突程度最高，兄弟间的同胞冲突高于其他组合，城市男生的同胞冲突较多，农村女生更易于与同胞发生冲突。在同胞竞争维度，性别组合具有显著差异，姐弟之间的竞争程度最大，姐妹之间的竞争程度最小。③

二　同胞关系的影响因素

同胞关系的影响因素是复杂且相互作用的，既有研究从同胞自身因素以及家庭相关因素（如父母与子女关系、父母婚姻质量、父母教养方式与家庭社会经济地位等）方面进行了分析。

一是同胞自身因素。在个体层面，研究者关注自身的气质特征的影

① 刘小峰、刘庆、徐欢腾：《教育成长过程中的家庭同胞关系》，《青年研究》2020年第4期。

② 董颖红：《同胞关系对大学新生适应的影响》，《心理技术与应用》2017年第7期。

③ 都芳：《大学生同胞关系现况及其对心理影响的研究》，硕士学位论文，皖南医学院，2018年；张杰：《大学生同胞关系及其对人际关系的影响》，硕士学位论文，鲁东大学，2016年。

响。面对同胞的出生，困难型气质的儿童通常会有一系列消极的情绪（如担心、失落、焦躁、嫉妒等）和外化问题行为（如不会自主穿衣吃饭，有睡眠障碍，攻击、欺凌同胞等），在与同胞的交往中不接纳同胞，对其产生敌意与对抗，甚至暴力攻击同胞。[①] 而且，同胞间的不同气质也使得同胞间的亲密程度产生差异。如果同胞之间气质越接近，同胞之间的亲密程度就越高。[②] 在性别因素上，女生更容易与同胞建立亲密的关系，姐妹组合的同胞关系好于其他组合，兄弟组合最容易产生冲突。[③] 在同胞间的年龄间隔上，个体在认知行为上的差别，年龄间隔对同胞关系的影响也具有差异。由于研究对象处于不同年龄段，研究结论并不一致。在青少年阶段，同胞之间的年龄间隔越小，关系越亲密，随着年龄的增长，同胞之间的竞争与矛盾就越突出。[④] 年龄间隔越大，与同胞之间的关系越融洽；年龄间隔越小，更容易产生矛盾和冲突。随着个体进入成年时期，年龄间隔的影响在逐步减弱。[⑤]

二是家庭相关因素，主要表现在父母婚姻质量、父母教养方式、父母与子女关系和家庭社会经济地位等方面。

在父母与子女关系上，支持型的亲子关系对同胞关系产生了积极的影响，有助于同胞间形成亲密与温暖的关系，使儿童较少出现内化问题行为；消极的亲子互动会增加同胞间的矛盾，导致同胞之间的敌意与冲突，儿童会出现更多的外化问题行为。[⑥] 如果有一个儿童对父母表现得过

---

① 边思倩、胡幼芳：《同胞关系的影响因素研究进展》，《中国儿童保健杂志》2019 年第 4 期；卢亚：《儿童早期同胞关系——以上海市 A 幼儿园为例》，硕士学位论文，上海师范大学，2018 年。

② 陈斌斌等：《手足之情：同胞关系的类型、影响因素及对儿童发展的作用机制》，《心理科学进展》2017 年第 12 期。

③ 董颖红：《同胞关系对大学新生适应的影响》，《心理技术与应用》2017 年第 7 期。

④ 刘小峰、刘庆、徐欢腾：《教育成长过程中的家庭同胞关系》，《青年研究》2020 年第 4 期。

⑤ 董颖红：《同胞关系对大学新生适应的影响》，《心理技术与应用》2017 年第 7 期；都芳：《大学生同胞关系现况及其对心理影响的研究》，硕士学位论文，皖南医学院，2018 年。

⑥ 张晓娟等：《中小学生同胞关系中竞争维度的影响因素》，《中国健康心理学杂志》2018 年第 6 期。

于依赖与亲密，另一个儿童就会产生心理落差，出现焦虑、嫉妒、易怒等消极情绪，因此通过协同养育促进同胞关系的发展是父母面临的一项挑战。[①] 特别是与父亲的互动过程中父子关系越好，儿童更容易与同胞形成亲密的关系，彼此的竞争与冲突相对较少。父亲的陪伴分担了母亲的照顾压力，减少了头胎儿童为争夺父母的关注而对年幼同胞产生的敌意。在同胞间发生矛盾时，父亲的解决方法可能与母亲不同，更能促使同胞之间建立融洽和谐的关系。[②] 已有文献主要聚焦在家庭关系中母亲与子女的互动上，对父亲参与的研究相对较少。[③]

在父母的教养方式上，张雪丽的研究表明，说服教育型的教养方式对儿童的同胞关系发展具有积极的作用，责骂和放任型的教养方式容易导致同胞间的竞争与冲突，说服教育型的教养方式提升了儿童的人际交往能力，有益于其社会性的发展。[④] 庄妍在研究中发现，在民主的教养方式培养下，儿童与同胞之间充满着亲密与温暖，彼此的矛盾与冲突相对较少；专制型、溺爱型和放任型的教养方式，使得儿童在与同胞的互动中会形成以自我为中心的特点，相互间产生较多的竞争和冲突，不利于同胞关系的发展，对同胞之间的和谐程度具有显著的负向影响。[⑤] 孙丽华、张安然认为，权威型的教养方式有助于儿童的成长，专制型的教养方式难以促进积极的同胞关系的形成，纵容型的教养方式导致同胞之间的矛盾冲突增加，父母未参与型的教养方式对儿童与同胞建立亲密关系带来负面作用。[⑥] 积极的教养方式与同胞亲密呈正相关关系，消极的教养方式加剧了相互间的竞争与冲突，

① 边思倩、胡幼芳：《同胞关系的影响因素研究进展》，《中国儿童保健杂志》2019 年第 4 期。

② 庄妍：《“二孩”家庭儿童同胞关系调查》，《中国校医》2017 年第 10 期。

③ 陈斌斌等：《手足之情：同胞关系的类型、影响因素及对儿童发展的作用机制》，《心理科学进展》2017 年第 12 期。

④ 张雪丽：《“单独二胎”新计生政策下儿童同胞关系及相关因素研究》，硕士学位论文，四川医科大学，2015 年。

⑤ 庄妍：《多元视角下同胞出生对儿童的影响研究》，《中小学心理健康教育》2017 年第 25 期。

⑥ 孙丽华、张安然：《不同家庭教养方式下二孩同胞关系的调查研究》，《上海教育科研》2018 年第 8 期。

导致同胞关系的质量下降。同时，同胞关系与家庭的教养方式具有双向关系，同胞间的亲密与温暖对父母的教养态度产生正面影响，积极的家庭教养方式有利于提升同胞关系质量。[①]

在父母婚姻质量上，父母之间和谐或者冲突的关系会对孩子产生潜移默化的影响，会外溢在孩子身上，并影响到其与同胞的交往。[②] 父母良好的沟通方式为儿童树立了榜样，儿童会效仿父母的相处方式解决同胞间的矛盾与冲突，同胞之间相互协商、理解与支持降低了同胞间的冲突。父母婚姻质量越高，儿童就越易于接纳同胞，与同胞相处较和谐，同胞之间亲密与温暖程度就越高。[③] 对于离异家庭的孩子来说，没有父母共同的陪伴，无法得到家庭成员完整的爱，他们易产生自卑、懦弱、逆反心理，可能会出现一系列偏差行为，与同胞的互动中容易出现竞争、对抗，甚至是暴力行为。在再婚家庭中成长的孩子，尽管家庭成员完整，但是父母差别对待的方式和孩子对重组家庭的抵制会影响到其与同胞的交往。为了得到父母双方共同的关注，享有更多的家庭资源，同胞之间会出现矛盾与竞争。这对同胞关系产生消极影响。[④]

在家庭社会经济地位上，家庭经济状况较好的儿童在与同胞的交往中表现出更多的亲密，家庭经济状况较差的儿童同胞竞争效应更明显。经济条件较好的家庭能够为儿童提供丰富的资源，为同胞间的互动提供亲密的空间，在他们共同的生活中增加了同胞亲密与温暖；而经济条件较差的家庭，物质较匮乏，可利用的资源相对有限，不能同时满足儿童的不同需求，儿童为争夺家庭资源而产生矛盾，从而使同胞竞争增加，冲突较频繁。[⑤]

---

① 刘田田等：《父母协同教养与学前儿童社会行为的关系：亲子关系和同胞关系的链式中介作用》，《心理发展与教育》2021 年第 5 期。

② 孙雪洁：《头胎儿童移情与同胞关系的关系：父母婚姻关系的调节作用及同胞关系干预研究》，硕士学位论文，苏州大学，2017 年。

③ 边思倩、胡幼芳：《同胞关系的影响因素研究进展》，《中国儿童保健杂志》2019 年第 4 期。

④ 张晓娟等：《不同年龄段青少年同胞关系的调查》，《中国健康心理学杂志》2018 年第 2 期。

⑤ 边思倩、胡幼芳：《同胞关系的影响因素研究进展》，《中国儿童保健杂志》2019 年第 4 期；张晓娟等：《不同年龄段青少年同胞关系的调查》，《中国健康心理学杂志》2018 年第 2 期。

第三节 同胞关系对个体心理和行为的影响

同胞是家庭系统的重要组成部分，伴随个体一生。同胞关系是生命当中持续时间最长的一种人际关系。同胞之间的陪伴、喜爱、支持、亲社会行为等，作为一种保护性因素，能促进个体心理健康和行为发展；同胞之间竞争、敌对与冲突是个体社会性发展的危险性因素，会产生较多的心理和行为问题。

同胞关系能显著地预测儿童的共情水平。积极的同胞关系对儿童的认知共情和情绪共情有显著的促进作用。同胞关系越亲密，同胞之间越倾向于自我表露。这为儿童提供了充分的机会去更好地感知和理解他人的内心世界，提升了儿童的情绪理解能力，为共情的发展提供了基础；而消极的同胞关系可能会导致儿童的认知共情和情绪共情水平较低。[①]

同胞关系能显著地预测青少年的孤独感。青少年与同胞之间的亲密与温暖有助于减少其孤独感，出生顺序和年龄间隔还在同胞亲密和孤独感之间发挥着调节作用。[②] 同胞亲密有助于提升青少年的学业自我效能感，同胞之间的关系越亲密，青少年的学习能力和学习行为自我效能感就越高。其中，自尊发挥着部分中介作用，同胞亲密度对青少年的自尊有显著的积极影响，自尊对青少年学业自我效能感产生积极影响。[③]

同胞关系能显著地预测大学生的人际关系。积极的同胞关系有助于大学生人际沟通与协调能力的发展。大学生与同胞间的亲密与温暖使亲子之间的关系更和谐，也促进了与同伴间的交往。在与同胞互动中形成的相处模式，为其处理人际关系问题提供了条件。同胞之间长时间的相

---

① 张荣臻等：《同胞关系质量对头胎幼儿共情的影响》，《学前教育研究》2019 年第 8 期。

② 董颖红：《被忽视的家庭关系——同胞关系对个体心理和行为发展的影响》，中国社会科学出版社 2018 年版。

③ 董颖红、刘丹：《中学生的同胞关系与学业自我效能感——自尊的中介作用和出生顺序的调节作用》，《基础教育》2019 年第 3 期。

处使其能深入理解各自不同的观点，习得了与同辈交往的方法，一定程度上提升了他们的共情能力。他们也会将这种能力迁移到与其他同伴的交往过程中，增强了人际沟通的技能，能更好地应对人际关系问题，促进人际关系的发展以更好地适应社会。①

另外，同胞关系还具有一定的长期效应。有研究利用回溯式方法发现，童年时期同胞亲密能正向预测成年初期个体的主观福祉，而且自尊在其中发挥着中介作用。同胞亲密与温暖能减轻个体的焦虑、抑郁与孤独感，提升个体的自我价值感和自我效能感，形成较高的自尊，促进了个体的心理健康。在与他人的交往中形成良好的沟通方式，提升了其生活满意度。积极的同胞关系为个体提供了重要的情感支持，也有助于增强个体的主观福祉。②

同胞关系对青少年的外化问题行为也具有重要影响。同胞之间关系越和谐，青少年的情绪理解能力就越好，社会适应性得到提升，外化问题行为（如攻击行为）就会减少。同胞冲突能显著正向预测青少年的攻击行为，同伴关系在其中发挥着部分中介作用。青少年与同胞在互动过程中如果矛盾冲突越多，他们会在家庭以外转而结交较多的不良同伴，不良同伴关系又强化了他们的攻击性，导致攻击行为不断增加。同伴关系在同胞关系与青少年攻击行为之间起到部分中介作用，还受到共情能力的调节作用。③

第四节　同胞关系与家庭发展

既有对家庭领域中同胞关系与家庭发展的研究，择其要来说，主要

① 张杰：《大学生同胞关系及其对人际关系的影响》，硕士学位论文，鲁东大学，2016 年。

② 尹霞云、寇天宇、黎志华：《童年期同胞关系对成年初期人际关系、生活满意度的影响研究》，《湖南科技大学学报》（社会科学版）2016 年第 5 期。

③ 张潮等：《初中生同胞冲突对其攻击行为的影响机制》，《中国健康心理学杂志》2020 年第 1 期。

有以下两种研究路径。

一是偏重于教育学和心理科学，从微观层面探讨家庭内部发展。其成果聚焦于使用实验法和问卷法，分析子女数量及相关变量（如性别、年龄差、出生次序、同胞关系组合）对家庭中的养育、资源分配和教育发展的影响。比如，有研究关注了同胞关系对儿童和青少年认知、情绪和行为的影响，将同胞关系分为温暖亲密与冲突、边界纠缠与疏离、积极与消极的同胞关系；[①] 对比分析了在教育成长的不同阶段，同胞关系呈现的特征；[②] 探讨了在后独生子女时代，儿童的同胞接纳及其影响因素；[③] 对不同性别组合与同胞关系进行了详细分析。[④] 研究还发现，父母选择多生受到性别偏好因素的影响，但是子女数量对家庭的经济决策产生了重要作用。在城市家庭养育中，经济资源具有显著的稀释效应，但教育资源的分配并不因养育子女的增加而减少。[⑤] 研究达成的基本共识是，同胞关系作为持续时间最长的一种人际关系，既表现出相互的合作支持，也有竞争冲突的一面，同胞关系对家庭的发展具有重要意义。

二是从宏观层面，关注国家生育政策和人口增长、经济社会发展的相关研究。随着经济社会的发展，中国的生育政策也是因时而变的，生育政策的调整是一个逐步推进的过程。人口学者王广州对“全面二孩”政策后新增育龄妇女目标人群进行了预估，如果这些新增育龄妇女生育二孩，就会形成事实上的高龄产妇问题和同胞年龄间隔过大的社会问

---

① 赵凤青、俞国良：《同胞关系及其与儿童青少年社会性发展的关系》，《心理科学进展》2017 年第 5 期。

② 刘小峰、刘庆、徐欢腾：《教育成长过程中的家庭同胞关系》，《青年研究》2020 年第 4 期。

③ 金梦等：《家庭生态系统视角下长子女情绪和行为问题研究》，《中国儿童保健杂志》2021 年第 6 期。

④ 吴杰、王云强、郭本禹：《同性相斥还是异性相吸：基于性别视角的同胞关系研究》，《西北人口》2017 年第 4 期。

⑤ 周耀东、郑善强：《多子女家庭和独生子女家庭消费影响因素的差异研究》，《西北人口》2021 年第 6 期。

题。[①] 同时，部分人口社会学研究从家庭层面分析了二孩的生育对家庭发展产生的影响，主要包括家庭的生育意愿、生育行为、亲子关系、婚姻关系、养老模式等家庭结构变迁的深刻影响等。[②] 在此背景下，陆杰华等探讨了大龄二孩家庭内部亲子关系的作用机制，以及如何构建新的家庭角色。[③] 三孩生育政策对于中国推动人口均衡发展具有里程碑式的意义，有研究将其融入社会发展的过程中，探讨了从养育、教育等方面构建新型生育文化，完善生育配套措施，创建生育友好型社会，以及父母参与在青少年行为发展中的作用。[④]

比较而言，与以往对家庭代际关系的研究形成鲜明落差的是，目前国内社会学、文化学、人口学对家庭内部同胞之间关系问题的研究较为欠缺，既有对同胞关系和家庭发展的研究滞后于现实社会的需求。其一，可能与中国实施了近四十年的独生子女政策密切相关，导致研究主要聚焦于独生子女相关话题上。实际上，尽管20世纪80年代计划生育国策在中国社会得到严格的执行，但是仍然有不少的家庭选择了“超生”，尤其是在广泛的农村地区，依然有不少家庭有多个孩子，随着同胞的出生形成了新的家庭关系。即便是实施了严格的计划生育政策，在城镇还是约有40%的孩子至少有一个同胞，生活在多孩家庭之中。[⑤] 其二，目前学界更关注的是“三孩”政策实施后会有怎样的效果，鲜有实证研究去探讨微观家庭在生育政策调整后受到的影响。而且，既有的家庭研究也较少去关注年龄差、生命成长阶段不同而导致的同胞之间存在的交往隔阂和

① 王广州：《影响全面二孩政策新增出生人口规模的几个关键因素分析》，《学海》2016年第1期。

② 风笑天、王晓焘：《从独生子女家庭走向后独生子女家庭——“全面二孩”政策与中国家庭模式的变化》，《中国青年社会科学》2016年第2期。

③ 陆杰华、韦晓丹：《“全面两孩”政策下大龄二孩家庭亲子/同胞关系的调适机理探究》，《河北学刊》2017年第6期。

④ 风笑天：《三孩生育意愿预测须防范二孩研究偏差》，《探索与争鸣》2021年第11期；张翼：《“三孩生育”政策与未来生育率变化趋势》，《社会科学文摘》2021年第10期。

⑤ 郭志刚：《利用人口普查原始数据对独生子女信息的估计》，《市场与人口分析》2001年第1期。

家庭系统的转变。也就是说，家庭研究关注的是父辈和子代之间存在的“老代沟”，而对家庭中发生在子代生活中的“新代沟”缺乏足够的关注。

综上，同胞关系在西方文化中取得了丰硕的研究成果。在不同的研究视角下，学者们分析了个体因同胞的出现而产生的认知、情绪和行为的变化，进行了相应的理论阐释，探讨具体的影响路径，对中国同胞关系的研究具有重要的借鉴意义。但限于各自研究的侧重点和视角不同，还存在需要创新和拓展的较大空间。已有文献主要聚焦家庭的代际关系，而对同胞关系的研究颇显不足，并滞后于中国现实社会的发展和政策实践。在借鉴国外丰硕的研究成果的同时，因为中西社会文化背景、养育习俗等方面存在差异，同胞关系的特征和对个体社会性发展、家庭适应的影响路径也不同，这难以保证同胞关系研究的外部效度，其研究结论不能够直接推论到中国。随着三孩生育政策的深入实施，越来越多的儿童和青少年将会迎来自己的手足同胞，同胞关系异常复杂，因此开展本土化的同胞关系研究具有重要的理论意义和现实意义。

第二编

大龄多孩家庭同胞关系的特点、影响因素及其作用

第四章

大龄多孩家庭同胞关系的现状与特点

2015年10月，党的十八届五中全会决定废除独生子女政策，允许一对夫妇生育两个孩子，这标志着在中华民族“生生不息”的种族绵延中，实行了近四十年的独生子女生育政策宣告退出历史舞台。自此，随着国家“全面二孩”“三孩”政策的陆续出台和实施，中国家庭正式进入后独生子女时代。生育政策的调整，引发了社会各界的巨大反响和热烈讨论，“生”与“养”是发展完善生育政策的必需环节。一方面使得很多家庭开始考虑要不要“生”的问题，在“生与不生”的社会关注下，中国家庭内部的同胞关系日益出现在大众的视野；另一方面也促使很多家庭考虑如何“养”的长远问题，养两个、三个孩子好不好是家庭在做生育选择和家庭养育选择时重要的权衡因素，处理孩子之间的关系成为父母面临的一项重要的教育挑战。因同胞产生的“同胞竞争”“同胞冲突”等问题频繁出现，引起了社会舆论的高度关注。

毋庸置疑，在当前生育政策的目标群体中，有许多育龄父母的年龄已经较大。如果他们选择继续生育，一方面，父母与孩子们的年龄差距过大；另一方面，孩子们的出生时间间隔较长。这会导致家庭关系、家庭互动和亲子社会化发生复杂的变化，其同胞关系不同于以往的模式，家庭结构和家庭关系会产生新的变化。人口学者风笑天早在2016年就预见到，随着国家“全面二孩”政策的落地，已有一孩的高龄产妇若选择生育“二孩”，则会出现出生时间间隔较长的“兄弟姐妹关系”。随着“三孩”政策的推进，预计会有更多的儿童和青少年迎来自己的手足同胞。事实上，基于中国人口的客观发展和育龄人群的生育需求，“三孩”政策的初衷和追求的目标并不是普遍生育三孩，而是要提高二孩生育的比例以提高人口出生率，满足多元化的生育需求。① 因此，本章关注的是在大龄多孩家庭中，这些年龄间隔较大的同胞手足之间如何相处。协调同胞关系正在变成日益紧迫的家庭教育问题。

> 瓜瓜是我们夫妻俩给还没有出生的老二取的小名，从16周开始他/她就会在我的肚子里动来动去了，感觉应该是个胖乎乎的小子。但是，我们家很快就会失去这个来之不易的孩子，才19周，好可怜啊。怨我这个当妈的，不能保护瓜瓜，没有勇气把他/她生出来……我们一直都希望有个老二给老大做伴，特别是在二孩政策放开后，考虑到女儿的想法，她一直以来都是我们的乖乖女，性格温和。我们夫妻俩曾经有意无意地跟女儿提出了这个想法，可是出乎我们的意料，她当时就表现出非常震惊的样子，不容商量，极力反对我们生二胎，说要是生了弟弟/妹妹就把他/她扔进河里，她也会去死，真的把我吓到了……回家以后，我左思右想，面对姗姗来迟的幼小生命和14岁的宝贝姑娘，经过反复权衡考虑，最后我不得已选择牺牲前者，也许真的是我错了。——摘自新浪看点《42岁怀二胎，女儿说如果生下来就去死，决定明天去引产了》(2018年8月24日)

这则社会新闻曾经引起了网络围观，一度在自媒体互动网络上疯传。同胞之间竟然也成为“天敌”，以至于酿成“同根相煎”，似乎让人不可思议。同胞手足间的互助互爱一直以来都是中国社会伦理道德所倡导的，而且中国传统文化中也有着兄长要照顾自己弟弟/妹妹的传统。同胞之间应该是亲密无间的，恰如民谚所言“血浓于水”“兄爱而友，弟敬而顺”

---

① 风笑天：《中国人口政策调整的影响分析与社会学意义——以人民为中心促进人口与社会可持续发展》，《人民论坛》2021年第32期。

“一门同气”。但是，事实果真全然如此吗？常识的力量是强大的，也并非都是错误的。仅拥有常识有时候也很危险，因为常识和习惯经常阻碍了我们对习而不察、理所当然的日常生活的发问能力和“社会学的想象力”。①为此，研究团队在当前生育政策背景下，对当前有同胞关系的家庭进行了实地调查和半结构式访谈，收集了50多份青少年在他们成长过程中同胞关系的自传。在访谈和这些自传文本中，我们了解到在青少年的成长过程中，与同胞之间的相处常常出现一种无形的隔阂，而且这种无形的隔阂经常发生变化。同胞交往中产生的隔阂时而激烈、时而静谧，有时近在眼前、有时相隔较远；它可以立刻复原，又可以记忆深刻。同胞手足之间的相处，不仅对他们各自的身心发展和社会化过程产生深刻的影响，还与原生家庭有着千丝万缕的联系。

> 当时听说可以生二孩了，我已经36岁，是个高龄妈妈，需要和时间赛跑，再不赶上末班车就真生不了了。我们家终于迎来了二宝。二宝刚出生的那会儿确实全家人都很开心，可每天面对生活的琐事，我开始变得情绪不稳定。也许是年纪大了精力不济，整天精神紧张，要带两个孩子真是很辛苦，和我当初想的不一样，好像自己得了焦虑症，很崩溃，大宝十五岁，二宝才四岁，后悔啊！受苦受累的总是我，有心而力不足！自己还累了一身病。——摘自一位40岁母亲的访谈口述（2020年3月25日）

2019—2020年，笔者通过近一年的田野调查和文献整理，进一步深入了解家庭中的同胞关系及其家庭适应问题。在资料的收集中接触了丰富多彩的同胞关系案例和动人心弦的家庭故事，希望能深入他们的内心

① ［美］罗伯特·K. 默顿：《社会理论和社会结构》，唐少杰等译，凤凰出版传媒集团、译林出版社2008年版；［美］C. 赖特·米尔斯：《社会学的想象力》，陈强、张永强译，生活·读书·新知三联书店2021年版。

世界，了解同胞关系中更为微妙与深刻的一面。越是“共情”到他们的内心世界，越容易对青少年在成长中的同胞关系产生认知的迷失，即同胞手足之间的关系到底是怎样的？同胞关系呈现哪些形式？同胞之间的这种手足隔阂主要表现为哪些特征？基于这些问题，笔者开展了问卷调查，希望拨开这些迷雾，试图为后独生子女时代同胞关系的发展与家庭的转型提供一定的智识启发，回应社会的关切。

第一节　变量测量与分析方法

一　变量测量

本章的核心变量是同胞关系。W. Furman 和 D. Buhrmester 在 1985 年编制了同胞关系问卷，用于测量儿童的同胞关系质量。积极的同胞关系定义为亲密，消极的同胞关系包括冲突、竞争和权利对比三个维度。[①] 董颖红对该问卷进行了中英文的互译，使用该问卷探讨了青少年的同胞关系质量，研究发现其信度和效度较高。[②] 在本章中，由于同胞之间的年龄间隔较大，在访谈中结合长子女对同胞关系看法的实际情况，对部分题目进行了修改与补充，同胞关系问卷共包括 33 个题目，分为同胞亲密、同胞竞争、同胞冲突、同胞距离 4 个维度。

同胞亲密是指个体与同胞的亲近程度，在同胞互动的过程中表现为亲近、喜爱、关心、陪伴等，主要分为两个方面。一是生活互助，包括与同胞的日常联系和互助情况。二是情感相依，包括同胞间交流分享自己的经历，与同胞的感情共鸣和彼此的依恋程度，如“我喜欢我的弟弟（妹妹）”等。问卷采用 Likert 5 点量表法赋值，“1 = 几乎没有、2 = 不太多、3 = 中等、4 = 比较多、5 = 非常多”，将所有项目得分加总后求平均

① W. Furman，D. Buhrmester，“Children's Perceptions of the Qualities of Sibling Relationships”，*Child Development*，Vol. 56，No. 2，1985，pp. 448 - 461.

② 董颖红：《被忽视的家庭关系——同胞关系对个体心理和行为发展的影响》，中国社会科学出版社 2018 年版。

分以衡量其同胞亲密的程度，得分越高说明其亲密度越高。

同胞竞争是指个体与同胞对父母关注和家庭资源的竞争程度，如“和弟弟（妹妹）相比，要求妈妈更关注自己”等。问卷采用 Likert 5 点量表法赋值，“1 = 几乎没有、2 = 不太多、3 = 中等、4 = 比较多、5 = 非常多”，将所有项目得分加总后求平均分以衡量其同胞竞争状况，得分越高说明其竞争越多。

同胞冲突，主要以同胞间的排斥、敌对情绪和争吵来考察个体的同胞关系，如“我和我的弟弟（妹妹）因不一致而发生争吵”等。问卷采用 Likert 5 点量表法赋值，“1 = 几乎没有、2 = 不太多、3 = 中等、4 = 比较多、5 = 非常多”，将所有项目得分加总后求平均分以衡量其同胞冲突状况，得分越高说明其矛盾冲突越多。

同胞距离，主要从个体与同胞的兴趣爱好、日常相处等方面来测量，如“我与弟弟（妹妹）有共同的兴趣爱好”等。问卷采用 Likert 5 点量表法赋值，“1 = 几乎没有、2 = 不太多、3 = 中等、4 = 比较多、5 = 非常多”，将所有项目得分加总后求平均分以衡量其同胞距离状况，得分越高说明同胞间的差异越大。

为保证后续分析的可靠性和有效性，本章首先对量表的信度与效度进行了检验。

本章采用 Cronbach's α 系数检验量表的信度。检验结果显示，同胞亲密、同胞冲突、同胞竞争、同胞距离分量表的 Cronbach's α 系数分别为 0.831、0.796、0.743、0.765，这表明量表的信度较好。

效度包括内容效度与建构效度两个部分。同胞关系的量表设计以已有相关研究为基础，在形成过程中又综合了相关学者的意见，使量表具有良好的内容效度保证。在建构效度方面，因子分析表明，KMO 值为 0.802，Bartlett 球形度检验值的显著性水平为 0.000，表明适合做因子分析。采用主成分分析方法提取因子。统计结果表明，有 4 个主要成分的特征值大于 1。因此，同胞关系的主要因子个数为 4。由于第 1 个主成分特征值过大，因子命名缺乏解释性。为了更好地进行因子命名，本章采用正交旋转法，这样就得到了各个测量指标与主要因子之间的载荷。由表4-1可知，4个因子的特征值都大于1，总共能解释原始变量62.45%的方差变异。所抽取的4个因子与量表所测量的4个潜变量一致，同时观测变量经过正交旋转后的因子载荷值均大于临界值0.5，表明同胞关系量表具有较好的建构效度。这样可以将因子1命名为同胞亲密因子，将因子2命名为同胞冲突因子，将因子3命名为同胞距离因子，将因子4命名为同胞竞争因子。

表4-1　同胞关系量表因子分析解释率

因子	特征值	解释率（%）	累积解释率（%）
1	6.11	25.45	25.45
2	4.55	18.96	44.41
3	2.39	9.96	54.37
4	1.94	8.08	62.45

二　分析方法

本章的目的是分析大龄多孩家庭同胞关系的现状和各维度的具体特征。用SPSS 22.0统计软件进行数据分析，基本人口学特征采用描述性分析，同胞亲密、同胞冲突、同胞竞争、同胞距离四个维度得分用均数±标准差描述。同胞关系各维度得分在不同性别、年级、年龄间隔、同胞结构等因素间的比较采用t检验或方差分析。

第二节　研究结果

一　大龄多孩家庭同胞关系的总体特点

表4-2对大龄多孩家庭同胞关系的各维度进行了描述，同胞亲密的均值为3.39，高于5点计分的中点值3，标准差为0.55；同胞冲突的均值为3.28，高于5点计分的中点值3，标准差为0.72；同胞竞争的均

值为3.14，高于5点计分的中点值3，标准差为0.43；同胞距离的均值为4.29，高于5点计分的中点值3，标准差为0.36。可见，同胞是青少年生活中重要的陪伴者，能给予照顾和支持；同胞虽是同一代人，但是由于长子女与同胞的年龄差距较大，会带来心理适应障碍和个人继续社会化的时代差异，彼此之间的矛盾、冲突和同胞距离会增加，同胞关系往往又伴随着隔阂，即大龄多孩家庭中的同胞关系表现为亲密与隔阂并存。①

表4－2　　同胞关系各维度得分（$\bar{X}$ ±S）

	同胞亲密	同胞冲突	同胞竞争	同胞距离
$\bar{X}$	3.39	3.28	3.14	4.29
S	0.55	0.72	0.43	0.36

一方面，从基因相似性的角度来看，同胞之间在基因相似性上有50%。血缘关系由遗传因素决定，家庭的长子女与遗传相关性较高的同胞存在自然血亲关系，在彼此间的互动中具有亲密的特点。与常识相吻合，同胞关系的常态和主导趋势是亲密，或至少是偏向亲密，这也印证了古语所言的“血浓于水”。同胞的出生使长子女开始承担起哥哥或姐姐的角色，他们为年幼的同胞提供照顾，表现出愿意与同胞亲近，给予其生活上的帮助、支持与陪伴。在与同胞的交往中，社会学习作用机制对彼此的心理发展带来影响。尤其是家庭中的长子女在照顾年幼的同胞时表现出来的关心、友爱与陪伴，会促使年幼同胞去模仿长子女的行为和态度。随着长子女年龄的增长，共情能力和调适性逐步增强，即使心

① 当然，社会生活中任何亲密关系的个体之间难免都存在个性差异、心理距离和矛盾冲突，兄弟姐妹也不例外。也就是说，人与人之间存在差异和隔阂，这是普遍现象，手足也不例外。但是，若把比较分析的尺度移至既有家庭研究传统，在当前后独生子女时代语境下关注家庭内部年龄差距较大的同胞手足之间互动关系（尤其是血缘先赋性关系）的隔阂面向，则或具有鲜明的时代问题意识和理论敏感度。

理上可能不太愿意接纳同胞的到来，但是因为家庭主义观念的影响，他们也很少做出过激行为；或者为了适应同胞的出现，主动适时地调整自己的心态，学习与同胞相处的方法，形成积极的同胞关系。同胞间的温暖与亲密作为家庭成长环境中的重要组成部分，其作用在于让子女明白：在家庭环境中有一个与自己息息相关、有血缘关系、年龄相差较大、享有家庭同等待遇的同胞，彼此之间有着与同龄朋友不一样的地方，彼此之间的交往互动会日益增多，同胞之间要有良好的关系。同胞亲密不仅是作为家庭中的一种成长环境发生作用，还是他们拥有的近乎和父母关系那样密切的另一种关系，这种关系会陪伴他们一生，这将是家庭系统中的重要组成部分。

另一方面，同胞关系在总体趋向亲密的同时，仍然暗含着隔阂的一面，这是常识不易察觉和研究容易忽视的角落。由于同胞之间的年龄差距较大，同胞关系的卷入程度和作用强度下降。这种关系“虽是同胞，却像上下辈”，长子女与同胞之间尽管血浓于水，但往往又伴随着隔阂。这表现在同胞冲突、同胞竞争与同胞距离上。随着现代社会的高速发展，日新月异的社会变化使代沟产生的实际间隔大大缩短，早已不局限于父母和子女两代人的范畴。较大的年龄差距足以使长子女和同胞即使是同一代人，但他们在价值观念、思维意识、行为方式、兴趣爱好等方面具有明显的差异，甚至产生冲突，难以达成对话，不可避免地出现“同胞隔阂”。“同胞隔阂”就是传统“代沟”发生变化的一种新的表现形式。另外，对于正处于青少年期的长子女来说，他们相对独立和成熟的心智对培养亲密同胞关系具有两面性，同胞的出生对家庭长子女来说，既是一项压力事件，又是成长的契机。事实上，在现实生活中相互之间既有亲密与温暖，也可能会出现矛盾与冲突，因此同胞关系往往是亲密与隔阂共存。

另外，从同胞关系的权利对比中可以看出，同胞之间的出生顺序和较大的年龄差距等因素造成同胞之间呈现一种等级的、动态的关系。同胞出生的顺序对个体的角色、人格发展和在家庭中的地位起着重要作用，也决定了同胞之间的互动模式不同。[①] 面对同胞的出生，长子女不再是家庭中唯一的孩子。由于年龄差距较大，他们往往起到带头作用，帮助父母照料、教导同胞，通过示范、指导向年幼的同胞传授知识和技能，扮演着教师和榜样的角色。年幼的同胞则扮演学生和被教导的角色，可能会不自觉地模仿、追随和崇拜年龄较大的长子女，在互动过程中建构了一种相对地位，即不对等的同胞关系。因出生顺序的不同，年龄差距较大，冲淡了这种横向关系，使得同胞关系具有了不平等的成分。同胞之间的权利对比具有很强的年龄发展特点。截至目前的调查发现，由于“全面二孩”政策实施的时间不太长，“三孩”政策才刚刚实施，同胞的年龄尚小，无论是体力还是智力，年幼的同胞都无法与社会化程度较高的长子女对比，长子女会安排或者指导他们做一些事情，在同胞互动中具有绝对的指挥权。而对于有着弟弟或妹妹的男孩来说，更是拥有绝对的领导权与控制权。

我妹今年 5 岁上幼儿园，而我都是高中生了。看看我们俩的年龄，终究为 11 年的差距，3000 多个日日夜夜。我们之间不仅仅是年龄的差距，所见所听、所认所识、身体及心智都有很大差别。有时候我真觉得自己就像“家长”一样去关心她、爱护她，给她提供一些生活上的帮助，我们有血缘关系，我有责任去好好照顾她。在平时的生活中我会给她买零食，偶尔和她玩。但是毕竟我们的生活习惯不一样，兴趣爱好完全不同，我感兴趣的东西我妹根本就不懂，她喜欢的东西我觉得太幼稚一点也不好玩。我有小秘密不会讲给她听，她太小，讲了也白讲。我们之间没有共同语言，并不能以同龄人或朋友的身份经常沟通、交流，总感觉有一段“距离”，有些矛盾不可避免。我们不是“同一个世界”的人，她的“世界”我不懂。虽然我们是兄妹，但这

① 董颖红：《被忽视的家庭关系——同胞关系对个体心理和行为发展的影响》，中国社会科学出版社 2018 年版。

个妹妹就像是爸妈给我生了一个“孩子”，自己的责任重大。现在上高中学习压力很大，有时候她的无理取闹让我心烦，我会吵她，偶尔还会打她几下。(小李，女，16岁，高二)

上述案例在大龄多孩家庭中较为常见，同胞关系中存在这样一种亲中有疏的隔阂，还存在以冲突或排斥为表现形式的隔阂。如此案例，不胜枚举。一言以蔽之，调查发现在大龄多孩家庭中，同胞关系呈现亲密的同时，“同胞隔阂”也普遍存在，不容忽视。

二 同胞关系各维度比较

为了更加深入地了解大龄多孩家庭中同胞关系各维度的具体特征，本书以性别、年龄段、同胞关系组合为自变量，同胞关系各维度为因变量，进行了方差分析。

(一) 同胞亲密差异性分析

表4-3是性别、年龄段、同胞关系组合对同胞亲密度的影响及其差异性检验。可以看出，性别、年龄段、同胞关系组合均对同胞亲密度具有显著的影响。表现为在大龄多孩家庭同胞亲密这一维度，女生的得分高于男生，青少年中期的得分高于青少年早期。

表4-3 同胞亲密维度的差异性检验

	性别	年龄段	同胞关系组合
T/F	-8.252^{***}	-5.319^{***}	6.339^{***}
P	0.000	0.000	0.000

注：$^{***}p<0.001$。

根据同胞的性别和年龄差异，可将同胞关系细分为兄弟、弟兄、兄妹、妹兄、姐弟、弟姐、姐妹、妹姐八种关系组合。由于本章的调查对象是家庭中的长子女，同胞关系组合主要有兄弟、兄妹、姐妹、姐弟四种类型。鉴于同胞关系组合类型多于2个水平，因此需要进行事后多重比较，各组间两两比较采用LSD法。由表4－4可知，姐妹组合、姐弟组合的同胞亲密度得分显著高于兄弟组合和兄妹组合，但是姐妹组合与姐弟组合两者之间的同胞亲密度没有显著差异，兄弟组合、兄妹组合两者之间的同胞亲密度没有显著差异。

表4－4　**不同关系组合同胞亲密维度的得分比较**

同胞关系组合		MD	SE	P
兄弟	兄妹	－0.11	0.21	0.081
	姐妹	－0.55	0.53	0.000
	姐弟	－0.46	0.47	0.000
兄妹	兄弟	0.11	0.21	0.081
	姐妹	－0.41	0.67	0.000
	姐弟	－0.32	0.59	0.000
姐妹	兄弟	0.55	0.53	0.000
	兄妹	0.41	0.67	0.000
	姐弟	0.09	0.18	0.092
姐弟	兄弟	0.46	0.47	0.000
	兄妹	0.32	0.59	0.000
	姐妹	－0.09	0.18	0.092

（二）同胞冲突差异性分析

表4－5是性别、年龄段、同胞关系组合对同胞冲突的影响及其差异性检验。可以看出，性别、年龄段、同胞关系组合均对同胞冲突具有显著的影响。表现在大龄多孩家庭中，与女生相比，男生与同胞间产生的冲突更多。随年龄的增长，青少年中期同胞冲突在减少。

表4-5　同胞冲突维度的差异性检验

	性别	年龄段	同胞关系组合
T/F	6.137***	-6.027***	9.425***
P	0.000	0.000	0.000

注：*** $p<0.001$。

鉴于同胞关系组合类型多于2个水平，因此各组间两两比较采用LSD法。由表4-6可知，兄弟组合同胞之间的冲突多于姐妹组合和姐弟组合，但是兄弟组合与兄妹组合两者之间的同胞冲突维度的得分没有显著差异，姐妹组合与姐弟组合两者之间的同胞冲突维度的得分没有显著差异。也就意味着当长子女为姐姐时，不易与同胞产生冲突。

表4-6　不同关系组合同胞冲突维度的得分比较

同胞关系组合		MD	SE	P
兄弟	兄妹	0.12	0.32	0.505
	姐妹	0.36	0.49	0.000
	姐弟	0.31	0.55	0.000
兄妹	兄弟	-0.12	0.32	0.505
	姐妹	0.33	0.64	0.000
	姐弟	0.29	0.61	0.000
姐妹	兄弟	-0.36	0.49	0.000
	兄妹	-0.33	0.64	0.000
	姐弟	-0.11	0.15	0.672
姐弟	兄弟	-0.31	0.55	0.000
	兄妹	-0.29	0.49	0.000
	姐妹	0.11	0.15	0.672

（三）同胞竞争差异性分析

表4-7是性别、年龄段、同胞关系组合对同胞竞争的影响及其差异

性检验，可以看出，各个因素的得分没有显著差异，即对同胞竞争没有产生显著影响。

表4－7 同胞竞争维度的差异性检验

	性别	年龄段	同胞关系组合
F	1.794	2.125	1.903
P	0.059	0.113	0.056

（四）同胞距离差异性分析

表4－8是性别、年龄段、同胞关系组合对同胞距离的影响，可以看出，只有年龄段对同胞距离具有显著的影响，而性别、同胞关系组合的得分差异不显著。与青少年早期相比，青少年中期同胞之间的距离在增大。

表4－8 同胞距离维度的差异性检验

	性别	年龄段	同胞关系组合
F	1.394	-3.856***	1.51
P	0.141	0.000	0.138

注：*** $p < 0.001$。

第三节 分析与讨论

随着“三孩”政策的实施，预计将会有更多的儿童和青少年迎来自己的手足同胞。与独生子女家庭不同，新的家庭成员的加入产生了“同胞关系”。事实上，家庭内部手足之间年龄间隔较大的现象早已存在。在后独生子女时代，社会结构的转型和人口政策的转变，导致在家庭内部同胞手足之间年龄间隔较大的现象日益凸显。这已经不再是以往某个家庭的特殊案例或者偶发性的事件，而是今后一种社会群体性的家庭现象。

与以往关注同胞关系不同，本章是在后独生子女时代背景下去探讨同胞手足年龄间隔较大的现象，直面同胞关系问题，探究在大龄多孩家庭中同胞关系的特征，“同胞隔阂”是否存在，在青少年成长过程的不同阶段，同胞关系会发生怎样的变化。

同胞关系是一种多维度的复杂情感关系，在大龄多孩家庭中同胞关系总体趋向亲密，但是“同胞隔阂”始终与之相伴。青少年成长过程中，同胞关系呈现“稳中有变”的趋势，主要表现在成长过程中，同胞间的生活互助在增长，同胞情感联系的纽带在弱化。同胞关系作为持续时间最长、情感最强烈的家庭关系，是个体无法割舍的血脉亲情。和同伴关系相比，基因的相似和共同的成长环境使得同胞关系更为亲密。作为生命历程中的一种独特关系，同胞关系也是情感唤起最持久和最强烈的一种依恋关系、情感纽带和陪伴关系，具有非选择性和强制性。兄弟姐妹，是个体一生的伙伴，大多数情况下都会超过与父母在一起相处的时间。个体与同胞朝夕相处、相互依赖与相互陪伴，比起同龄朋友，个体对有着共同血缘的同胞更容易产生亲近，表现出愿意给予对方陪伴、照顾、帮助与支持。即使发生了冲突和竞争，也与其他人不同，甚至同胞间的争吵某种程度上也是手足亲密的一种表达，时间会沉淀最真的情感。中国人看重血脉亲情的传统文化从未消逝，家庭主义的价值观深深地影响着一代又一代的年轻人，如“长兄如父”“兄弟虽有小忿，不废懿亲”，将家庭与家人放在重要位置，注重整个家庭的联结。“家”在中国文化中不仅意味着居所，还是同胞之间的情感依恋与归属，每个人都会为了维持家庭的和睦而努力。这对兄弟姐妹主动改善关系、减少彼此之间的隔阂，发挥了重要作用。随着年幼者的逐渐长大，到进入职场、结婚生子，其以自我为中心推散出去的波纹形成的“圈子”，将会与兄/姐所在的圈子出现重叠，在空间、时间等客观环境上有了互动的可能。

由于同胞之间的年龄间隔较大，同胞关系是一种介于同伴关系似的横向关系与亲子关系般的纵向关系之间的斜向交叉关系，互惠性、补充性是其主要特征。互惠性是指同胞之间具有一定的相似性，相互之间分享资源、提供支持、模仿学习，在交往互动中产生亲密、温暖、友爱、竞争、矛盾、冲突，引发情感共鸣。这种互惠性特征可以看成同伴关系的基础。补充性则认为，同胞关系在亲子关系以外起到了补充作用，弟弟/妹妹除了得到父母的照顾，还得到长子女扮演的“准家长”角色的照顾。年龄差距构成了一种独特的家庭生态环境，在同胞出生后，长子女代表的是一种出生的序列，要扮演“显性”的角色——兄/姐。随着年龄的增长，长子女要开始承担一个“隐性”的角色——家长。虽然长子女并没有家长的头衔，但是父母慢慢衰老，对未成年同胞的抚养和照顾心有余而力不足时，赋予了长子女一种特殊的身份角色，长子女实际上要履行一定的一般只属于父母的照顾责任。① 同胞关系是同胞手足之间一种类似于父母与子女之间的纵向关系体现。尤其是那些“高龄”父母在难以承担起对未成年二孩的抚养责任时，他们期待着长子女有义务去照看未成年二孩。中国传统文化中的“长兄如父”很好地诠释了兄长的责任，要担负起对弟弟/妹妹的抚养与照顾的责任。不管是在情感上还是在道义上，兄弟姐妹之间不仅是一种手足亲情，而且暗含了一种类似亲子关系般的斜向交叉形成的抚育之情。同胞之间的出生顺序和较大的年龄差距等因素，造成在大龄多孩家庭中同胞关系呈现等级的、动态的关系。

“隔阂—亲密”的对应关系一直陪伴在青少年的成长过程中，同胞关系既有寻常亲密的一面，又有易被忽视的手足隔阂。在大龄多孩家庭中，“同胞隔阂”普遍存在，亲密与隔阂就像是一条跷跷板的两头，联系中间是脐带之上的血缘。即使在同一个家庭内部，同胞手足之间由于思想认知、价值观念、兴趣爱好、语言表达、行为方式及生活习惯、消费习惯等方面存在明显的差异，发生矛盾和冲突而存在的“代沟”，本章称之为“同胞隔阂”，区别于传统上约定俗成特指代际关系内容的“代沟”。“代

① 陆杰华、韦晓丹：《“全面两孩”政策下大龄二孩家庭亲子/同胞关系的调适机理探究》，《河北学刊》2017 年第 6 期。

沟”的本质源于生理年龄、心理年龄和社会时代的差异。[①] 特别是后独生子女时代背景下，同一家庭内部兄弟姐妹之间因为年龄差距，“虽是同胞，却像上下辈”。随着现代社会的快速发展，代沟发生的实际间隔急剧缩短，早已超出了代际的范畴。即使是同一代人，长子女和同胞因为年龄间隔较大在思想认识、兴趣爱好、关注热点等方面产生相当大的鸿沟，进而阻碍了同胞手足之间充分沟通与亲密关系的形成。

作为传统“代沟”发生变化的一种新的表现形式，“同胞隔阂”具有鲜明的时代性。在后独生子女时代，大龄多孩家庭中，同胞之间因为年龄间隔较大，可能会出现手足隔阂，还会对已有的家庭养育模式和家庭关系带来新的变化与挑战。对于普通的多孩家庭，同胞之间的年龄相仿，拥有几乎相同的生活环境，相处的时间也很充足，能够频繁进行面对面的互动，有助于同胞间建立亲密的关系。但是对于年龄差距较大的同胞手足来说，当同胞还处于幼儿阶段时，长子女已经处于青少年阶段，相继进入初中、高中，甚至大学，个体发展的背景发生重大变化，客观环境上缺乏经常互动的条件，在一起共同生活的时间有限。缺少频繁和面对面的互动，可能阻碍彼此之间亲密的同胞关系的形成。“代沟”作为一种文化断裂现象的比喻修辞，核心变量就是年龄（时代）差别。[②] 因社会转型的加速，代沟已经发生了深刻的变化，“老代沟”通常指代际关系或亲子关系，而“新代沟”并不局限于此，年龄间隔较大的同一代人也广泛存在，即“同胞隔阂”。

同胞关系因受到一系列结构因素的影响而呈现复杂性与差异性。结构特征包括性别、年龄、出生顺序、年龄间隔、亲缘关系、同胞关系组合等人口学因素。研究发现，性别、年龄段、同胞关系组合对同胞亲密与同胞冲突存在显著差异，而性别、同胞关系对同胞竞争与同胞距离这

① 周晓虹：《文化反哺：变迁社会中的亲子传承》，《社会学研究》2000 年第 2 期。

② 刘小峰、刘庆、徐欢腾：《教育成长过程中的家庭同胞关系》，《青年研究》2020 年第 4 期。

两个维度不存在显著影响。在不同的年龄阶段，同胞关系也会随之变化。在小学阶段，长子女与同胞的情感相依程度最高，给予了同胞陪伴与帮助。随着年龄的增长，当长子女相继进入初中和高中阶段，他们的兴趣也发生了转移，开始重视同伴关系。同胞之间的参与程度与强度有所下降，互动逐渐较少，同胞之间的冲突也有所下降。这一研究结论与张晓娟等的研究并不一致，可能是因为张晓娟等的研究样本中同胞之间的年龄差距不大，彼此的互动主要体现的是一种互惠式的特征，同胞之间的关系相对较为平等。[①] 而在本章中，同胞之间的年龄间隔较大，同胞间的互动具有互惠性与补充性的特征，因出生顺序等因素使同胞关系具有不平等成分。

性别因素使个体的身心发展呈现差异，在与同胞的互动过程中也影响着彼此的认知、交流方式和日常行为。[②] 在大龄多孩家庭中，女生更容易与同胞建立亲密的关系，同胞冲突得分低于男生。在同胞关系中，女生比男生给予了同胞更多的陪伴、分享、照顾与关心，不管是在行为表现还是情感表达上，都具有更一致的特征，积极的同胞支持有助于彼此的接纳与相互认同。女生具有温柔、亲切、包容、易亲近的特点，更易与同胞建立起亲密温暖的手足之情，愿意为同胞提供更多的帮助。当同胞之间在交往中出现了矛盾、冲突时，女生的性别特质和人格特质，以及父母在养育子女过程中赋予"姐姐"特定的责任——要照顾自己的弟弟/妹妹，也使得性别因素对同胞关系起到促进作用。姐姐对同胞关系具有缓冲、支持的作用。

同胞性别组合影响了个体的社会化过程，使同胞关系呈现差异化特征。生理上的不同性别使个体的认知、行为等方面存在差异，看待和处理问题的方式并不一致，为彼此提供的支持方式也具有差异。在大龄多

① 张晓娟等：《不同年龄段青少年同胞关系的调查》，《中国健康心理学杂志》2018 年第 2 期。

② 吴杰、王云强、郭本禹：《同性相斥还是异性相吸：基于性别视角的同胞关系研究》，《西北人口》2017 年第 4 期。

孩家庭中，姐妹组合与姐弟组合在同胞关系中更能建立亲密的情感联结，兄弟组合与兄妹组合在同胞互动时更容易发生冲突，也就是个体的同胞为姐姐时，容易与其建立亲密温暖的同胞关系。这与董颖红等的研究结论并不一致。① 相对男生而言，女生天性温柔、性格相对平和、乐于表达和分享，在与同胞的互动中倾向于提供帮助与支持甚至退让，所以女生对同胞关系的积极体验更多。与哥哥相比，姐姐对年幼的同胞更为亲近。由于同胞间的年龄差距较大，而且父母的年龄较大，姐姐愿意协助父母照顾同胞，即使不具备家长的头衔，但也尝试着按照母亲的角色要求，肩负着对同胞的抚育责任。姐姐的支持还具有缓冲的作用，当同胞发生矛盾冲突时，姐姐会选择退让与隐忍，以缓和同胞关系。这有助于减少同胞间的隔阂。

第四节　结论

在中国社会的家庭养育模式中，手足之情是至关重要的。在传统社会，费孝通观察到中国家庭结构的“同胞关系”和“长幼行序”，“家庭终究是一个基本的合作团体，人与人之间的合作是最初从家庭中养成，由于孩子出生在不同时间以及面临家庭环境的变化，父母对孩子们可能略有偏爱，但是在常态中，都是父母的骨肉，有着相等的亲密情感。兄弟姐妹之间，因为很早在同一合作团体中养成，也是最方便，最可能的合作对手”。② 本章在“代沟”的理论视角下，以“隔阂—亲密”的对应维度，考察了大龄多孩家庭的同胞关系状况，试图揭示家庭内部年龄间隔较大的同胞手足关系的发展特征，探讨在青少年的不同成长阶段，同胞关系会呈现何种阶段性变化。基于青少年的问卷调查研究发现，在青

① 董颖红：《被忽视的家庭关系——同胞关系对个体心理和行为发展的影响》，中国社会科学出版社 2018 年版。

② 费孝通：《乡土中国》（修订本），上海人民出版社 2013 年版。

少年的成长过程中，同胞关系总体偏向亲密，但是“同胞隔阂”仍然普遍存在，“隔阂—亲密”的对应关系一直陪伴在青少年的成长过程中。青少年成长过程中，同胞关系也呈现“稳中有变”的发展趋势。由于同胞之间的年龄间隔较大，会出现情感变化、心理障碍和个体社会化的差异，“代沟”的核心基础变量就是年龄（时代）差别，不仅发生在代际关系或亲子关系之间，年龄间隔较大的同一代人之间也广泛存在。这也就印证了一种新的“代沟”——“同胞隔阂”的产生。在当今这个科学技术日新月异、多元文化不断更替的时代，同胞之间的隔阂愈加凸显，尤其在一些年龄差距比较大的同胞之间，哥哥/姐姐更多是扮演“准父母”的角色。当然，在同胞之间的交往中，既有彼此的亲密与合作，又有可能产生矛盾与冲突，同胞关系往往是和谐与冲突并存。

在后独生子女时代，家庭内部同胞关系问题正在引起广泛关注。不能否认的是，急剧的社会变迁、文化发展和微观的家庭环境等因素都会影响同胞关系，还会造成同胞手足隔阂的事实。中国经济社会的发展在当前正以前所未有的速度不断前行，因不同的成长环境，同胞手足之间的互动也会随之发生深刻的变化。在某些情境下，同胞手足之间即使是同一代人，但因差异、矛盾、冲突而产生的距离感，可能不会亚于传统世代之间的“代沟”。例如，受到生育政策的影响，有些同胞之间年龄间隔较大，哥哥或姐姐并不是作为同伴群体，而是更多地扮演“准父母”这一角色。特别是在童年时期，同胞关系对个体的生命成长会产生直接作用。是故，在后独生子女时代背景下，关注同胞关系的发展具有重要的前瞻意义。但是实施近四十年的独生子女政策使得当下的很多父母没有同胞手足相处交往的经验。既有的家庭发展模式、教育规划都长期围绕独生子女进行，形成了一定的文化和社会惯性。在许多家长看来，“摸着石头过河”、双方在事业与家庭之间“踩钢丝”是新一代父母的集体表征。未来随着孩子们陆续进入中小学和婚育阶段，家庭的生命历程和家庭结构将会发生更明显的变迁。

本章对中国大龄多孩家庭同胞关系的特点进行了剖析，其中一些研究结论与西方文化背景下考察同胞关系的相关研究成果有不一致的地方，这可能是因为同胞关系深受社会文化因素的影响。西方文化是以“个人主义”为导向，不会强烈地依附于社会关系，同胞之间体现了较多竞争与冲突；而中国文化中注重的是“集体主义”，讲究“长幼有序”，强调“家庭的义务感”等。这意味着对同胞关系开展本土化研究十分必要，需要结合中国文化特点探讨同胞关系动态变化的特征及其差异。

第五章

不同年龄段同胞关系的比较研究

同胞关系是情感体验最强烈的一种人际关系，特别是在儿童和青少年时期，当同胞作为伙伴、榜样时，其对个体的生命成长产生直接影响。青少年时期处于个体发展“暴风骤雨”的阶段，随着年龄的增长，其身心会出现较大变化，内心复杂多变，较为敏感。从青少年早期到中期，他们的同胞关系会呈现怎样的阶段性变化呢？关于同胞关系的构成维度，研究结论并不一致。L. Kramer 和 A. K. Kowal 指出，同胞关系由亲密、卷入、控制、竞争与敌对五个维度构成；① J. Kim 等认为，同胞关系包括同胞亲密和同胞冲突。② S. Lecce 等将其分为情感、冲突与竞争；③ N. Campione-Barr 和 J. G. Smetana 也将其划分为三个维度，分别是信任、沟通和冲突；④ N. Howe 等进行了扩展，提出在儿童和青少年时期，同胞关系包括亲

① L. Kramer, A. K. Kowal, “Sibling Relationship Quality from Birth to Adolescence: The Enduring Contributions of Friends”, *Journal of Family Psychology*, Vol. 19, No. 4, 2005, pp. 503 – 511.

② J. Kim et al., “Longitudinal Course and Family Correlates of Sibling Relationships from Childhood through Adolescence”, *Child Development*, Vol. 77, No. 6, 2006, pp. 1746 – 1761.

③ S. Lecce, A. Pagnin, G. Pinto, “Agreement in Children's Evaluations of Their Relationships with Siblings and Friends”, *European Journal of Development Psychology*, Vol. 6, No. 2, 2009, pp. 153 – 169.

④ N. Campione-Barr, J. G. Smetana, “Who Said You Could Wear My Sweater: Adolescent Siblings' Conflicts and Associations with Relationship Quality”, *Child Development*, Vol. 81, No. 2, 2010, pp. 464 – 471.

密、竞争、冲突等维度。[①] 可见，多数研究都认为亲密与冲突是两个基本维度，而且这两个维度也并非彼此对立。根据同胞关系两个基本维度的交互作用，可以将其分为四种不同类型，即温暖和谐型（高亲密和低冲突）、情感强烈型（高亲密和高冲突）、敌意冲突型（低亲密和高冲突）和关系疏离型（低亲密和低冲突）。已有研究表明，青少年时期同胞关系的变化较大，但是其结论并不相同。

同胞关系的特征表现出强烈的社会文化差异。在不同的社会形态、民族文化传统和价值观中，同胞关系的特征是不相同的。对不同社会文化情境中的同胞关系特征进行聚类分析发现，在欧裔美国家庭中，温暖和谐型、情感强烈型、敌意冲突型与关系疏离型的同胞关系在儿童和青少年中均会出现；在非裔美国家庭中，关系没有现出高亲密和高冲突的情感强烈型特征；在墨西哥裔美国家庭中，同胞之间更多是和谐相处和友好互动，同胞亲密与温暖较多，难以出现低亲密和低冲突的冷漠型关系。中国文化迥异于西方文化的一个重要表征就是推崇集体主义，注重家庭主义的价值观，讲究长幼有序，强调群体意识和人际关系，追求“利他”精神。计划生育政策造就了独生子女这一特殊群体，父母和子女已经接受了独生子女的生活方式，但是同胞的到来使得独生子女不再是家庭的“唯一”，打破了头胎子女对家庭资源的独占。他们面对被分散的父母关爱，与同胞的年龄差距又较大，对同胞表现出排斥、敌对情绪，甚至表现出欺负行为。家庭主义价值观与同胞生活的实践使得同胞关系呈现出独特性，本章首先分析在大龄多孩家庭中同胞关系的潜在类型。

同胞关系具有年龄发展性特征。在童年时期，个体把同胞看成自己的“玩伴”，随着年龄的增长、个体认知的变化，在青少年时期“玩伴”

① N. Howe, L.K. Karos, J. Aquan-Assee, “Sibling Relationship Quality in Early Adolescence: Child and Maternal Perceptions and Daily Interactions”, *Infant and Child Development*, Vol. 20, No. 2, 2011, pp. 227 – 245.

变成了需要的亲密感与帮助。在儿童早期，同胞之间有较多互动；从儿童中晚期开始，儿童的兴趣点发生了转移，不再只围绕着同胞，而是逐渐参与到同伴关系之中，减少了与同胞的交流互动，同胞在儿童生活中的作用逐步下降。随着青春期的到来，青少年的独立性与自我意识进一步增强，他们开始探索外部的世界，希望摆脱对父母的依赖，更多融入同伴群体中。从儿童中晚期到青少年早期，同胞间的亲密和冲突程度开始下降，同胞关系日益向平等化方向发展。① 有研究认为，在青少年初期同胞间的亲密程度下降，在中期和后期同胞亲密程度略有上升并逐步趋向稳定。② S. D. Whiteman 等研究发现，同胞亲密程度因年龄增长而逐步上升。③ 成年后由于个体社会角色的转变，与同胞的互动减少，人际交往的重心转向配偶、朋友；到了成年中期，同胞关系变得较为稳定；而在 70 岁以后，同胞间的帮助支持又逐步增加。④ 总体来说，青少年时期同胞关系对个体的影响更大，在不同年龄段同胞之间形成了不同的互动方式，同胞关系可能有不同类型。⑤ 本章第二个目标是比较在青少年的不同成长阶段，同胞关系呈现怎样的类型特征。

综上，在青少年成长阶段，个体同胞关系呈现动态的发展变化，但研究结论并不一致。本章旨在分析处于青少年的早期和青少年中期的个体同胞关系的类型以及特点，比较不同年龄段同胞关系的差异，以期对同胞关系的年龄发展特征进行初步探讨。

---

① J. Kim et al. , "Longitudinal Course and Family Correlates of Sibling Relationships from Childhood through Adolescence", *Child Development*, Vol. 77, No. 6, 2006, pp. 1746 – 1761.

② L. Kramer, A. K. Kowal, "Sibling Relationship Quality from Birth to Adolescence: The Enduring Contributions of Friends", *Journal of Family Psychology*, Vol. 19, No. 4, 2005, pp. 503 – 511.

③ S. D. Whiteman, A. R. Solmeyer, S. M McHale, "Sibling Relationships and Adolescent Adjustment: Longitudinal Associations in Two-Parent African American families", *Journal of Youth and Adolescence*, Vol. 44, No. 11, 2015, pp. 2042 – 2053.

④ M. Scharf, S. Shulman, L. Avigad-Spitz, "Sibling Relationships in Emerging Adulthood and in Adolescence", *Journal of Adolescent Reerach*, Vol. 20, No. 1, 2005, pp. 64 – 90.

⑤ 董颖红：《被忽视的家庭关系——同胞关系对个体心理和行为发展的影响》，中国社会科学出版社 2018 年版。

第一节　变量测量与分析方法

一　变量测量

本章的核心变量是同胞关系，通过 W. Furman 和 D. Buhrmester 的同胞关系问卷简版测量不同年龄段同胞关系的特征。该问卷共有 21 个题目，包括亲密与冲突两个维度，其中同胞亲密包括 15 个题目，考察个体感觉与同胞的亲近密切程度，如“我和弟弟（妹妹）能够开心地玩耍”等；同胞冲突包括 6 个题目，测量同胞间的敌意、争吵，如“我和弟弟（妹妹）因不一致而发生争吵”等。问卷采用 Likert 5 点量表法赋值，“1 = 几乎没有、2 = 不太多、3 = 中等、4 = 比较多、5 = 非常多”，将所有项目得分加总后求平均数以衡量其同胞亲密、同胞冲突的程度。

二　分析方法

本章采用聚类分析的方法，分别对青少年早期和青少年中期的同胞关系进行分析，确定在不同年龄段同胞关系的潜在类型，然后比较分析在青少年的早期和中期同胞关系的发展变化特征。

第二节　研究结果

一　不同年龄段同胞关系发展特征

根据田录梅等的建议，将青少年期划分为青少年早期（11—14 岁）、青少年中期（15—18 岁）和青少年晚期（19—21 岁），基本相当于进入初中、高中和大学的大概年龄。[①] 本章分别对前两个年龄段的青少年同胞关系的发展特征进行初步描述统计。由表 5 - 1 可知，在青少年中

① 田录梅等：《父母支持、友谊支持对早中期青少年孤独感和抑郁的影响》，《心理学报》2012 年第 7 期。

期同胞亲密程度大于青少年早期，而在青少年早期同胞冲突程度大于青少年中期。在青少年的成长过程中同胞关系总趋势较稳定，随着年龄的增长，同胞手足之情逐步走向亲密。尽管在其成长过程中普遍存在冲突，但是冲突程度随年龄增长而日渐降低。

表 5－1　　　　**不同年龄段同胞关系的比较**

变量	青少年早期	青少年中期	T	P
同胞亲密	3.29 ±0.92	3.41 ±0.84	-2.241^{*}	0.025
同胞冲突	3.35 ±0.77	3.08 ±0.52	4.636^{***}	0.000

注：$^{*}p<0.05$，$^{***}p<0.001$。

青少年时期是个体逐步由幼稚到成熟的人生“过渡期”，随着年龄增长，成长经历不断增加，个体发展的背景产生重大变化。从儿童中晚期到青少年早期，长子女对同胞手足的生活帮助会增加，但是个体的情感独立意识也会逐步增强。这一时期长子女心理发展的一个重要特点是“半成熟”，个性发展不平衡，思维方式也开始过渡到形式运算思维。思想认知具有较大片面性，表现出明显的心理矛盾，既喜爱同胞，同时自我调适能力又较差。另外他们开始逐步探索外部世界，更多地和同伴群体进行互动，希望融入其中，而与同胞的卷入程度与作用强度下降。到了青少年中期阶段，随着认知能力的发展，长子女逐渐“懂事”，其心智发展的成熟度高于青少年早期，明白了同胞手足对于他们的重要意义，更注重同胞关系的发展，尽管可能不太情愿。在大龄多孩家庭中，同胞间的年龄差距至少在 7 岁以上，由年长的子女看护和照顾较晚出生的孩子的现象是非常普遍的。随着时间的流逝，父母逐渐衰老，以至于难以负担起养育和照看未成年孩子的义务，长子女可能不得不扮演“家长”的角色。同胞之间，随着较为年长的一方率先步入高中，面临更多的学业压力，其心理已经相对较成熟，有了自己的立场，升学成了他们的主要任务。他们将精力更多地放在自己的学业上，更加需要学业、生活上其他方面的帮助，与同胞的冲突也会随之减少。虽然彼此之间的陪伴在逐渐减少，但同胞关系对于个体发展仍然具有重要的作用，如照顾与支持功能。

在青少年成长历程中，同胞冲突普遍存在。随着年龄的增长，同胞冲突逐渐缩小。同胞之间不管是年长的一方还是年幼的一方，都会经历婴幼儿时期。在社会化程度上，年幼者社会化程度比较低，他们受到的影响也往往来自像家庭、邻居这样的初级群体。由于人际关系网过于局限，其无法从中捕捉到能够与自己同胞正确相处的行为方式。在日常生活中，父母也会要求长子女对年幼的同胞给予较多的包容与忍让，这在一定程度上激起长子女内心的不满甚至敌对，进而发生争执。当长子女逐渐步入青少年中期，心智和人格发展相对青少年早期较为成熟，他们在与同胞的互动过程中，直接面对面的争执或吵架也在减少，逐步适应同胞的出生。相比同伴群体，个体对于同胞之间的心理归属感最强烈，表现在日常生活中愿意帮助和支持同胞。中国文化中历来看重血脉亲情的传统从来没有消逝，它深深地影响着一代又一代人。这对于兄弟姐妹主动改善手足关系、减少彼此之间的冲突，产生了非常重要的作用。随着年幼的同胞逐渐长大到进入职场、结婚生子，其以自我为中心推散出去的波纹形成的“圈子”将会与长子女所在的圈子出现重叠。在空间、时间等客观环境上有了互动的可能，人际关系才能维持。同胞关系总是深深扎根于彼此的互帮互助之中。

二　不同年龄段同胞关系的类型

根据 K-Means 聚类法对不同年龄段的同胞关系发展特征展开分析。

(一) 青少年早期同胞关系的潜在类型分析

根据已有研究，同胞关系的两个基本维度——亲密与冲突的组合可以分为四种不同类型，可以指定类别数为 2、3、4。

由表 5-2 可知，当同胞关系聚类为 2 类时，第一类同胞亲密程度较高，同胞冲突程度较低，也就是温暖和谐型同胞关系；第二类亲密程度和冲突程度都较高，也就是情感强烈型同胞关系。结合表 5－5 可知，温暖和谐型同胞关系有 363 人，情感强烈型同胞关系有 265 人。

表 5－2　　　　青少年早期同胞关系聚类数为 2 的分析结果

	起始聚类中心		最终聚类中心		聚集		F	p
	1	2	1	2	组间平方	组间自由度		
同胞亲密	4.43	1	3.56	3.12	96.95	1	233.92 ***	0.000
同胞冲突	2.33	2.67	2.58	2.99	49.47	1	148.29 ***	0.000

注：*** $p<0.001$。

由表 5－3 可知，当同胞关系聚类为 3 类时，第一类同胞亲密程度较低，同胞冲突程度较高，也就是敌意冲突型同胞关系；第二类同胞亲密程度和同胞冲突程度均较高，即情感强烈型同胞关系；第三类同胞亲密程度较高，同胞冲突程度较低，即温暖和谐型同胞关系。结合表 5－5 可知，敌意冲突型同胞关系有 83 人，情感强烈型同胞关系有 210 人，温暖和谐型同胞关系有 335 人。

表 5－3　　　　青少年早期同胞关系聚类数为 3 的分析结果

	起始聚类中心			最终聚类中心			聚集		F	P
	1	2	3	1	2	3	组间平方	组间自由度		
同胞亲密	2.34	1.41	4.43	2.06	3.14	3.58	55.21	2	153.79 ***	0.000
同胞冲突	1	3.93	3.32	3.01	2.95	2.23	36.31	2	164.95 ***	0.000

注：*** $p<0.001$。

由表 5－4 可知，当同胞关系聚类为 4 类时，第一类同胞亲密程度和同胞冲突程度均较低，即关系疏离型同胞关系；第二类同胞亲密程度和同胞冲突程度均较高，即情感强烈型同胞关系；第三类同胞亲密程度较高，同胞冲突程度较低，即温暖和谐型同胞关系；第四类同胞亲密程度较低，同胞冲突程度较高，即敌意冲突型同胞关系。结合表5-5可知，关系疏离型同胞关系有7人，情感强烈型同胞关系有176人，温暖和谐型、敌意冲突型同胞关系分别有289人、156人。

表5-4　**青少年早期同胞关系聚类数为4的分析结果**

	起始聚类中心				最终聚类中心				聚集		F	P
	1	2	3	4	1	2	3	4	组间平方	组间自由度		
同胞亲密	2.52	5	2.87	1	2.55	4.08	3.32	1	47.19	3	230.34***	0.000
同胞冲突	2.24	1	2.63	5	2.17	3.45	2.13	3.12	26.87	3	148.28***	0.000

注：*** $p<0.001$。

由表5-5可知，当同胞关系聚类为2类时，温暖和谐型同胞关系有363人，情感强烈型同胞关系有265人。当同胞关系聚类为3类时，敌意冲突型同胞关系有83人，情感强烈型同胞关系有210人，温暖和谐型同胞关系有335人。当同胞关系聚类为4类时，关系疏离型同胞关系有7人，情感强烈型同胞关系有176人，温暖和谐型同胞关系有289人，敌意冲突型同胞关系有156人。综合以上分析，青少年早期同胞关系聚类为3类较合适，即同胞关系可以分为温暖和谐型、情感强烈型和敌意冲突型。

表5-5　**青少年早期同胞关系不同聚类的结果**　（单位：人）

聚类数2		聚类数3			聚类数4			
1	2	1	2	3	1	2	3	4
363	265	83	210	335	7	176	289	156

（二）青少年中期同胞关系的潜在类型分析

对青少年中期同胞关系进行聚类分析，指定类别数为2、3、4。

由表 5－6 可知，当同胞关系聚类为 2 类时，第一类同胞亲密程度和同胞冲突程度均较高，也就是情感强烈型同胞关系；第二类同胞亲密程度较高，同胞冲突程度较低，也就是温暖和谐型同胞关系。结合表 5－9 可知，当同胞关系聚类为 2 类时，情感强烈型同胞关系有 351 人，温暖和谐型同胞关系有 883 人。

表 5－6　　　　青少年中期同胞关系聚类数为 2 的分析结果

	起始聚类中心		最终聚类中心		聚集		F	p
	1	2	1	2	组间平方	组间自由度		
同胞亲密	1	4.03	3.21	3.72	77.55	1	277.95***	0.000
同胞冲突	1	2.59	2.85	2.01	14.08	1	40.75***	0.000

注：*** $p<0.001$。

由表 5－7 可知，当同胞关系聚类为 3 类时，第一类同胞亲密程度和同胞冲突程度均较高，也就是情感强烈型同胞关系；第二类同胞亲密程度较高，同胞冲突程度较低，即温暖和谐型同胞关系；第三类亲密程度和冲突程度都较低，即关系疏离型同胞关系。结合表 5－9 可知，当同胞关系聚类为 3 类时，情感强烈型同胞关系有 436 人，温暖和谐型同胞关系有 778 人，关系疏离型同胞关系有 20 人。

表 5－7　　　　青少年中期同胞关系聚类数为 3 的分析结果

	起始聚类中心				最终聚类中心				聚集		F	P
		1	2	3		1	2	3	组间平方	组间自由度		
同胞亲密	2.35	5	1	3.06	3.74	1	41.41	2	170.24***	0.000		
同胞冲突	3.68	1	1	2.74	2.25	1	15.61	2	69.2***	0.000		

注：*** $p<0.001$。

由表5－8可知，当同胞关系聚类为4类时，第一类同胞亲密程度较低，同胞冲突程度较高，也就是敌意冲突型同胞关系；第二类同胞亲密程度较高，同胞冲突程度较低，即温暖和谐型同胞关系；第三类同胞亲密程度和同胞冲突程度均较高，即情感强烈型同胞关系；第四类同胞亲密程度和同胞冲突程度均很低，即关系疏离型同胞关系。结合表5－9可知，当同胞关系聚类为4类时，关系疏离型同胞关系有17人，温暖和谐型同胞关系有762人，情感强烈型同胞关系有432人，敌意冲突型同胞关系有23人。

表5－8　　青少年中期同胞关系聚类数为4的分析结果

	起始聚类中心				最终聚类中心				聚集		F	P
	1	2	3	4	1	2	3	4	组间平方	组间自由度		
同胞亲密	2.52	5	2.87	1	2.55	4.08	3.32	1	13.12	3	75.54***	0.000
同胞冲突	1.83	1	2.63	1	2.13	3.45	2.13	1	30.98	3	179.96***	0.000

注：*** $p<0.001$。

由表5－9可知，当同胞关系聚类为2类时，情感强烈型同胞关系有351人，温暖和谐型同胞关系有883人。当同胞关系聚类为3类时，情感强烈型同胞关系有436人，温暖和谐型同胞关系有778人，关系疏离型同胞关系有20人。当同胞关系聚类为4类时，关系疏离型同胞关系有17人，温暖和谐型同胞关系有762人，情感强烈型同胞关系有432人，敌意冲突型同胞关系有23人。综合以上分析，青少年中期同胞关系聚类为2类较合适，同胞关系可以分为温暖和谐型与情感强烈型。

表5－9　　青少年中期同胞关系不同聚类的结果　　（单位：人）

聚类数2		聚类数3			聚类数4			
1	2	1	2	3	1	2	3	4
351	883	436	778	20	23	762	432	17

对比青少年发展的不同阶段，在青少年早期和中期，同胞关系主要表现为温暖和谐型和情感强烈型，温暖和谐型比例更高，但是在青少年早期还存在敌意冲突型同胞关系，可以认为年龄和文化程度对同胞关系产生重要影响。随着年龄的增长，彼此之间的关系越来越亲密，而冲突在日益减少。同胞之间，不管是年长的一方还是年幼的一方，都会经历婴幼儿时期。婴儿时期的主我是未经社会化的，是一堆自我需要和欲望，他们正处于以利己主义的本我为主导的年龄阶段。[①] 他们更多是以自我为中心，不会过多地考虑同胞的感受，零食、玩具等希望能够独享。一言以蔽之，个体是通过以他人看待自己的眼光来看待自己，发展起自我意识。因此在日常生活中，父母也会要求长子女对年幼的同胞给予较多的包容与忍让，这在一定程度上激起长子女内心的不满，容易发生争执甚至敌对。当长子女逐渐从青少年早期进入中期，大致相当于从初中到高中，其心智和人格发展相对较成熟，开始学习所属群体——家庭的一系列规则，试图去维护家庭的和谐，保持家庭的稳定。他们在处理和同胞的关系时，意识到了某些不正确的认知与行为，并主动改善与同胞间的关系，直接面对面的争执也在减少。

第三节　分析与讨论

同胞关系与亲子关系的非对抗性特征不同，同胞关系是一种共生竞争关系，同胞关系的亲疏远近可以简化成亲情羁绊的“家人”与个体化的“我”的“拔河”。父母羽翼下成长的孩子，兄弟姐妹更像是亲密的朋友，彼此互相嫌弃却又互相依靠。在父母的照顾下，孩子对家一直抱有希冀，认为父母、兄弟姐妹和自己组成的家是温暖的港湾；但是同胞关系的张力也一直存在。一方面，由于多个子女稀释了有限的家庭资源，

① ［英］安东尼·吉登斯：《社会学》（第五版），李康译，北京大学出版社2009年版。

子女之间存在较为明显的竞争关系。① 青少年早中期，同胞之间的竞争表现为对各种可视资源的争夺，如服饰的比较、父母的偏爱等，都会造成同胞间不可调和的矛盾，致使彼此的关系出现难以修复的裂痕。另一方面，父母和周边的人总喜欢拿同胞作比较，聪明、会读书的同胞往往自信，“笨小孩”就成了父母数落的对象。标签化的做法，造成孩子对自我进行消极暗示，从而对其性格产生影响。

本章采用问卷调查方法，对青少年早期和青少年中期的同胞关系发展特征进行了聚类分析。研究发现，青少年早期同胞关系主要有三种类型，即温暖和谐型、情感强烈型与敌意冲突型；青少年中期主要有两种类型，即温暖和谐型与情感强烈型。这和西方对同胞关系的潜在类型研究结论并不相同。例如，S. McGuire 等通过对欧裔美国家庭同胞关系的分析发现，温暖和谐型、敌意冲突型、情感强烈型和关系疏离型的同胞关系，在欧裔美国家庭的儿童和青少年中均会出现。② 而 S. M. McHale 等在非裔美国家庭的研究中已经证实，同胞之间并没有表现出高亲密和高冲突的情感强烈型关系。墨西哥裔美国家庭更多呈现的是同胞亲密与温暖，难以出现低亲密和低冲突的冷漠型关系。③ 由此可知，同胞关系特征具有明显的社会文化差异。西方社会崇尚的是以个人主义为导向的文化，强调个体自由、竞争和平等的地位，注重个人展现和自我的发展，偏向“利己”的思想，不会强烈地依附于社会关系。西方文化情境中的同胞关系更多体现的是同胞之间的竞争冲突、关系紧张。与此形成鲜明对比的是，集体主义文化认为在个体生活中，同胞特征对个体的发展轨道具有重要影响，同胞互动强调的是同胞之间的依存，相互负有责任与义务，同胞关系是自我验证的，并伴随

① 徐浙宁：《城市“二孩”家庭的养育：资源稀释与教养方式》，《青年研究》2017 年第 6 期。

② S. McGuire, S. M. McHale, K. Updergraff, “Children's Perception of the Sibling Relationship in Middle Childhood: Connections within and between Family Relationships”, *Personal Relationships*, Vol. 3, No. 3, 1996, pp. 229 – 239.

③ S. M. McHale et al., “Characteristics and Correlate of Sibling Relationships in Two-Parent African American Family”, *Journal of Family Psychology*, Vol. 21, No. 2, 2007, pp. 227 – 235.

个体一生。[①] 例如，D. C. French 等等通过对印度青少年同胞关系的研究发现，印度青少年同胞之间更多体现的是支持、合作与亲密，而不是敌对与冲突。[②]

中国属于集体主义文化，强调家庭主义观念，“家”具有独特的价值与作用，不仅意味着居所，更是表达着一种强烈的心理归属和深深的情感联结。个体对家庭具有强烈的责任感，都在不断努力维系家庭的稳定和发展，让家庭有序运行。“在生活中家庭尤为重要，尽人皆知，与西洋人对照，尤觉显然。”[③] 计划生育政策的实行造就了独生子女这个特殊的群体，他们是家庭成员关心和照顾的中心，早已习惯“独生”的生活方式，家庭资源也是围绕着他们。现在突然要去面对一个更小的、更需要关注和保护的同胞，曾经作为家庭“唯一”的独生子女一时间变成了“长子女”。这无疑是一个突如其来的强烈心理冲击，使长子女产生了心理落差，难以接纳同胞的到来，出现嫉妒或竞争的情感，造成心理上的隔阂。对于一部分心智发展相对成熟的长子女，面对父母分散和稀释的情感，他们可能还会担心未来财产的分配和继承问题。因此，长子女与同胞的关系具有复杂而矛盾的特点，可能会产生情感强烈型同胞关系。

同胞关系随年龄增长表现出不同特征。在青少年早期，个体会自我意识高涨、出现反抗心理，心智发展处于半成熟、半幼稚状态，渴望摆脱父母的束缚，更多与同伴群体交往，但是又不具备完全独立的能力，还是需要父母的照顾与支持。他们面临着两极情感困惑，对同胞手足之情的看法具有片面性和主观性，心理活动的起伏性较大，对父母的“差别对待”敏感，在与同胞的交往互动中发生冲突的可能性增大。而在青

---

① 董颖红、刘丹：《中学生的同胞关系与学业自我效能感——自尊的中介作用和出生顺序的调节作用》，《基础教育》2019 年第 3 期。

② D. C. French et al., “Social Support of Indonesian and U. S. Children and Adolescents by Family Members and Friends”, *Merrill-Palmer Quarterly*, Vol. 47, 2001, pp. 337 – 394; K. L. Buist, A. Metindogan, S. Coban, “Cross-Culture Differences in Sibling Power Balance and Its Concomitants across Three Age Periods”, *Journal of General and Family Medicine*, Vol. 156, 2017, pp. 87 – 104.

③ 《梁漱溟全集》第三卷，山东人民出版社 1990 年版。

少年中期，个体的自我意识进一步发展，社会性情感更加深入，心态相对成熟和稳定，开始变得“懂事”。懂事是一种对他人的关爱和理解，疼惜、懂得父母的辛苦付出和爱，不仅只考虑自己，还要想到家庭共同体的利益，①当然也不可能要求处于青少年中期的长子女完全成熟懂事。在与同胞的相处过程中，个体能更好地觉察到自己“长子女”的角色和对同胞肩负的责任感，对同胞关系的看法和体会也日益深刻，开始理解建立在血缘关系之上的手足之情以及父母沉甸甸的爱。尽管长子女与同胞之间的矛盾和冲突在不断产生，也在不断弥合，但是彼此之间的亲密之情依然在悄然生长，相对于青少年早期容易与同胞相处。随着年龄的增长，同胞之间的冲突在减少，亲密度在逐步增加。

第四节 结论

本章采用问卷调查法，比较了青少年成长的不同阶段同胞关系的发展特征。研究发现在青少年早期，同胞关系主要有三种类型，即温暖和谐型、情感强烈型和敌意冲突型；而在青少年中期，同胞关系主要有两种类型，即温暖和谐型和情感强烈型。这些特征表明，同胞关系具有年龄的变化性和强烈的社会文化差异。中西方社会在历史文化、养育习俗等方面不同，国外同胞关系研究的结论不一定适合中国，在未来需要加强对同胞关系本土化的研究。在中国文化背景下分析青少年不同发展阶段同胞关系的特征，关注文化差异导致的手足之情的发展变化。中国传统文化的巨大惯性深刻地影响着同胞关系的选择和同胞冲突的应对。一方面，父母对子女具有威慑力，这种威慑是源于传统家庭观念和社会发展的自然走向。让子女相信，即便对父母的话不是言听计从，也要慎重考虑他们的要求和建议，这在一定程度上左右了子女对同胞彼此关系的

① 程猛、康永久：《从农家走进精英大学的年轻人：“懂事”及其命运》，《中国青年研究》2018 年第 5 期。

态度。通常情况下，这种影响是正面的、聚合的，当然有时会使同胞关系恶化，如重男轻女、溺爱孩子等。另一方面，在传统道德伦理的约束下，年长的哥哥/姐姐不能“以大欺小”，年幼的弟弟/妹妹也不可以“恃宠而骄”，兄弟姐妹是“血脉的联系，一辈子都断不了”。随着年龄的增长，个体应对人际交往的能力提升，在与同胞的相处中尽管也有冲突，但更可能是以一种建设性的冲突方式表现出来，也是同胞关系的另一种“合”。

同胞关系具有年龄发展性的特征，这可以为当下和未来多孩家庭教育提供有益的启示，以期帮助家庭成员建立亲密温暖的关系。在家庭教育中父母要不断学习，保持良好的心态，要学会做孩子的“知心”父母，根据孩子的年龄发展差异去要求和引导，随着孩子的成长主动调整教养方式，以身作则发挥榜样示范作用，用温暖和爱去熏陶与感染他们。父母最重要的是要尽量做到“一碗水端平”，利用有限的家庭资源让每一个孩子能得到较为公平的对待，同时注意孩子（同胞）之间关系的变化，让他们从小建立较为良好的关系，彼此相互陪伴和照应。对于处于青春期的长子女而言，父母要尊重他们的成长规律，均衡陪伴时间。让孩子们沐浴爱的阳光，感受到公平公正，让手足之情成为从内心里长出来的一种情感。兄弟姐妹之间的互帮互助、相濡以沫，在成长的道路上让他们携起手来共同前行，这才是大龄多孩家庭最可爱的模样。

第六章

同胞关系的影响因素研究

家庭是个体首先接触到的环境，在社会化中的重要性显而易见。[①] 在青少年成长过程中，家庭因素对其心理发展和社会化具有举足轻重的作用。家庭系统理论认为，家庭内部各个子系统之间相互作用，父母的态度、价值观念和行为会对子女产生直接有力的影响。只要父母做出一些改变，子女也会随之发生一些变化。这些变化并不是单向的，而是相互多向的影响。随着家庭成员之间的互动越来越频繁，这个过程循环反复，其影响力就越来越大。同胞的出生使家庭发生了结构性重组，既有的平衡状态受到了冲击，随着家庭成员的增加，产生了新的角色与子系统。家庭关系格局更为复杂，导致各个子系统之间的作用机制也日益复杂化。同胞关系既受到个体自身因素的影响，也受到家庭因素的影响。

同胞间的亲密与温暖是家庭环境的重要组成部分，其作用是让家庭中的每个孩子明白：在家庭中有着与自己有血缘关系、息息相关、年龄间隔较大、共享家庭资源的同胞，彼此之间的关系有别于同伴关系，同胞间的相处时间将会更久，要建立情感相依的关系。在人生的旅途中，父母终归离去，而配偶姗姗来迟，只有同胞关系是个体一生中最持久的人际关系之一，是个体无法割舍的血脉亲情。在成长过程中，同胞是个体的合作者，不会因时间的流逝而被取代。首先，同胞之间的陪伴、照顾、支持与分享，弥补了儿童和青少年成长的孤单，提供了社会学习、

① ［英］安东尼·吉登斯：《社会学》（第五版），李康译，北京大学出版社2009年版。

情感控制和解决冲突的机会，有助于发展健全的人格，形成正确的认知，提升情绪理解能力和发展社会交往技能，增强人际适应能力，减少问题行为发生的可能性。其次，同胞的鼓励和支持使彼此之间建立起一种亲密、友爱、信任的紧密联系，促进了儿童和青少年自我概念和自我调节能力的发展。最后，同胞温暖增强了彼此之间的自我表露，有益于促进其情绪的社会性发展。同胞间的亲密与温暖促进了儿童和青少年的认知理解、情绪发展与行为适应能力，还有助于减轻父母、同伴和相关负面经历对他们的影响。另外，亲密的同胞关系被视作抵御紧张的生活事件造成的压力的潜在重要缓冲，能够保护儿童和青少年免受经历生活事件而导致的失调。当个体感到压力时，同胞的支持为其提供了安全感，帮助做出决策，缓冲不利的生活事件对个体的社会适应造成的负面影响。

综上，同胞关系作为家庭系统的组成部分，家庭环境因素对其产生了重要影响。本章以大龄多孩家庭同胞关系的基本特征为基础，继续探究个体特质和家庭环境因素是如何影响同胞关系的面貌的。综合已有研究和访谈资料，对家庭环境因素的研究主要从两个方面展开：一是家庭的社会生活背景，包括家庭的经济状况、父母的受教育程度、父母的职业；二是家庭的心理环境背景，包括家庭功能（亲子关系、婚姻关系）和家庭行为（家庭的教养方式、父母的差别对待）。希望和已有的家庭研究理论进行对话，并试图为后独生子女时代同胞关系的发展提供一定的智识启发。

第一节　变量测量与分析方法

一　变量测量

（一）因变量

本章的因变量是同胞关系，与第四章相同。

（二）核心自变量

1. 家庭社会经济地位

已有研究中家庭社会经济地位通常以父母的职业、父母的受教育水平和家庭的年收入3个指标生成1个合成指标来衡量。[①]

借鉴已有研究,[②] 将父母的职业分为5类。(1)临时工、失业或待业人员、非技术人员和农业劳动者;(2)体力劳动者和个体经营者、技术工和同级工作者;(3)一般管理人员与一般专业技术人员、事务性工作人员;(4)中层管理人员与中层专业技术人员、助理专业人员;(5)职业高级管理人员与高级专业技术人员、专业主管人员。依次赋值为1—5分。

父母的受教育水平分为4类:(1)初中及以下,(2)高中(中专),(3)大学(专/本科),(4)研究生及以上。以父母双方受教育程度中较高的一方来指代父母的受教育水平,依次赋值为1—4分。

家庭的年收入分为6类:(1)10万元以下,(2)11万—15万元,(3)16万—20万元,(4)21万—25万元,(5)25万元以上。依次赋值为1—5分。

将赋值后的父母的职业、受教育水平和家庭年收入采用主成分分析法进行因子分析,经最大方差旋转提取1个公因子,即家庭社会经济地位变量。为便于分析,将因子得分进行取值为[0,100]的标准化处理。[③] 因子得分越高,表示家庭社会经济地位就越高。家庭社会经济地位的 Cronbach's α 系数为0.805。

2. 父母婚姻质量

采用OLSON婚姻质量问卷,依据已有的研究结论和本研究的侧重点,选择婚姻满意度、夫妻交流、解决冲突的方式这3个维度测量大龄多孩家庭中父母的婚姻质量。其中,婚姻满意度表示对婚姻关系的满意程度;夫妻交流主要包括夫妻双方交流的方式和交流量;解决冲突的方

---

① 王明珠等:《幼儿父母婚姻冲突与教养方式的关系:父母情绪调节策略的调节作用》,《心理发展与教育》2015年第3期。

② 师保国、申继亮:《家庭社会经济地位、智力和内部动机与创造性的关系》,《心理发展与教育》2007年第1期。

③ 具体的转换公式:因子转换分 =(因子值 + B)× A。其中,A = 99/(因子最大值 − 因子最小值),B =(1/A)− 因子最小值。

式包括夫妻中存在的冲突、解决方式的态度。该问卷共 46 个题目，例如，“我非常满意彼此在婚姻中承担的责任”“讨论某一问题时，我通常感到配偶是理解我的”“我非常满意夫妻间解决冲突的方式”等，问卷采用 Likert 5 点量表法赋值。青少年的父母双方分别报告了各自感知的婚姻质量，父亲婚姻质量的 Cronbach's α 系数为 0.783，母亲婚姻质量的 Cronbach's α 系数为 0.742。由于婚姻质量与父母双方密切相关，仅报告父亲或母亲任何一方的婚姻关系都可能存在偏差，不能较好地反映父母的婚姻关系，应该采用父母双方分别报告的方式。① 本研究中两者的相关系数为 0.54（$p < 0.001$），说明两者的一致性程度较高。在分析中合并了各自报告的婚姻关系得分，以所有题目的平均分作为父母婚姻质量的得分。

3. 父母教养方式

采用 W. A. Arrindell 等编制、蒋奖等修订的简式父母教养方式问卷，用于测量父母的教养态度和教养行为。问卷包括情感温暖、拒绝、过度保护 3 个维度，其中父亲和母亲的题目内容相同，便于比较父亲与母亲的教养方式。例如，“我遇到烦心事时，能感到父/母对我的鼓励，使我得到安慰”“父/母对我的惩罚超过我的承受范围”“父/母不允许我做其他孩子可以做的事情，因为他害怕我出事”等。问卷采用 Likert 5 点量表法赋值。父母的教养方式如果采取父母报告的方式，可能会出现自我美化而存在偏差，而通过青少年对父母教养方式进行评估获取的资料可能更接近实际，因此青少年分别报告了父亲和母亲各自的教养方式，分数越高说明父母使用此种教养方式的程度就越高。借鉴已有研究，父母情感温暖属于积极的教养方式，过度保护和拒绝属于消极的教养方式。② 父亲与母亲教养方式两个分量表的 Cronbach's α 系数分别为 0.724 与 0.756。

---

① 梁宗保等：《从婚姻关系到亲子关系：父母情绪表达的中介作用》，《心理学报》2013 年第 12 期。

② 宋明华等：《父母教养方式对初中生攻击行为的影响：越轨同伴交往和自我控制的作用》，《心理发展与教育》2017 年第 6 期。

4. 父母的差别对待

借鉴 A. C. Jensen 和 S. D. Whiteman 编制的父母差别对待问卷，用于测量在养育子女的过程中，父母在养育时间、物质投入、情感投入等方面的分配差异，问卷共有 6 个题目。考虑到在大龄多孩家庭中同胞之间的年龄差距较大，对部分题目进行了适当调整。例如，“我觉得父/母给予弟弟/妹妹生活照顾的时间更多”“当我和弟弟/妹妹发生冲突时，父/母会采取不一样的方式批评教育我们”等。问卷采用 Likert 5 点量表法赋值。在本研究中，青少年分别报告了父亲的差别对待和母亲的差别对待，两个维度加总取平均分作为父母差别对待的得分，分数越高说明父母差别对待的倾向越明显。父亲差别对待与母亲差别对待两个分量表的 Cronbach's α 系数分别为 0.824 与 0.803。

（三）控制变量

本章的控制变量包括长子女及其同胞的性别、年龄，长子女的共情等因素。其中，共情能力采用人际反应指针量表（IRI），包括观点采择、想象力、同情关心、个人忧伤 4 个维度。采用 Likert 5 点量表法赋值，反向题则使用相反计分，4 个维度的 Cronbach's α 系数分别为 0.758、0.604、0.719、0.642。

二 分析方法

本章采用多元线性回归模型考察家庭因素对同胞关系的影响。当因变量是连续变量时，使用 OLS 方法对同胞关系的影响因素进行估计（见表 6－1），OLS 回归模型如下：

$$Y_i = \alpha + \beta X_i + \gamma Z_i + \mu_i \tag{6-1}$$

式（6－1）中，Y_i 为同胞关系，X_i 为核心自变量，主要有家庭社会经济地位、父母差别对待、父母婚姻质量、父母教养方式，Z_i 为影响同胞关系的其他控制变量，α 为常数项，β、γ 为对应的回归系数，μ 为随机扰动项。表 6－1 是模型（6－1）的估计结果。

第二节 研究结果

一 同胞自身因素

由表6-1可知，在同胞结构特征方面，就性别而言，女生的同胞亲密得分高于男生（$b = 0.196$，$p < 0.01$）。在性别组合中，姐妹、姐弟组合对同胞亲密具有显著的正向影响，对"同胞隔阂"具有显著的负向影响。第六章已经讨论过，在此不再赘述。

年龄差对"同胞隔阂"具有显著的正向影响。同胞间的年龄间隔越大，越容易产生"同胞隔阂"。在大龄多孩家庭中，长子女与年幼同胞虽然是同一代人，但是较大的年龄差意味着个体的认知能力、成熟程度、生活经历不同，使其在价值观念、思想意识、行为方式、兴趣爱好等方面存在明显的差异、隔阂与矛盾，一种新的"代沟"——"同胞隔阂"由此产生。另外，长子女的自我意识已经有了较大的发展，与同伴的交往逐渐增加，减少了与年幼同胞的互动，成为影响同胞亲密的一个重要障碍。长子女的独生子女身份已经延续了较长时间，而独生子女身份带给他们的是家庭物质资源的独占、情感资源的独享，这可能会产生思维上的惯性。当面对年龄差距较大的同胞时，长子女心理上会受到一定的影响，一时难以适应同胞的出现，可能会对同胞产生情感疏离，增大彼此之间的心理距离，同胞间的隔阂就越来越大。

除了同胞的结构特征之外，共情能力对同胞亲密具有显著的正向影响，对同胞冲突与竞争具有显著的负向影响。在面对同样的情境时，共情能力越高的个体越能保持更高的认知功能和更好的情绪情感，能较好地理解他人的观点，较少进行敌意归因。[①] 共情作为重要的个人因素，能

① D. R. Richardson et al., "Empathy as a Cognitive Inhibitor of Interpersonal Aggressive", *Aggressive Behavior*, Vol. 20, 1994, pp. 275-289.

起到缓冲、帮助和支持的作用。① 长子女的共情能力越高，就越能够站在父母的角度设身处地地去理解父母对孩子投入的变化，不会担忧同胞的到来会威胁自己的家庭地位，积极面对家庭关系和家庭生活情境的改变。他们会逐步适应新的亲子关系，理解父母的“不公平”，学习与同胞手足相处的方法，尽快调整和主动适应新的家庭生活环境。② 即使面临着某些“不公平”和被父母暂时疏忽的情境，共情能力越高的长子女越能形成积极的归因方式，其换位思考的能力也越强，往往表现得较为平和与宽容，减轻同胞出生的焦虑，形成较好的同胞关系体验。

二 家庭相关因素

（一）家庭社会经济地位

家庭社会经济地位对同胞亲密具有显著的影响，家庭的社会经济地位越高，家庭内部的同胞关系越亲密，越有助于减少同胞间的冲突与竞争（$b = 0.187$，$p < 0.01$；$b = -0.144$，$p < 0.01$；$b = -0.101$，$p < 0.01$）。

优质的经济生活和家境有助于提升同胞之间的生活联系和情感纽带，减少同胞手足间的冲突与竞争。家庭社会经济地位为子女的发展提供了物质资源和认知环境，为父母提供了育儿实践。③ 父母会将家庭的资源传递给子女，子女从中获益，对其社会适应和身心发展都有直接的影响。家庭社会经济地位越高，意味着父母越能够为子女提供良好的生活条件、教育等较多的发展资本，而这种良好的生活条件与学习环境有利于子女提高其适应性，形成较好的同胞关系。随着子女数量的增加，尽管存在

① J. M. Harper et al., “Do Siblings Matter Independent of Both Parents and Friends? Sympathy as a Medial or between Sibling Relationship Quality and Adolescent Outcomes”, *Journal of Research on Adolescent*, Vol. 26, No. 1, 2016, pp. 101 – 114.

② 风笑天、王晓焘：《从独生子女家庭走向后独生子女家庭——“全面二孩”政策与中国家庭模式的变化》，《中国青年社会科学》2016 年第 2 期。

③ 陈浩彬、刘洁：《家庭社会经济地位与青少年智慧的关系：积极教养方式和开放性人格的中介作用》，《心理发展与教育》2018 年第 5 期。

家庭资源共享的“规模效应”，但是依然能够给予子女较好的物质生活，提供给子女充分的资源。家庭的公平氛围良好，有助于同胞间建立亲密的关系。[①] 由于年幼的同胞需要得到父母更多的照顾，一定程度上稀释了父母的情感，即使父母“偏心”采取差别对待的方式，长子女也倾向于将自己的身份地位合理化，也易于将结果归因于自身，理性地对待这种“不公平感”，并不会因同胞的到来而感觉受到威胁，影响自己与同胞的亲密情感。较低的家庭社会经济地位可能会使父母承受较大的压力，在养育子女的过程中加剧了彼此冲突的频率，给予子女的情感支持较少，父母的自我效能感在下降。长期暴露于压力情境中的长子女，面临着较多负面的生活事件，还有同胞之间的“反馈效应”，可能会影响长子女对公平性的感知，是他们社会适应和身心发展的风险因素。[②] 在与同胞的交往中也无法建立有效的情感联结，影响了同胞间的亲密与温暖。

（二）父母婚姻质量

父母的婚姻关系越好，同胞之间的关系就越亲密，同胞间的冲突与竞争就越少（$b=0.166$，$p<0.001$；$b=-0.157$，$p<0.01$；$b=-0.073$，$p<0.05$）。

婚姻关系奠定了家庭氛围，直接体现了家庭成员的和谐程度，也是影响同胞关系的重要因素。良好的婚姻关系会带来积极的家庭氛围，双亲共同合作、彼此支持，营造了亲密与温暖的情感环境，教养方面更公平，有助于子女的认知和情绪的发展。而较差的婚姻关系则意味着家庭中有较多消极的情绪，家庭情绪氛围较紧张，父母对子女的需求不能给予积极温暖的回应，子女感知到的是较多负面情绪和压力，将会影响其情绪和行为发展。父母的婚姻关系越好，长子女能感知到温暖、和睦的家庭氛围，良好的婚姻沟通模式和情绪处理方法为长子女起到更好的榜

① 张羽等：《家庭社会经济地位与父母教养方式对儿童青少年公正世界信念的影响》，《心理发展与教育》2017 年第 5 期。

② K. A. Matthews, L. C. Gallo, “Psychological Perspectives on Pathways Linking Socioeconomic Status and Physical Health”, *Annual Review of Psychology*, Vol. 62, No. 1, 2011, pp. 501 –530.

样作用。[1] 长子女感知到父母的亲密关系，有利于与同胞建立亲密的关系。同胞之间的互动方式就是父母互动的一种镜像放映，长子女会以父母为榜样把习得的交往行为迁移到与同胞的互动中，调整心态适应同胞的到来，主动调节自己的嫉妒与排斥情绪，学习与同胞相处的技巧。当同胞之间出现了矛盾冲突，长子女也会去学习父母在婚姻中解决冲突的方法和与人相处的技巧，不易产生外化问题。在与同胞的交往中，他们模仿父母以和谐的沟通方式应对各种矛盾，一定程度上减少了竞争与冲突。

（三）父母差别对待

父母对子女采取差别对待的方式，有助于同胞间建立亲密与温暖的关系，消除“同胞隔阂”（$b=0.369$，$p<0.001$；$b=-0.221$，$p<0.001$；$b=-0.129$，$p<0.01$；$b=-0.086$，$p<0.05$；$b=0.275$，$p<0.001$；$b=-0.198$，$p<0.001$；$b=-0.145$，$p<0.01$；$b=-0.079$，$p<0.05$）。

在大龄多孩家庭中，长子女与同胞分别处于青少年时期与儿童时期，他们面临的发展任务不同。长子女与父母的互动模式发生了转变。对于处于不同年龄阶段的子女，父母采取差别对待的方式可以培养他们的综合能力，帮助长子女认识到自身与同胞的差异，主动调适同胞的出生导致的焦虑情绪，促进长子女自主地发展。由于同胞年龄尚小，需要得到父母更多时间与精力的照顾与陪伴，长子女与父母的互动也许会减少，父母可能存在“差别对待”。父母对长子女在养育时间与养育精力投入方面不及同胞，但是在情感投入上特别关注处于混沌心理状态的长子女，给予长子女更多的理解与认同，从而使长子女感受到父母的温暖和关爱，进而其可以通过较合理的方式来回应和解决问题。长子女有自主成长的空间和情感表达渠道，满足其心理需求，习得了

[1] N. Szabó, J. S. Dubas, M. A. G. Aken, “Jealousy in Firstborn Toddlers within the Context of the Primary Family Triad”, *Social Development*, Vol. 23, No. 2, 2014, pp. 325 – 339.

人际交往的技巧，有助于其更好地对自我同一性进行探索。① 与父母建立的积极的情感联结会泛化到与同胞的交往互动中，为同胞间的交流沟通创设了良好的氛围。长子女根据变化了的亲子关系主动调适自己的情绪与行为，积极适应同胞手足关系，有助于培养同胞间亲密的关系，消除“同胞隔阂”。

（四）父母教养方式

父母教养方式对同胞关系具有显著的影响。父亲、母亲情感温暖型的教养方式对同胞亲密具有显著的正向影响（$b=0.304$，$p<0.001$；$b=0.257$，$p<0.001$），父母过度保护、父母拒绝型的教养方式对同胞冲突（$b=0.186$，$p<0.001$；$b=0.174$，$p<0.001$；$b=0.166$，$p<0.01$；$b=0.092$，$p<0.05$）、同胞竞争（$b=0.102$，$p<0.01$；$b=0.097$，$p<0.05$；$b=0.108$，$p<0.01$；$b=0.093$，$p<0.05$）具有显著的正向影响。

在父母情感温暖型的教养方式中，父母对长子女的需求敏感，并予以积极回应，在与子女的互动中直接表达对他们的赞赏和喜爱，能提供较多的支持、指导和建议；他们会将这种友善的方式迁移到其社会化行为之中，提高家庭教育的效果，在与同胞的交往中表现出更多的亲密与温暖，同胞之间较少产生攻击行为。尤其是父亲角色的不可替代性，发挥着独特的作用。父亲情感温暖型的教养方式可以促进长子女认知的发展和性别角色的发展，让长子女感知到自己的价值，帮助他们培养良好的品质，使他们具有较强的情绪调节能力，主动调适同胞关系。在拒绝型的教养方式中，父母对长子女关注较少，经常拒绝、惩罚、指责他们，不顾他们的内心感受，忽视对其自我成长的教育。长子女需求无法得到满足，在遇到困难和挫折时易产生冷漠、回避等应对方式。在过度保护型的教养方式下，父母对长子女过多的溺爱，导致他们产生无力感、傲慢情绪，心理较脆弱。拒绝型和过度保

① 梁俏等：《父母心理控制、学业效能感与青少年问题性网络游戏使用：亲子关系的调节作用》，《教育测量与评价》2019年第7期。

护型，这两种消极的教养方式漠视长子女的自我价值感受，造成长子女的退缩、过分顺从、焦虑，伤害他们的自信心，导致了他们的挫败感甚至是逆反心理，降低了其社会适应性。这也会成为长子女在人际交往中的另一种“榜样”，泛化到他们与同胞的交往中。他们会模仿同样的方式对待同胞，与同胞互动时容易产生情绪问题，缺乏自我调控能力，对同胞增加排斥和敌意，加剧了同胞之间的冲突和竞争。

表6－1　同胞关系影响因素的模型估计结果

		同胞亲密系数	同胞冲突系数	同胞竞争系数	同胞距离系数
人口学特征	性别（男）	0.196**	－0.415***	－0.092	－0.103**
	年龄差	－0.112**	0.144**	0.084*	0.538***
	性别组合（兄弟组合）				
	姐妹组合	0.612**	－0.238**	－0.036	－0.249**
	姐弟组合	0.414**	－0.164**	－0.041	－0.023
	兄妹组合	0.031	0.015	0.019	0.154**
	共情能力	0.141**	－0.242***	－0.175**	－0.032
家庭因素	家庭社会经济地位	0.187**	－0.144**	－0.101**	－0.015
	父母婚姻质量	0.166***	－0.157**	－0.073*	－0.018
	父亲差别对待	0.369***	－0.221***	－0.129**	－0.086*
	母亲差别对待	0.275***	－0.198***	－0.145**	－0.079*
	父亲情感温暖	0.304***	－0.256***	－0.108**	－0.151**
	父亲拒绝	－0.082*	0.174***	0.097*	0.023
	父亲过度保护	－0.062*	0.186***	0.102**	0.018
	母亲情感温暖	0.257***	－0.203***	－0.134**	－0.139**
	母亲拒绝	－0.024	0.092*	0.093*	0.005
	母亲过度保护	－0.108**	0.166**	0.108**	0.015
	调整 R^2	0.172	0.184	0.121	0.096

注：* $p<0.05$，** $p<0.01$，*** $p<0.001$。

第三节　分析与讨论

一　家庭经济状况与同胞关系

家庭是与个体关系最密切的微观系统。作为家庭环境因素的重要组成部分，家庭社会经济地位是个体成长的物理环境，反映了个体能够获得的现实或潜在的各种发展资源的差异，这种差异可能导致未来进一步发展的差异。① 家庭投资模型认为家庭社会经济地位越高，父母能够为子女成长进行更多的投资，且投资的形式可以多样化，而社会经济地位较低的家庭必须专注于物质资源的获取。② 根据这一模型，经济状况越好的家庭，越能够为子女提供更多的经济和社会资源。同时，父母采取了多种投资形式，如鼓励子女参与社会活动等。他们能够投入较多的时间与精力和子女沟通，为子女的发展提供更好的指导。在大龄多孩家庭中由于同胞年龄尚小，父母会有较多时间照顾年幼的孩子。"被分散"的亲子关系会给长子女造成一定的心理压力。长子女正处于青春期，由于身心发育的迅速变化，再加上学业加重，可能会产生焦虑、不安等情绪。对于较高社会经济地位的家庭，随着子女数量的增加，依然能够给予子女较好的物质生活，父母能够主动与子女进行交流和沟通，为子女提供支持和有益的社会交往，关注长子女的心灵世界，满足其心理需求，积极主动地帮助长子女调整心态，主动接纳年幼的同胞，适应同胞的到来，有助于长子女心理品质的发展。

家庭压力模型认为，对于经济状况较差的家庭，父母承受的压力更大，更可能面临不利处境。由于疲于应对压力，他们更容易出现情绪不

① 刘广增等：《家庭社会经济地位对青少年问题行为的影响：父母情感温暖和公正世界信念的链式中介作用》，《心理发展与教育》2020 年第 2 期。

② A. D. Benner, S. Y. Kim, "Understanding Chinese American Adolescents' Developmental Outcomes: Insights from the Family Stress Model", *Journal of Research on Adolescence*, Vol. 20, No. 1, 2010, pp. 1 – 12.

佳或行为失调，导致家庭成员关系紧张，彼此间的冲突加剧。同时，持续的经济压力使得父母在养育子女的过程中出现问题，没有充足的时间与精力关注子女的发展，提供给子女的照顾和支持也会减少，最终影响子女的社会适应能力和身心健康。① 家庭的社会经济地位越低，大龄多孩家庭的父母面临的经济压力越大，父母的年龄又普遍偏大，需要耗费较多的时间和精力应对经济负担，还要面临相关负面生活事件和压力。作为一种消极的家庭环境，父母可能会产生消极心理和行为失调，家庭冲突也会增多；对子女的关注和支持在减少，提供的情感投资相应也会减少。另外父母必须要做出决定，如何用有限的资源去满足子女的需求。根据资源稀释理论，随着子女数量的增加，子女得到的家庭资源就会减少。当父母对子女表现出差别对待时，子女间资源争夺导致的“同胞隔阂”愈加明显。即使父母公平地对待每一个子女，不利的生活处境使长子女仍然会觉得父母有所偏爱，甚至认为自己遭遇了不公正的对待。而对于家庭中年龄较大、心智发展相对成熟的长子女，因为同胞的出现，他们可能较为担心财产分割和继承问题。② 未来他们还将面临就业、住房、婚嫁等一系列压力，长子女因为享有较长时间的独生子女身份，产生的依赖惯性使得他们仍然对原生家庭会有高度的物质依赖性，尤其在结婚、生育、抚育子女等方面，还是需要得到父母一如既往的物质支持与帮助。另外，近年来子女对父母的财产继承也在逐渐强化。③ 随着社会生存压力的增加，个体的生存环境也受到了挤压，同胞的出现导致长子女不能再独占家庭的物质资源。家庭的社会经济地位越低意味着长子女的成长环境越差，所享有的物质资源越少。这直接影响了长子女对未来生活的预期和发展。对于长子女来说，不管是实际操作还是在情感上，

① A. S. Masarik, R. D. Conger, “Stress and Child Development: A Review of the Family Stress Model”, *Current Opinion in Psychology*, Vol. 13, 2017, pp. 85 – 90.

② 陆杰华、韦晓丹：《“全面两孩”政策下大龄二孩家庭亲子/同胞关系的调适机理探究》，《河北学刊》2017 年第 6 期。

③ 陆杰华、韦晓丹：《“全面两孩”政策下大龄二孩家庭亲子/同胞关系的调适机理探究》，《河北学刊》2017 年第 6 期。

都难以接受同胞的到来，导致同胞之间产生隔阂。

二 父母的婚姻质量与同胞关系

“夫妻和，家道兴。”父母婚姻质量关系到整个家庭的团结与稳定，是影响子女年成长的核心因素。根据社会学习理论，子女在日常生活中接触最多的亲密关系便是父母的婚姻关系，父母解决婚姻冲突的方法对子女处理同胞关系有着直接的影响。[①] 子女不会简单机械地去观察父母的行为方式，而是有选择性地去学习和感知。子女通过观察父母的言行及其后果而习得有关人际交往的技巧和处理同胞冲突的策略，同胞间的亲密关系是子女以父母为榜样进行学习的结果。当父母的婚姻关系良好时，子女处于安全、和睦的家庭氛围中。在兄弟姐妹交往过程中，父母身体力行地发挥着更好的榜样示范作用，给予子女积极的指导。如果父母双方在其相处过程中经常争吵、互不退让，其子女在最初的“学校”——家庭中未学到良好的人际交往方式，他们在和同胞的互动中便不能获得一个良好同胞关系的开端。同胞之间的相处方式一方面是从父母互动过程中习得的，另一方面也从父母对子女的反应回馈中得以修正或加强。当子女之间发生矛盾时，如果父母认可了错误一方的做法，或者选择直接视而不见，就会强化子女的错误行为，使同胞之间的关系出现“裂痕”。[②]

在大龄多孩家庭中，同胞之间的年龄间隔较大。当长子女进入初中、高中学习时，同胞还处于幼儿阶段，他们相互接触和共同生活的时间不长，缺乏经常直接互动的条件，阻碍了同胞亲密关系的形成。由于同胞年幼，处于中年时期的父母承受较大的养育压力，将更多的时间和精力给予了他们，与长子女相处的时间逐渐减少。面对父母“情感的稀释”，

---

① 陈斌斌等：《手足之情：同胞关系的类型、影响因素及对儿童发展的作用机制》，《心理科学进展》2017 年第 12 期。

② 刘小峰、刘庆、徐欢腾：《教育成长过程中的家庭同胞关系》，《青年研究》2020 年第 4 期。

长子女产生诸多的心理压力，可能会将年幼的同胞看成“抢夺者”的角色，在认知和情感上难以适应同胞的出现。长子女与同胞尽管属于同一代人，但是年龄差距较大，他们的认知能力、社会化程度不同，在价值观念、语言习惯、生活方式等方面呈现出明显的差异与隔阂。由于同胞年幼需要得到父母更多的照顾，当父母的注意力更多指向同胞时，长子女也很少产生嫉妒的情绪。即使他们从心理上可能抗拒同胞，也不会出现过激行为。当兄弟姐妹之间出现了矛盾冲突，他们模仿父母解决问题的方法，以和谐的沟通方式应对同胞互动中出现的分歧、冲突。不良的婚姻关系总是伴随着紧张的家庭氛围，较差的婚姻环境给长子女造成了较大的心理压力，对其社会适应带来负面影响，使其容易产生外化问题。他们目睹了父母之间的各种矛盾，也习得了应对冲突的方法并用于和同胞的相处中。破坏性的婚姻冲突对长子女来说是一项压力事件，威胁到了长子女的情绪安全感。消极情感和不安全感随之增加，影响他们的情绪表达，因此他们变得焦虑、不安、失落等。父母不良的婚姻状态对同胞间的亲密性带来了消极影响。长子女会对矛盾冲突进行不恰当的归因，强化了自身的错误认知，学习到攻击行为以解决矛盾和冲突。在与同胞的互动中可能采取排斥、疏离、拒绝的态度，出现各种适应问题，当遇到矛盾时甚至会对同胞采取攻击行为，引起同胞关系的紧张和疏离，加剧了同胞间的隔阂。

根据家庭系统理论，家庭系统包括很多子系统，家庭系统根据已经建立的规则运行。家庭成员之间相互作用、相互影响，家庭系统中夫妻关系子系统、亲子关系子系统均对同胞关系产生重要影响。父母良好的婚姻关系能相互提供支持，父母的情绪稳定会“外溢”到亲子关系子系统中，对长子女给予更多温暖与引导，对长子女的需求更敏锐，使亲子之间产生安全的依恋关系，能减少长子女各种不适的心理症状，从而使其达到积极的心理适应，容易对同胞给予较多的接纳、包容和支持。而不和谐的婚姻关系总是伴随着紧张的情绪氛围，父母更为关注彼此之间的争吵和情绪化行为。消极的情绪影响到与子女的互动，使其产生更多的压力。当父母对长子女需求的敏感性降低时，他们无法获得父母更多的支持，破坏了亲子交往的正常模式，情绪安全感受到威胁，影响了自身的情绪表达和调节，容易产生问题行为。在与同胞的交往中，长子女可能对同胞产生嫉妒、竞争心理，或者迁怒于同胞，表现出拒绝甚至暴力行为。婚姻关系具有一种正向的迁移效应。夫妻关系与整个家庭情绪氛围密切相关，影响了与子女的互动及其同胞关系。良好的婚姻关系能形成和谐的家庭氛围，提高了长子女的情绪表达和调节能力，提升了他们的情绪安全感，有助于他们形成亲密的同胞关系。另外，和谐的婚姻关系促成了积极的亲子互动，在与长子女的互动中直接表达对他们的赞赏和喜爱。这无疑会促进长子女对同胞的适应，与同胞建立积极的情感。因此，良好的婚姻关系不仅有益于父母自身，对子女的心理适应也具有增益作用，有助于建立积极的同胞关系。

三 父母的差别对待与同胞关系

父母的差别对待体现着父母与子女之间的关系。父母对待子女的方式存在差异，子女面临的教养环境也不可能完全相同。[①] 根据社会比较理论，同胞之间在生活待遇上的差别会导致比较心理和嫉妒心理的产生。同胞的亲密程度低，会对同胞关系产生消极影响。从分配资源的角度而言，父母提供的资源分配不均，差别对待明显，和同胞进行比较后产生了相对剥夺状态，使得竞争加剧，导致彼此冲突甚至产生攻击行为。但是，父母差别对待不一定都会导致同胞关系向消极方向发展。有研究发现，父母对子女采取了不对等的态度与方式，但是子女并不认为父母差异化的养育方式是不公平的。[②] 根据子女的年龄差距采取差别对待的方式

① R. Jeannin, K. Van Leeuwen, "Associations between Direct and Indirect Perceptions of Parental Differential Treatment and Child Socio-Emotional Adaptation", *Journal of Child and Family Studies*, Vol. 24, No. 6, 2015, pp. 1838 – 1855.

② A. Kowal, L. Kramer, "Children's Understanding of Parental Differential Treatment", *Child Development*, Vol. 68, No. 1, 1997, pp. 113 – 126.

能提升相互之间的亲密度，减少敌意与冲突。由于子女处于不同的年龄阶段，他们的发育特征不同，父母为适应这些特征采取差别对待的方式。这可以代表公平的待遇，也满足了子女不同的发展需求，有助于促进同胞间的亲密与温暖。

研究发现，对于处于不同年龄阶段的子女，父母采取差别对待的方式，有利于同胞间建立亲密的情感。大龄多孩家庭中，长子女与同胞的年龄间隔较大。当同胞还处于儿童阶段时，长子女已进入青少年时期，这一时期又被称为“心理断乳期”。随着个体生理和心理的加速发展、学业的加重，他们在成长过程中面临着情绪的两极化、心理适应问题，还会表现出特殊的行为。他们与父母的交往模式发生转变，亲子关系发生了明显的变化，从依赖和遵从转变为分离与依恋，但是在培养长子女社会情绪发展中父母依然有重要的影响。根据卫星理论，儿童时期子女犹如卫星，围着父母、家庭而绕行；进入青少年阶段，个体的独立意识逐步增强，与同伴的交往日益增多，开始与父母保持距离，亲子之间呈现“脱卫星化”状态，这一时期的主要发展任务是重新卫星化、尝试获得地位和进行探索任务。[①] 一方面，长子女的独立意识逐渐增强，积极地追求个体的自主性；另一方面，又特别希望得到父母的理解和认同，父母依然是长子女成长中的支持者。父母采取差别对待的方式，有助于长子女从“卫星化”过渡到“脱卫星化”，促进长子女自主性的发展。父母与长子女建立的亲密关系会泛化到和同胞的交往中，提高对同胞的接纳与适应，减少抵触、排斥情绪，促使同胞关系的积极发展。

从社会化的角度来看，同胞的出现也为长子女的发展提供了一种积极的环境。在与同胞的互动过程中，长子女可以学习在原本独生子女条件下无法习得的角色规范，他们会去学习“兄姐”的角色规范和角色行为。父母的差别对待能培养不同年龄段子女的综合能力，让长子女懂得

① 吴旻、刘争光、梁丽婵：《亲子关系对儿童青少年心理发展的影响》，《北京师范大学学报》（社会科学版）2016 年第 5 期。

谦让、分享、承担与责任，有利于培养其宽容、平和的品性，增进同胞间的温暖。父母在养育时间、物质投入、情感投入、养育精力等方面的差别对待，可以帮助长子女认识到自身与同胞在社会化方面存在的较大差异，促使长子女摆正自己和同胞的位置，去理解这种“被分散”的亲子关系，体谅父母在亲子关系方面的某些“不公平”，接纳这种本质一样却有差异的亲子关系，学会去适应被父母暂时疏忽，对父母的行为方式表示理解和认同。[①] 另外，在集体主义文化中，父母有意识地采取差别对待的方式，在文化上是可以接受的。子女因在性别、年龄、个性、行为和需求上的不同而被赋予了不同的角色和期望，父母的差别对待有助于同胞关系的发展。

四 父母的教养方式与同胞关系

从社会惯例来看，当第一个子女进入青少年时，父母大概步入中年，他们可能会遭遇中年危机。父母的中年危机和子女青春期的相遇，会对亲子互动和同胞互动带来一定的影响。父母对子女教养感到困惑，在教养过程中也面临诸多挑战。父母不同的教养方式为子女社会化提供了不同背景，情感温暖型是指父母对子女的关心与爱护，合理提出要求并及时回应；过度保护型是指父母对子女过度的偏袒和爱护，对子女做出回应但没有提出要求；拒绝型是指父母对子女不闻不问，既不提任何要求也没有回应。情感温暖的教养方式将子女置于和父母平等的情境下进行互动，给予他们情感上的鼓励和肯定，教给子女与他人沟通的方法，懂得和他人分享合作的重要性，有助于提升其责任感和社会适应能力，同时父母也会提出合理的要求。在这种教养方式下，子女会学习与同胞和谐相处的技巧。而在拒绝、过度保护的教养方式下，子女不懂得与同胞分享与协作，缺少父母悉心的指导，甚至会出现攻击行为，这都不利于

① 风笑天：《“单独二孩”生育政策对年轻家庭亲子社会化的影响》，《东南大学学报》（哲学社会科学版）2015 年第 4 期。

其与同胞交往。

父母的关爱是子女稳定的情感支持来源，在他们的生活情境中，父母是其互动最频繁的重要他人。子女会根据父母的教养方式形成自我评价。父母的关心与爱护往往伴随着对子女的陪伴和鼓励，能促进子女的自我发展，使其对自我的认同和肯定不断增强，从而建立良好的人际关系。[①] 在大龄多孩家庭中，长子女正处于青少年时期，父母的教养方式对他们的社会化过程有着重要的作用，会强有力地影响着他们与同胞的交往。父母情感温暖型的教养方式使长子女得到父母的关注、理解与支持，这种积极的情感联结会泛化到与同胞的交往中，对同胞产生积极的认知、行为和情感，使其愿意参与到同胞的生活中，悉心照料同胞，减少对同胞的排斥，提升其适应性，增强其社会化的能力，有助于形成亲密与温暖的同胞关系。在多孩家庭中，父母可能会存在差别对待，对年幼的子女投入了较多的时间和精力，给予物质与情感支持，而往往要求年长的子女，凡事要谦让年幼的同胞，这无疑会增加头胎子女的消极情绪。[②] 情感温暖型的教养方式通过言语、行为榜样等方式，塑造和影响长子女的认知发展、情绪管理和行为调适。父母的理解、鼓励与支持为长子女提供了安全的基础，让他们处于良好的家庭氛围中，理解变化了的亲子关系，体会到父母的温情，在与同胞的互动中逐步学会爱护、承担与责任，为他们的心理适应带来积极的推动作用。

另外，一个值得注意的现象是，父亲的教养方式在同胞关系中发挥着重要作用。已有研究主要聚焦于母亲的教养方式对同胞关系的影响，而关于父亲教养方式的研究比较少。[③] 父亲对子女的教养不仅受到外部因

① 徐夫真：《父母教养与听障青少年疏离感的关系：有调节的中介效应》，《山东师范大学学报》（人文社会科学版）2018 年第 5 期。

② M. E. Feinberg, A. R. Solmeyer, S. M. McHale, "The Third Rail of Family Systems: Sibling Relationships, Mental and Behavioral Health, and Preventive Intervention in Childhood and Adolescence", *Clinical Child and Family Psychology Review*, Vol. 15, No. 1, 2012, pp. 43 – 57.

③ 陈斌斌等：《手足之情：同胞关系的类型、影响因素及对儿童发展的作用机制》，《心理科学进展》2017 年第 12 期。

素的影响，还和家庭的生态密切相关。在今天，乡土社会的生育制度已经发生了巨大变化，原本的抚育行为嵌于家庭环境之下，而在现代抚育体制下，抚育行为已经脱嵌并进行了重组。随着家庭抚育伦理发生变化，抚育关系由双边抚育（母亲—子女）转变为多边抚育（母亲—父亲—子女），对子女的抚育与教养不再仅限于母亲，这也是父职的一个重要维度。抚育工作涉及父母参与育儿的分工与协作，这不仅关乎夫妻关系，更关系到家庭的维系。家庭生活是一个整体性的互动过程，包括资源的整合和情感的共融。“父爱如山，母爱如水。”在家庭生活中父亲与母亲扮演着不同角色，父亲的地位是无可替代的，父亲提供了有别于母亲的独特经历，而且父亲的影响是全面而持久的。

父亲情感温暖型的教养方式是一种积极的家庭资源，父亲是家庭中“权威”的象征，参与到子女的生活和学习中，加强了与他们的交流互动，会平衡其人格构成，增强其信任感和责任感，体验到男性力量，还可以缓和母子关系，创造积极的家庭情绪氛围，以帮助子女社会化，使其提高认知能力和自信，学会对自己的行为负责，提升他们的日后发展能力。在大龄多孩家庭中，长子女处于青少年时期，身心的急剧发展，可能会遇到心理适应问题，这就要求父亲发挥更大的作用以增强其适应能力。“养不教，父之过。”父亲的缺位会产生“父爱缺乏症”，子女不善于人际交往，责任心较差，遇到问题时感到焦虑、担忧等，甚至出现反社会行为。父亲参与子女成长，承担对子女的养育，这是浓浓的父爱，也体现了夫妻之间的关心与分担。父亲情感温暖型的教养方式带给长子女的是一种深刻的情感体验，父亲成为长子女生活中的“重要他人”，更好地推动了长子女的成长。既对提升其适应力有积极的影响，又能帮助其发挥潜能。因父母的再次生育，长子女所处的家庭环境发生了重要变化，面对同胞的到来，长子女会出现不同程度的心理冲击和不适应。不管是否愿意，都要扮演“哥哥/姐姐”甚至是“家长”的角色。这无论是在认知、情绪还是行为上，都需要经历一个适应的过程。父亲的情感表露以及与长子女的积极互动，为长子女承担自己角色的责任树立了榜样，给予长子女积极的回应和充分的理解。他们能从这种亲密的情感联结中汲取心理能量，稳定情绪，感受到父亲的关心、重视与支持，生活中觉得自己更有价值感，接受父亲的指导与建议。这给长子女一种心理安全感，能减轻长子女的焦虑，形成良好的心态，增强心理调适能力，提升自我效能感，① 有助于同胞间更亲密与温暖，减少“同胞隔阂”。

本研究无意把父职与母职两者对立，父亲的积极参与并不表示母亲对子女的投入减少，而且母亲也不一定愿意和父亲共享教养子女的过程，特别是当有祖辈参与其中时，父职还远不能和母职匹敌。基于家庭伦理，父职这一角色依然在很大程度上沿袭着父辈的足迹，不会轻易发生改变。在传统和现代的双重影响下，父亲怎样参与对子女的教养，既是个人的、当下的目标，也是群体的、社会的和历史的议题。②

第四节　结论

家庭是情感交融和情绪体验最深刻的场域，是塑造自我的重要力量，对个体的发展影响深远。家庭子系统之间相互依存、相互作用，这种有机联结使得家庭各组成部分相互影响和渗透，其中任何一个组成部分变化都会给家庭带来变动。本章以家庭系统理论为基础，采用多元线性回归模型，分析同胞结构因素、家庭社会经济地位、夫妻关系子系统、亲子关系子系统对同胞关系的影响。主要研究结论如下。

在同胞结构因素方面，相比男生，女生更易于和同胞建立亲密的关系；在同胞性别组合中，姐妹、姐弟性别组合对同胞亲密具有显著的正向影响，对“同胞隔阂”具有显著的负向影响；年龄差对同胞亲密具有显著的负向影响，对“同胞隔阂”具有显著的正向影响；长子女的共情

① W. V. Fabricius, “Listening to Children of Divorce: New Findings That Diverge from Wallerstein, Lewis, and Blakeslee”, *Family Relations*, Vol. 52, No. 4, 2003, pp. 385 – 396.

② 王雨磊：《父职的脱嵌与再嵌：现代社会中的抚育关系与家庭伦理》，《中国青年研究》2020 年第 3 期。

能力对同胞亲密有显著促进作用，可以减少“同胞隔阂”。在家庭因素方面，家庭社会经济地位对同胞亲密具有显著的正向影响，家庭社会经济地位越高，家庭内部的同胞关系越融洽，有助于减少同胞间的冲突与竞争。家庭是子女的首属群体，从婴儿出生到青少年成长期间，父母对子女的影响在广度上几乎涵盖了初级社会化的全部内容。子女在成长的过程中，对父母之间的交流方式、相处模式耳濡目染，最终通过观察模仿习得一套行为方式，并作用于与自己关系最亲密的兄弟姐妹。良好的婚姻关系对同胞间建立亲密的情感、减少竞争与冲突具有显著的促进作用。父母对子女采取差别对待的方式，有助于同胞间建立亲密与温暖的关系，消除“同胞隔阂”。

父母教养方式承载着父母的教育和抚养观念，表达和传递了父母对子女的情感，其实质反映的是亲子之间的交往。父母的教养方式对同胞关系有着显著的影响，情感温暖型的教养方式对同胞关系有益，父母的过度保护与拒绝则不利于个体的身心发展，增加了同胞间的隔阂。无论是在父亲还是母亲的教养方式分量表中，情感温暖与同胞亲密呈显著正相关关系。在日常生活中，父母的教养行为给予了子女充分的理解、鼓励、帮助与支持，传递和表达了他们对子女的积极情感。当子女遇到困境时，父母总是会主动地与之交流沟通，不断地鼓励和认可，及时提供帮助和支持，同时尊重子女的意愿。尤其让处于青少年阶段的长子女感受到被尊重、被理解，在潜移默化中长子女习得了与他人交往的行为方式，较好地去考虑和理解他人的想法和需求，不会过分地苛求他人，在与他人的交往中表现出较多的亲社会行为。在和同胞交往时，长子女不会完全以自我为中心，会主动地接纳他们，表达对他们的关心，对他们给予较多的陪伴、支持与帮助，从而得到同胞的欢迎。而父母过度保护子女，使得子女丧失了自主性，没有得到充分的理解和尊重，与他人接触和分享的机会减少，交往沟通与协调能力较差。在与同胞的互动中，长子女不懂得如何理解同胞，容易以自我为中心，表现出对同胞的排斥、疏离，甚至产生攻击行为，这些都不利于同胞关系的发展。

另外值得注意的是，在参与子女的抚育过程中，高水平的父亲在位、主动的情感表达有助于子女的发展。作为子女成长发展中的重要他人，父亲为子女成长提供了重要的物质和精神支持，能帮助他们更好地应对成长过程中的风险。尤其对于正值青春期的长子女来说，自我意识不断觉醒，他们既渴望独立自主，又会对家庭产生依赖，行走在幼稚与成熟之间。父亲是引导子女探索外部世界、观察现实世界的关键人物，在其自我发展中起到了榜样的作用。长子女处于人生观和价值观形成的关键时期，会面临着自我与外部的矛盾和冲突，同胞的到来容易使他们产生迷茫和困惑。在与长子女的互动中以平等互惠的方式建立亲子关系，父亲主动关注他们的成长，给予积极的指导，尊重他们的个性，满足他们的情感需求，与长子女的情感互动使其产生共鸣；父亲将榜样示范带入生活情境中，帮助长子女深刻理解榜样，使长子女主动效仿并应用于与同胞的交往中，更好地扮演自己作为“兄姐”的榜样角色，有助于同胞关系的发展。

在后独生子女时代，越来越多的儿童和青少年将会迎来自己的手足同胞，无数的家庭因此发生改变，抚育孩子对新一代的父母来说是“摸着石头过河”。家庭是个人成长发展重要的初级群体，一个理想的家庭应是父母经营好当下的家庭生活，成为更好的父母；抚养与教育好孩子，让同胞之间互帮互助，相互关爱与支持。但是在大龄多孩家庭中，孩子之间存在着较大的年龄间隔，缺少了互动的时间与空间，感情基础有待加强，长子女与同胞产生了交往的隔阂和生疏。父母要做孩子的榜样，尊重其成长规律，循循善诱，用情感温暖的教养方式有意识地营造互助友爱的家庭氛围，浇灌和润泽他们的心灵；针对孩子的年龄间隔，父母采取差别对待的方式，有助于促进同胞间的亲密与温暖，减少“同胞隔阂”；建立亲密的亲子关系，让孩子在家庭中被浸润与感化，体会到爱与温情，更愿意融入与同胞的交往中，为自己是家庭的一分子而感到骄傲，有助于其建立亲密的同胞关系。

第七章

同胞关系对青少年亲社会行为的影响

2019 年，一部名为《都挺好》的家庭剧引发了网络热议。在这部剧中，苏家隐忍的大哥明哲、无能的老二明成、独立的幺妹明玉与丧妻后的“作精”苏大强一起相处。既反映了原生家庭中家庭教育对子女的深远影响，也从一个侧面反映了家庭中同胞关系的复杂。成为女强人的明玉和大哥虽然关系较好，但已阔别十年，早已疏远；打小和二哥针锋相对，二哥在母亲还在世时更是恃宠而骄，兄妹关系不断恶化……网络上关于兄弟姐妹关系的话题也广受讨论，知乎上与“兄弟姐妹”有关的话题，截至 2021 年 4 月已有 4.3 万次讨论，豆瓣总计超过 300 万次浏览量，微博话题则有 2 亿以上的阅读量。这说明同胞关系受到了一定的关注，个体成长与家庭关系密不可分。在青少年成长过程中，同胞关系是家庭系统中重要的结构性因素，作为个体最持久的人际关系之一，不仅影响着青少年的情绪表达、社会性发展、人际关系和社会行为，也对整个家庭的未来发展产生了重要影响。

亲社会行为是指个体在社会交往中自愿做出的一切有益于他人和社会的积极行为，包括助人、合作、分享、谦让、关怀、照顾等。[①] 亲社会行为强调个体利他行为的表现和产生的动机，具有重要的社会价值。对

① G. Carlo, B. A. Randall, “The Development of a Measure of Prosocial Behaviors for Late Adolescents”, *Journal of Youth and Adolescence*, Vol. 31, No. 1, 2002, pp. 31 – 44.

于身心急剧变化的青少年，其开始摆脱对父母的依赖逐渐走向成熟，心理水平呈现成熟感与幼稚感并存的特点，同时亲社会行为发展处于转折阶段。亲社会行为是青少年道德教育的组成部分，对其心理发展和人际交往具有重要作用。青少年越表现出较多的亲社会行为，他们的心理健康状况就越好，拥有较多积极的情绪表达、较好的人际信任和良好的社会适应性。他们的亲社会行为还有益于人际关系的发展，使他们感知到较多的社会支持，以帮助应对个体的焦虑、抑郁等消极情绪。①

已有文献证实了积极的同胞关系有助于促进青少年的亲社会行为，而消极的同胞关系则使他们表现出较少的亲社会行为。② 同胞是个体生活中重要的陪伴者，他们会通过观察从而模仿同胞的行为，同胞关系对个体的认知、情绪情感和社会性的发展产生重要影响。同胞间的亲密与温暖提供了一种良好的成长环境，有利于其自我的发展，提升了其情绪理解能力和社会适应能力，使其产生较多的亲社会行为。同胞间的竞争与冲突可能使个体的认知产生偏差，加剧了对同胞的敌意归因，影响了其情绪理解能力和社会适应能力的发展，对其心理健康带来消极影响，增加了其内化和外化问题行为。③

道德推脱是对青少年的亲社会行为产生影响的又一重要因素。已有实证研究表明，青少年的道德推脱与亲社会行为呈显著的负相关关系。④ 大多

---

① E. A. Storch, "The Relationship of Peer Victimization to Social Anxiety and Loneliness in Adolescence", *Child Study Journal*, Vol. 33, No. 1, 2003, pp. 1 – 18.

② C. J. Tucker, D. Finkelhor, A. M. Shattuck, "Prevalence and Correlates of Sibling Victimization Types", *Child Abuse & Neglect*, Vol. 37, No. 4, 2013, pp. 213 – 223; D. Yucel, A. V. Yuan, "Do Siblings Matter? The Effect of Siblings on Socio-Emotional Development and Educational Aspirations among Early Adolescents", *Child Indicators Research*, Vol. 8, No. 3, 2015, pp. 671 – 697.

③ J. Y. Kim et al., "Longitudinal Course and Family Correlates of Sibling Relationships from Childhood through Adolescence", *Child Development*, Vol. 77, No. 6, 2006, pp. 1746 – 1761.

④ K. Hodge, C. Lonsdale, "Prosocial and Antisocial Behavior in Sport: The Role of Coaching Style, Autonomous vs. Controlled Motivation, and Moral Disengagement", *Journal of Sport Exercise Psychology*, Vol. 33, No. 4, 2011, pp. 527 – 547; 安连超等:《共情对大学生亲社会行为的影响：道德推脱和内疚的多重中介作用》,《心理学探新》2018 年第 4 期; 刘珊、石人炳:《青少年道德推脱与亲社会行为》,《青年研究》2017 年第 5 期。

数人在通常情况下都建立了自身的道德准则，使个体行为符合内部的道德标准，进而表现出更多的亲社会行为。① 而道德推脱使个体行为摆脱道德准则，减轻自责与内疚感，尽可能减少或免于承担责任。当处于亲社会情境时，高道德推脱者会寻找各种借口进行道德推脱，进而表现更少的亲社会行为。② 另外，道德推脱可能发挥着中介作用。A. Bandura 等指出，青少年在与同伴的互动中逐步形成了道德推脱。③ M. Paciello 等认为与一般青少年相比，未成年犯所结交的同伴的道德推脱水平更高。④ C. S. Caravita 等在一项追踪研究中发现，同伴关系与青少年的道德推脱具有显著的负相关关系。⑤ 李瑞丽通过对青少年同伴关系与攻击行为的调查发现，同伴接纳对攻击行为具有显著的负向影响，同伴排斥对攻击行为具有显著的正向影响，而且道德推脱发挥着中介作用。⑥ 同胞是青少年日常生活中重要的社会交往对象，由此推测同胞关系可能会影响青少年的道德推脱水平。

共情是一种设身处地地站在他人的角度去理解和感受他人情绪的能力。有研究证实了共情有助于增加个体的亲社会行为。共情能力越高的个体，越能关注他人的需要和感受，通过想象把自己处于他人的境遇去思考和行动，能够更容易察觉和体会他人的感受，更好地理解这些感受的含义，激发个体的利他动机，给予他人以支持与帮助，产生亲社会行为。⑦ 也有研究发现共情并不会对亲社会行为产生直接影响，将共情作为

---

① 丁凤琴、陆朝晖：《共情与亲社会行为关系的元分析》，《心理科学进展》2016 年第 8 期。

② A. Bandura, "Selective Moral Disengagement in the Exercise of Moral Agency", *Journal of Moral Education*, Vol. 31, No. 2, 2002, pp. 101 – 119.

③ A. Bandura et al., "Mechanisms of Moral Disengagement in the Exercise of Moral Agency", *Journal of Personality and Social Psychology*, Vol. 71, No. 2, 1996, pp. 364 – 374.

④ M. Paciello et al., "Stability and Change of Moral Disengagement and Its Impact on Aggression and Violence in Late Adolescence", *Child Development*, Vol. 79, No. 5, 2008, pp. 1288 – 1309.

⑤ C. S. Caravita et al., "Peer Influences on Moral Disengagement in Late Childhood and Early Adolescence", *Journal of Youth and Adolescence*, Vol. 43, No. 2, 2014, pp. 193 – 207.

⑥ 李瑞丽：《同伴关系对攻击行为的影响：道德推脱的中介作用》，硕士学位论文，山西大学，2017 年。

⑦ 王文超、伍新春：《共情对灾后青少年亲社会行为的影响：感恩、社会支持和创伤后成长的中介作用》，《心理学报》2020 年第 3 期。

调节变量。[①] 关于两者关系的研究结论不一致，可能是由于研究工具的不同，但研究者都一致认为共情是引发个体亲社会行为的内在动机。

综上，已有对同胞关系影响亲社会行为的研究主要是在西方背景下展开，而且大多数分析的是同胞关系对亲社会行为总体的影响，对具体影响机制的探讨相对不足。本章拟对同胞关系与青少年的亲社会行为两者的关系进行考察，分析同胞关系、共情与道德推脱对亲社会行为发展的具体作用机制，拓展对同胞关系问题的理解视角，进一步丰富有关同胞关系的研究，促使同胞关系研究向精细化方向发展。

第一节　变量测量与分析方法

一　变量测量

（一）因变量

因变量是青少年的亲社会行为。亲社会行为是一个内涵丰富的概念，对其测量应是立体的，根据不同的目标群体，可以分为不同类型。[②] 借鉴已有研究，本章采用亲社会行为量表测量在不同情境下青少年的亲社会行为。量表分为诚实互惠型、慈善利他型、情感体贴型、关系分享型、生人援助型 5 个维度，采用 Likert 5 点量表法赋值，分别计算每个维度的得分，所有题目加总求和得到亲社会行为总分。量表的 Cronbach's α 系数为 0.851。

（二）主要自变量

同胞关系：与第四章相同，分为同胞亲密、同胞冲突、同胞竞争、同胞距离 4 个维度。在相关分析和回归分析中，将同胞冲突、同胞竞争、同胞距离 3 个维度进行反向计分，并与同胞亲密维度的得分相加，分数越高说明同胞关系越好。

---

① C. J Einolf, "Empathic Concern and Prosocial Behaviors: A Test of Experimental Results Using Survey Data", *Social Science Research*, Vol. 37, No. 4, 2008, pp. 1267 - 1279.

② 寇彧、张庆鹏：《青少年亲社会行为的概念表征研究》，《社会学研究》2006 年第 5 期。

（三）中介变量与调节变量

道德推脱：依据王兴超和杨继平修订的中文版道德推脱量表进行测量，包括道德辩护、有利比较、委婉标签、责任转移、责任扩散、责备归因、非人性化、扭曲结果 8 个维度。用 Likert 5 点量表法赋值，分别计算每个维度的得分，所有题目得分加总求和得到了道德推脱的总分。量表的 Cronbach's α 系数为 0.829。

共情：采用吴静吉和詹志禹修订的人际反应指针量表（IRI）来测量，分为观点采择、想象、共情关注、个人忧伤 4 个维度。采用 Likert 5 点量表法赋值，反向题则使用相反计分法。分别计算每个维度的得分，所有题目得分加总求和得到了共情能力的总分，分数越高说明共情能力越强。量表的 Cronbach's α 系数为 0.804。

（四）控制变量

本章的控制变量是青少年及其同胞的性别、年龄。

二　分析方法

（一）中介效应

在检验同胞关系、道德推脱对亲社会行为之间关系的中介效应时，本章采用温忠麟提出的三步中介效应检验方式，分别构建三个回归模型，设定中介效应模型如下：

$$Y_i = \alpha + \beta X_i + \gamma Z_i + \mu_i \tag{7-1}$$

$$M_i = \alpha + \beta X_i + \gamma Z_i + \mu_i \tag{7-2}$$

$$Y_i = \alpha + \beta X_i + \psi M_i + \gamma Z_i + \mu_i \tag{7-3}$$

式（7-1）—式（7-3）中，Y_i 为亲社会行为，X_i 表示同胞关系，M_i 表示道德推脱，Z_i 是所纳入的其他控制变量，α 为常数项，β、γ、ψ 为对应的回归系数，μ_i 为误差项。

（二）调节效应

在检验共情能力在同胞关系与亲社会行为之间的调节作用时，设定的模型为：

$$Y_i = \alpha = \beta X_i + \gamma U_k X_i + \mu_i \qquad (7-4)$$

式（7-4）中，Y_i 为亲社会行为，X_i 表示影响因素，β 为待估参数，U_k是调节变量共情能力，γ 为调节变量的待估参数，μ_i 为误差项。

第二节 研究结果

一 青少年的同胞关系

现实生活中的同胞关系类型在“亲密—隔阂”之间左右运动。本章首先对同胞关系的四个维度进行了描述性分析，由表7－1可以看出，同胞亲密的均值为3.39，高于5点计分的中间值3；同胞冲突的均值为3.28，高于5点计分的中间值3；同胞竞争的均值为3.14，略高于5点计分的中间值3；同胞距离的均值为4.29，高于5点计分的中间值3。可见，同胞是重要的陪伴者，给予对方照顾和支持；同时，同胞虽是同一代人，但由于年龄间隔较大，会带来心理适应障碍和个人继续社会化的时代差异，彼此之间产生了矛盾和冲突。换言之，同胞关系的常态和主导趋势是亲密，或至少是偏向亲密；但是，同胞关系在总趋势是亲密的同时，仍然表现出隔阂的一面。同胞关系表现为亲密与隔阂并存，在青少年成长历程中“同胞隔阂”仍然依稀可见。①

表7－1　　　　青少年同胞关系的描述性分析

	同胞亲密	同胞冲突	同胞竞争	同胞距离
X	3.39	3.28	3.14	4.29
S	0.55	0.72	0.43	0.36

① 当然，社会生活中任何亲密关系的个体之间难免都存在个性差异、心理距离和矛盾冲突，兄弟姐妹也不例外。也就是说，人与人之间存在差异和隔阂，这是普遍现象，于手足之情并无独特性。但是，若把比较分析的尺度移至既有的家庭研究传统，在当前后独生子女时代语境下关注家庭内部手足之情的互动关系（尤其是血缘先赋性关系）的隔阂面向，则或具有鲜明的时代问题意识和理论敏感度。

二　青少年的亲社会行为

为了解青少年在各维度亲社会行为的差异，采用描述性统计分析各维度和总体的分布。从表 7 - 2 可知，总体上看亲社会行为的平均分为 3.35，高于 5 点计分的中间值 3，这说明青少年的亲社会行为水平较高。其中，得分最高的是诚实互惠型亲社会行为，青少年继承了诚实守信这一中华民族优秀传统美德。① 其次是关系分享型和情感体贴型，意味着他们希望建立一种积极的社会交往关系。得分最低的是慈善利他型和生人援助型，这说明青少年具有较强的自我意识，帮助陌生人的意愿不强烈，慈善利他型的亲社会行为较少。这是青少年慈善利他型和生人援助型亲社会行为倾向的真实写照，还是问卷中出现的疏漏，需要进一步进行深入探讨。

表 7 - 2　　青少年亲社会行为的描述性分析

	X	S
关系分享型亲社会行为	3.73	0.55
情感体贴型亲社会行为	3.49	0.64
诚实互惠型亲社会行为	4.02	0.78
生人援助型亲社会行为	2.41	0.89
慈善利他型亲社会行为	2.56	0.71
亲社会行为	3.35	0.67

三　青少年的道德推脱水平

对青少年道德推脱的描述性分析可知，道德推脱的总平均分为 2.29，小于 5 点计分的中间值 3，说明总体道德水平较理想。对不道德的行为，

① 刘珊、石人炳：《青少年道德推脱与亲社会行为》，《青年研究》2017 年第 5 期。

青少年并不倾向做解释，进行开脱。其中，道德辩护、责任扩散、委婉标签、责任转移的得分较高，表明青少年主要通过以上4种推脱机制来阐述自己的不道德行为，也就是使用中立语言来重新说明自己的行为，由他人承担责任，或者是列举出他人的过错，让自己完全不用承担责任。有利比较、扭曲结果、非人性化3个维度的分值较低。其中有利比较这个维度的分值最低。这表明对于不道德的行为与更坏的行为，青少年不倾向进行比较，以使自己的行为看上去能够被接受。

表7-3　**青少年道德推脱的描述性分析**

	X	S
道德辩护	2.69	0.46
委婉标签	2.51	0.42
有利比较	1.62	0.39
责任转移	2.48	0.38
责任扩散	2.59	0.47
责备归因	2.34	0.36
非人性化	2.01	0.35
扭曲结果	1.99	0.41
道德推脱	2.29	0.62

四　青少年的共情

由表7-4可知，青少年共情能力的总平均分为3.32，大于5点计分的中间值3，说明他们的共情能力处于中等水平。其中，观点采择、想象、关注这3个维度的平均分高于中间值3，而个人忧伤这个维度的得分最低，低于中间值3，可知他们的观点采择、想象、共情、关注能力较好。另外，认知共情（观点采择、想象）能力要比情感共情（关注、个人忧伤）能力高。这意味着青少年在与他人交往的过程中或当他人出现困难时，能够对他人表现出一定的共情能力，主要是通过认知来理解他人的想法和目的，而在感知和共享情绪情感上还有所不足，有很大的提升空间。

表 7－4　　　　青少年共情能力的描述性分析

	X	S
观点采择	3.52	0.65
想象	3.65	0.43
关注	3.49	0.41
个人忧伤	2.61	0.89
共情	3.32	0.72

五　同胞关系、共情、道德推脱与亲社会行为的相关分析

采用 Pearson 相关分析考察了同胞亲密、“同胞隔阂”、同胞关系、共情、道德推脱与亲社会行为之间的相关性，统计结果如表 7－5 所示。同胞关系、共情与亲社会行为存在显著的正相关关系（$p<0.01$），同胞关系、亲社会行为、共情与道德推脱具有显著的负相关关系（$p<0.01$），同胞关系与共情呈现显著的正相关关系（$p<0.01$）。

表 7－5　　　　各变量的相关分析

	同胞亲密	“同胞隔阂”	同胞关系	亲社会行为	道德推脱	共情
同胞亲密	1					
“同胞隔阂”	-0.41**	1				
同胞关系	0.65**	-0.44**	1			
亲社会行为	0.37**	-0.19**	0.21**	1		
道德推脱	-0.13**	0.15**	-0.26**	-0.22**	1	
共情	0.28**	-0.11**	0.18**	0.31**	-0.22**	1

注：** 表示 $p<0.01$。

六　中介作用

以上相关性分析只是展现出两个变量之间的线性关系，为了更详细、准确地分析同胞关系对亲社会行为的具体影响机制，接下来基于中介效应模型进行探讨。以同胞关系作为自变量，亲社会行为作为因变量，以道德推脱作为中介变量，分别构建3个回归模型，分析结果见表7-6。

表7-6　**道德推脱的中介效应检验**

	模型1	模型2	模型3
	因变量：亲社会行为	因变量：道德推脱	因变量：亲社会行为
性别（男）	0.12**	-0.15**	0.14**
年龄差距	0.05	-0.18**	0.03
性别组合（兄弟）			
姐妹	0.16**	-0.09	0.13**
姐弟	0.14**	-0.07	0.11**
兄妹	0.03	-0.09	0.02
同胞关系	0.28**	-0.26**	0.14**
道德推脱	—	—	-0.12
R^2	0.14	0.12	0.15
F值	21.87	21.49	22.62

注：** 表示 $p<0.01$。

模型1的结果显示，控制性别、年龄差距、性别组合，同胞关系能显著影响亲社会行为；模型2的结果显示，控制性别、年龄差距、性别组合，同胞关系能显著影响道德推脱；模型3的结果显示，以亲社会行为为因变量，控制性别、年龄差距、性别组合，同胞关系、道德推脱均能显著影响亲社会行为。通过依次检验，同胞关系与亲社会行为、同胞关系与道德推脱的回归系数都达到了显著水平。第三步以亲社会行为为因变量，将同胞关系和道德推脱作为自变量同时纳入回归方程，同胞关系对亲社会行为的回归系数绝对值减小，回归效应减弱，说明道德推脱起到了部分中介作用。[①] 至此进入下一步的 Sobel 检验，利用自抽样迭代 500 次，得出 Sobel 检验的 Z 值为 2.731，且通过了 5% 统计水平的显著性检验。这进一步验证了其中介作用，即同胞关系对亲社会行为的作用部分是通过道德推脱实现的。

七　有调节的中介效应模型检验

模型 1 的结果显示，控制性别、年龄差距、性别组合，同胞关系与共情的交互项系数不显著，说明在同胞关系影响亲社会行为的中介效应模型的直接路径中，共情没有发挥调节作用。模型 2 的结果显示，控制性别、年龄差距、性别组合，同胞关系、共情均对道德推脱具有显著的负向影响，而且同胞关系与共情的交互项系数也显著，表明在同胞关系影响亲社会行为的中介效应模型的前半段路径中，共情具有调节作用。模型 3 的结果显示，控制性别、年龄差距、性别组合，道德推脱与共情的交互项系数不显著，这说明在中介效应模型后半段路径中，共情没有发挥调节作用。

表 7－7　有调节的中介效应模型

	模型 1	模型 2	模型 3
	因变量：亲社会行为	因变量：道德推脱	因变量：亲社会行为
性别（男）	0.13**	－0.15**	0.14**
年龄差距	0.09	－0.18**	0.03
性别组合（兄弟）			
姐妹	0.15**	－0.09*	0.13**
姐弟	0.14**	－0.07*	0.11**

① 根据中介效应模型的基本原理可知，将核心解释变量与中介变量均纳入回归模型后，若核心解释变量与中介变量的估计结果都显著，且核心解释变量的回归系数下降，则表明存在“部分中介效应”，即中介变量是核心解释变量影响被解释变量的渠道之一。

续表

	模型1	模型2	模型3
	因变量：亲社会行为	因变量：道德推脱	因变量：亲社会行为
	性别组合（兄弟）		
兄妹	0.02	-0.03	0.02
同胞关系	0.18 **	-0.26 **	0.14 **
共情	0.25 **	-0.15 **	0.24 **
同胞关系×共情	-0.02	0.09 *	-0.004
道德推脱			-0.05
道德推脱×共情			0.003
R^2	0.18	0.13	0.19
F值	31.59	20.85	32.74

注：* 表示 $p<0.05$，** 表示 $p<0.01$。

为了更清楚地分析共情的调节作用，绘制共情对同胞关系与亲社会行为之间关系的调节效应图（见图7-1）。简单斜率检验的结果表明，当青少年的共情能力较低时，同胞关系对道德推脱具有显著负向影响（b = -0.32，

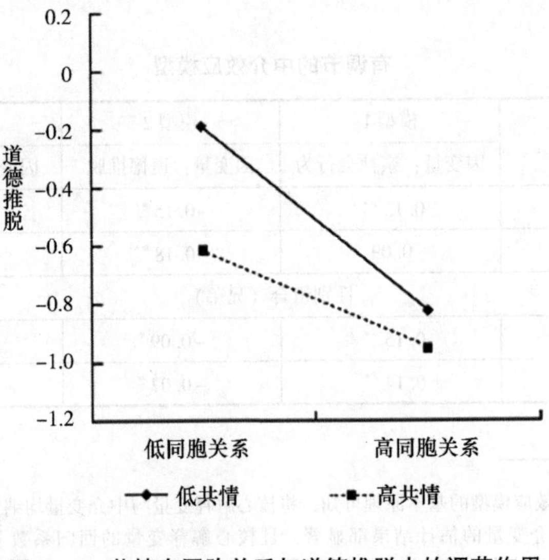

图7-1　共情在同胞关系与道德推脱中的调节作用

$p < 0.001$）；当共情能力较强时，同胞关系的影响显著降低（$b = -0.17$，$p < 0.01$），也就是说同胞关系对低共情青少年道德推脱的影响更大。

第三节　分析与讨论

一　亲社会行为与同胞关系、道德推脱、共情的关系

从同胞关系的两个维度来看，同胞亲密与青少年的亲社会行为呈显著的正相关关系，“同胞隔阂”与亲社会行为呈显著的负相关关系，与J. M. Harper等的研究结论一致。[①] 在大龄多孩家庭中，亲密的同胞关系为青少年提供了分享、情感控制和解决冲突的机会。彼此之间的积极互动能让青少年感受到认可，产生正向的情感，喜欢帮助他人，有较多亲社会行为。同胞关系是个体自我发展的重要基础，与同胞的亲密关系对青少年如何识别、表达和调节各种情绪的能力有显著的积极影响。由于同胞之间对彼此的情感体验非常了解，可以在负面的情绪反应下互相帮助，并能预测他人在特定情况下的情绪反应，以此转移和泛化到其他情境中，增强了对他人的思想和情绪感同身受的能力，因而推动了人际关系的发展，表现出更多的亲社会行为。而“同胞隔阂”会使青少年的社会认知加工产生偏差，同胞间破坏性的冲突加剧了青少年对同胞的敌意归因，不利于其情绪理解能力的发展，对心理健康和社会适应带来消极影响。当青少年在人际互动中产生矛盾冲突时，会利用扭曲的道德观念对自己的错误行为进行合理化解释。因此，道德推脱的作用值得关注。

共情与青少年的亲社会行为存在显著的正相关关系，共情能力越高的青少年展现出的亲社会行为也就越多，这与已有的研究结论一致。[②] 共

① J. M. Harper, L. M. Padilla-Walker, A. C. Jensen, “Do Siblings Matter Independent of Both Parents and Friends? Sympathy as a Mediator between Sibling Relationship Quality and Adolescent Outcomes”, *Journal of Research on Adolescence*, Vol. 26, No. 1, 2016, pp. 101 – 114.

② 丁凤琴、陆朝晖：《共情与亲社会行为关系的元分析》，《心理科学进展》2016年第8期；安连超等：《共情对大学生亲社会行为的影响：道德推脱和内疚的多重中介作用》，《心理学探新》2018年第4期。

情包括认知共情和情绪共情，对于他人的情绪状态，认知共情侧重于理解和判断，情绪共情侧重于感受和体验。共情能力越高的青少年，意味着个体感受和体验他人情绪状态的能力越强，把自己放在他人的角度去思考和行动。通过想象把自己处于他人的境遇，能够更容易察觉和体会他人的感受，更好地理解这些感受的含义，激发个体的利他动机，给予他人以支持与帮助。即共情促使个体更好地判断他人需要和行为，站在他人的角度理解其需要与内心想法，使其展现较多亲社会行为。C. D. Batson 提出共情—利他假说，发现当他人面临困境，受共情能力的影响，个体会出现一种指向他人的情绪反应，包括同情、关心等。共情能力越强，个体就越愿意伸出援助之手帮助他人，促使个体表现出助人的行为。[①] 正所谓"共情在，自私就不会漫无边界"。

道德推脱和青少年的亲社会行为呈显著的负相关关系，和已有研究结论相同。[②] 青少年的道德推脱水平越高，越倾向于采用各种理由拒绝对他人的帮助。道德推脱作为负向的认知倾向，包括重新定义不道德的行为，尽可能减少自己的责任，对他人痛苦难以认同。当个体行为和社会道德标准发生冲突时，道德推脱就发挥着重要作用，即使没有按照道德规范表现出亲社会行为，个体也会找到合适借口，不会产生明显的愧疚感和自责心理。[③] 也就是说，在面临求助情境时，道德推脱水平越高的青少年，难以对他人表现出较多的道德关注，往往通过道德推脱机制寻找更多合理的借口，使自己的行为符合道德规范，不会给予他人支持，从而让自己不受到良心的谴责。因此，在实际生活中要提高青少年的道德认知，加强德育工作，促进其亲社会行为。

---

① C. D. Batson, "Prosocial Motivation: Is It Ever Truly Altruistic?", *Advances in Experimental Social Psychology*, Vol. 20, 1987, pp. 65 – 122.

② 刘裕等：《道德推脱对青少年外部问题行为的影响：有调节的中介效应》，《心理与行为研究》2015 年第 2 期；安连超等：《共情对大学生亲社会行为的影响：道德推脱和内疚的多重中介作用》，《心理学探新》2018 年第 4 期。

③ 王兴超、杨继平：《道德推脱与大学生亲社会行为：道德认同的调节效应》，《心理科学》2013 年第 4 期。

同胞关系与共情呈显著的正相关关系。同胞手足之间关系越好，彼此更愿意分享自己的情绪和情感，会将心中的秘密告诉对方，尝试理解对方的想法、感受。这会促使青少年共情能力的提升。而同胞间的争吵、竞争与对抗等行为可能会使青少年体会到心理距离在不断扩大，同胞之间形成忽视、疏离的氛围，难以体会对方的所思所想，使共情能力更低。同胞关系与道德推脱呈显著的负相关关系。同胞关系质量越好，在彼此的互动中就会有较多的合作、支持与分享行为，以提升自己的道德感，对他人表现出道德关注，使道德推脱水平较低。而同胞间的隔阂越大，矛盾与冲突越多，认为自己都是对的，可能使青少年产生道德推脱，没有正确的道德判断，对自身的不道德行为通过敌意归因或非人性化归因进行合理化，因此道德推脱水平会较高，不会产生自责感。

共情与道德推脱呈显著的负相关关系，这与已有的研究结论相同。① 这是因为青少年的共情能力越高，越能敏锐地觉察和理解他人的需要和情绪情感，站在他人的角度认识和思考问题，容易与他人产生相同的情绪情感，清楚哪些事情符合道德规范，激活个人较高的道德准则，减少对他人造成伤害的动机，道德推脱水平较低。而共情能力较低的青少年难以激发个体较高的道德准则和自我调节的功能，当个人违反道德准则做出不良行为时，更多会为自己的不良行为找理由，以此减少内心的愧疚感。这难以削弱道德推脱，反而提升了道德推脱水平。②

二　道德推脱在同胞关系与亲社会行为关系中的中介作用

中介效应模型表明，一方面，同胞关系会对青少年的亲社会行为有显著的正向影响，即同胞之间的关系越好，青少年可能会表现出更多的

---

① 安连超等：《共情对大学生亲社会行为的影响：道德推脱和内疚的多重中介作用》，《心理学探新》2018 年第 4 期；陈钟奇、刘国雄、王鸾清：《父母教养方式与青少年的道德推脱：共情的中介作用》，《中国特殊教育》2019 年第 2 期。

② 杨继平、杨力、王兴超：《移情、道德推脱对初中生网络过激行为的影响》，《山西大学学报》（哲学社会科学版）2014 年第 4 期。

亲社会行为。同胞关系是青少年成长的一种重要的结构环境，同胞间的亲密与温暖，促使青少年有更多亲社会的行为。由于年龄间隔较大，青少年通过榜样示范或直接指导的方式，向年幼的同胞传授知识和技能；而在教导他们的过程中，来自同胞的社会学习行为也使青少年从中有所收获，其学习能力普遍高于没有这种经验的同伴。在某种程度上，亲密的同胞关系有助于青少年增加自信，增强自尊心，减少其适应问题，促进自我的发展。同胞之间的积极互动与榜样模仿，为青少年学习如何识别、表达和控制各种情绪提供了独特的机会，有助于了解他人情绪情感，提升其情绪调节能力，并能帮助他们在特定的情境下预测他人的情绪反应，展现较多的亲社会行为。

另一方面，道德推脱发挥着部分中介作用。同胞关系除了对青少年的亲社会行为有直接的积极作用，还通过道德推脱对其亲社会行为产生间接作用。个人对自己的不道德行为毫无愧疚感的原因之一，就在于道德推脱。一般而言，个人都会形成自己的道德准则去适时调节自己的行为，使其符合内部的道德行为标准，与道德标准相违背的行为使其个人产生自责与愧疚感，而自责与愧疚感抑制了个体的不良行为，引导其做出更多的亲社会行为。① 同胞关系是对青少年道德推脱水平产生重要影响的家庭环境因素，会潜移默化地影响他们的道德认知和道德行为。良好的同胞关系使得手足之间有更多的支持、合作、分享与认同。处于亲密温暖型同胞关系的青少年，无时无刻不受其影响。它指引着青少年的道德认知，熏陶着他们的情感。这使青少年有明确清晰的道德判断，道德推脱水平较低，对自己的道德要求更高，规范着行为，使自己的行为与道德标准保持一致，易于制止产生与道德规范相违背的认知和行为，促使利他和亲社会行为增加。② 同胞间的亲密与温暖为青少年的认知和行为

---

① 杨继平、王兴超：《道德推脱对青少年攻击行为的影响：有调节的中介效应》，《心理学报》2012 年第 8 期。

② 杜秀莲、高静：《初中生学校道德氛围与亲社会行为的关系：道德认同的中介作用》，《中国特殊教育》2019 年第 8 期。

发展提供了土壤。在这种良好的氛围下，青少年感受到了来自年幼同胞对自己的亲密、崇拜、认可，不断反思自我的道德，清楚自己想成为怎样的人，易于从认知上接受和内化道德规范，提升自我的道德意识，自觉阻止不道德行为，提升内在动机。而在消极的同胞关系中，他们感知到的是彼此的疏离、排斥和拒绝等，会影响他们接受道德规则，改变道德认知机制，还会觉得帮助、支持、友善、照顾、关心等品质会使自己吃亏。这无疑提高了他们的道德推脱水平，通过认知策略无时无刻不在为自己的不良行为找各种理由并进行辩护，规避内在道德标准对其行为的指导，或者将自己置之度外，更不会从他人的角度去体验其情绪情感。道德的自我调节作用降低或者失效，会减少他们在不良行为中应该承担的责任，减轻可能由此产生的愧疚感和自责感，从而减少亲社会行为。

与既有研究注重家庭因素不同，本章发现道德推脱是影响青少年亲社会行为的内在心理机制，丰富了对亲社会行为的研究。此外，也提示我们在加强对青少年的德育教育中，既要增强学校在其中的关键作用，重视青少年的道德认知和道德推脱机制的学习，又要充分发挥家庭的角色，与家庭教育密切结合，提出与青少年实际能力相符合的要求，推动他们的道德发展，降低其道德推脱水平，积极有效预防与介入问题行为，促进他们的亲社会行为的发展。

三 共情的调节作用

在“同胞关系—道德推脱—亲社会行为”这一中介过程中，共情调节了中介作用的前半段路径（同胞关系—道德推脱）。也就是当共情能力较低时，同胞关系对青少年道德推脱水平的作用更大。随着共情能力的提升，同胞关系的作用逐步减小。究其原因，其一，个体的共情能力具有差异性。共情是一种心理状态和心理特质，青少年的共情能力越高，越愿意站在他人的立场看待问题，进行换位思考，更能理解和体会他人的需要和情感，易于和他人形成良好的人际沟通。青少年更多地参与到和同伴的互动中，同伴的卷入程度呈上升趋势，他们希望更好地融入同伴群体中，他们的兴趣很可能会分散。如此，同胞关系对个体发展的作用会减弱。即使同胞之间的关系没有发生变化，同胞关系对道德推脱的影响也会逐渐减弱。其二，共情能力越高，更可能被他人的需要和情感唤醒，[①] 激发了个体的自我情绪调节功能，站在他人角度易于感知到他人情绪情感的变化，产生更多正向的情绪体验，与同胞的关系更好。这为青少年提供了清楚明确的道德标准和道德榜样，更可能有力地激活他们的较高道德准则，减少伤害他人的动机，较少为自己的不良行为寻找各种理由。这必然会导致道德推脱水平下降。

共情在直接路径（同胞关系—亲社会行为）中并没有起到调节作用，意味着不管青少年的共情能力高低，同胞关系对亲社会行为都具有显著的促进作用。同胞手足间经常给予帮助、照顾与支持，个体的行为会潜移默化地受其影响，并迁移和泛化到其他的情境中，推动了人际关系的发展，增加了亲社会行为。共情在道德推脱—亲社会行为这一路径中也没有调节效应。可能因为在面对他人需要帮助的情境时，道德推脱水平越高的青少年，尽管可能感知到他人的无助，但认为这并不是自己的原因导致的，没有义务对他人提供帮助；或者认为其他人会出手相助，为自己的行为寻找理由和借口，减少自责和内疚感。这也启示我们培养青少年心理品质的重要性。本章验证了共情的调节作用，也发现影响青少年亲社会行为的不同因素之间并非独立产生作用，而是相互关联。

第四节　结论

本章基于青少年同胞关系与亲社会行为的问卷调查，探讨了亲社会行为的现状及其内部结构特征，从人格特质和环境两个方面出发，进一步分析了道德推脱和共情能力在同胞关系对亲社会行为的影响中

① 刘裕等：《道德推脱对青少年外部问题行为的影响：有调节的中介效应》，《心理与行为研究》2015 年第 2 期。

所起的作用，进而阐明了对青少年进行思想道德教育的启示。总的来说，道德推脱发挥了部分中介作用，弥补了已有研究对影响青少年亲社会行为的因素之间关系探讨的不足，对于促进其亲社会行为具有实践指导价值。

研究发现，青少年的亲社会行为水平相对较高。从各个维度来看，诚实互惠型、关系分享型、情感体贴型三个维度的得分较高，而生人援助型和慈善利他型这两个维度的得分较低，可能是因为学校重视综合素质教育，培养青少年形成良好的德行意识，对自己的行为较少进行道德推脱。而在家庭生活中，青少年作为家庭的长子女，与同胞的年龄差距又较大，家庭主义观念使他们与同胞之间不仅是一种血脉亲情，还隐含着一种养育之情，形成了良好的责任意识，给予同胞较多的关心与帮助。青少年的道德推脱水平较低，表明他们的道德观念与道德素质发展较好，对于不道德行为自己能较多地承担责任，并不是进行道德推脱。共情能力总体状况处于中等水平，在与他人交往的过程中，青少年能够表现出一定的共情能力，主要是通过认知来理解他人的想法和目的，而在感知和共享情绪情感上还有不足，有很大的提升空间。

道德推脱在同胞关系对青少年亲社会行为的影响中发挥着部分中介作用。良好的同胞关系氛围熏陶着青少年的情感，促进了其自我的发展；同胞间的积极互动有助于他们情绪社会性的发展，指引着他们的道德认知，使其产生较多亲社会行为。同胞之间的隔阂使他们习得了不良的交往方式，感受到一种疏离、排斥的情感，可能改变了青少年的道德认知机制。即使他们出现了问题行为，也会从自己的道德标准出发寻找借口，不会感到愧疚，使行为“合理化”，这样实际行为与道德标准就会发生脱离。道德推脱是一种负向的认知方式，使自己免于惩罚。它降低了个体的道德标准，使道德的自我调节功能无法发挥作用，阻碍了个体行为与道德规范两者的关联，对问题行为并不会产生自责感，从而减少了其亲社会行为。

共情调节了“同胞关系—道德推脱—亲社会行为”的前半段路径。

对于低共情的青少年来说，同胞关系对道德推脱的作用更大。共情能力较弱，使青少年难以敏锐觉察他人的需要和情感，较高的道德准则无法被有效激活。同胞间的亲密与温暖泛化到其他情境中，推动了人际交往的发展，对降低他们道德推脱水平具有积极作用。随着共情能力的提升，青少年容易理解他人的处境，感受他人的情绪，往往道德敏感性更为强烈，容易构建情感与道德准则的联系，激活内在的道德标准，进行正确的道德选择，较少为自己的行为找理由以推卸责任来摆脱自责与愧疚感，道德推脱水平较低。

本章阐明了青少年的同胞关系与亲社会行为的关系，并进一步考察了道德推脱、共情在其中的具体作用机制，这对于从培养青少的个体特质、营造家庭氛围两方面提高青少年的亲社会行为具有重要的启示意义。家庭、学校、同伴群体在青少年社会化中发挥着重要作用，加强对他们的教育与引导，调适同胞关系、培养道德意识、提升共情能力，构建良好的学习和生活环境，有助于促进其亲社会行为。父母不断更新教育观念，提升抚育教养能力，为孩子树立榜样；主动关注孩子的身心变化，均衡好对孩子的陪伴。青少年要不断地学习和自我调适，树立良好的心态，积极面对同胞关系。青少年的道德推脱水平影响着亲社会行为，要从多方面为他们的道德成长提供社会支持，培养道德意识，提高社会责任感，促进其亲社会行为。加强舆论的示范和导向作用，在学校教育中，不仅要注重培养青少年对道德规范的认识，也要在实践层面提升他们的助人能力。父母要开展养成教育，提升青少年的道德认知水平；进行情绪情感教育，培养其共情能力。

需要指出的是，本章受到数据资料的局限，存在以下不足。第一，本章采用的是截面数据，只是在同一时间点考察了青少年的同胞关系、亲社会行为、道德推脱与共情，缺少时间上的连续性，不能揭示变量之间的因果关系，未来有必要采用追踪调查来弥补。第二，数据均来自青少年的自我报告，不排除有一定的社会赞许效应。例如，道德推脱问卷中在青少年面对道德问题的看法时，可能做出不诚实的回答以符合社会的期待，表现得更道德，实际却并非如此，未来可以采取多种方式获得更客观的资料，使数据更可靠。第三，进行中介效应分析时只关注了道德推脱的作用，而其他一些可能会影响同胞关系与亲社会行为之间关系的因素没有提及，留待后续研究深入分析。

第三编

“同胞隔阂”与家庭变革

第八章

“同胞隔阂”的形成机制研究

第一节 从世代“代沟”到“同胞隔阂”

文化变迁导致了代际隔阂，即“代沟”，这是急剧的社会变迁在代际关系上的必然结果。代沟又称为“代差”“世代隔阂”，是不同代之间在价值观、生活态度、语言习惯、行为方式等方面存在的差异、隔阂，甚至冲突的一种社会现象。实际上，“代沟”的本质源于生理年龄、心理年龄和社会时代的差异，[①] 是一种对社会文化断裂现象的比喻化修辞。“每一代人都会书写自己这一代人的历史”，不仅不同“代”之间会存在交往的隔阂，就算是一个家庭内部同代子女之间也可能存在——特别是在后独生子女时代背景下。在同一家庭内部同胞之间由于年龄差距较大（一般在7岁以上，有时高达20岁）而存在的“代沟”，称其为“同胞隔阂”。[②] 简言之，这种关系“虽是同胞，却像上下辈”。

广为人知的是，在考虑和落实生育政策的许多家庭中，他们的亲子关系、婚姻关系以及同胞关系正面临着新的适应和挑战。“三孩”政策的落地，对于很多家庭来说开始考虑要不要“再次生育”，还有一个长远问

① 周晓虹：《文化反哺：变迁社会中的亲子传承》，《社会学研究》2000年第2期。

② “代沟”（generation gap）一词从英文直译过来，广义指年轻一代与老一代（如亲子关系）之间在思想方法、价值观念、生活态度、兴趣爱好方面存在的心理距离或心理隔阂。20世纪60年代末，该词由美国人类学家M. 米德在其所著的《代沟》中首次提出，中文直译为“代际隔阂”，由于“代沟”一词更为形象，于是广为传播。参见周怡《代沟与代差：形象比喻和性质界定》，《社会科学研究》1993年第6期。

题也需要考虑，那就是如何养育他们，重点是如何处理孩子之间的关系。当前有一个特殊的群体，她们再次生育后不得不面对孩子年龄相差过大的“尴尬”，往往相差十来岁。许多自媒体也相继报道，“孩子的出生给家庭带来欢乐，同时老大却表现出了一系列反常的举动”。如何呵护孩子的成长也成为“家庭养育的一个哲学议题”。

另外一个有趣的发现是，在日常交流中很多家庭的兄弟姐妹之间常常以非常自然的口吻去述说他们之间的“代沟”，特别是他们之间年龄间隔较大，一般在 7 岁以上，有时甚至相差 20 多岁。[①] 当然，“老代沟”通常指代际关系或亲子关系，存在于长辈与晚辈、上代与下代之间；“新代沟”却似乎并不局限于此。为了比较区分，不引起概念混淆，本书将田野中的经验发现——子代兄弟姐妹之间因为较大的年龄差距造成的隔阂命名为“同胞隔阂”（或“同代代沟”），以区别于传统上约定俗成的特指世代之间的“代沟”。

为此，本研究对有同胞关系的大龄多孩家庭做了大量深入的实地调查和半结构式访谈，收集了 60 多份青少年成长过程中的同胞关系与家庭适应故事。在这些故事文本和访谈经历中，我们接触和了解到一种无形的隔阂之网时常出现在他（她）们青少年成长过程中的同胞相处状态中，即使不是长期性的，至少也是阶段性的，并且这种无形的隔阂之网时常在变化。同胞之间的这种隔阂，有时候冲突激烈，有时候静谧无声；它时而近在眼前，忽而几城之隔；它可以刹那复原，也可以刻骨铭心。同胞之间的相处，不仅对同胞的身心发展和继续社会化过程有着深刻的烙印，他们还与自己的原生家庭有着千丝万缕的关联。在此基础上，本章将延续代沟理论，聚焦如下三个渐进性的问题：兄弟姐妹之间为什么会出现“代内年龄差”现象？[②] 较大的年龄差距对家庭子代关系有怎样的影

---

① 一个“时髦”的说法，“七岁一个坎”，就有“代沟”。当然，这没有科学依据。

② 兄弟姐妹之间存在年龄差是自然现象。本研究语境中的“代内年龄差”指的是子代之间存在着较大的年龄差距，一般指 7 岁及以上，年龄差距大者可能达到 20 多岁，足以构成两“代”人。

响？兄弟姐妹之间的相处如何，会使家庭产生什么变化？为此，本研究对子代兄弟姐妹之间年龄差距较大的家庭进行了深入访谈和实地调查。[①]本章通过分析“同胞隔阂”何以产生，为什么成为传统“代沟”的一种新表现形式，及其可能带来怎样的家庭变革，为“三孩”政策启幕之时中国社会家庭研究有所助益。研究思路如图 8－1 所示，因篇幅有限，“‘同胞隔阂’下的家庭变革”将在第九章讨论。

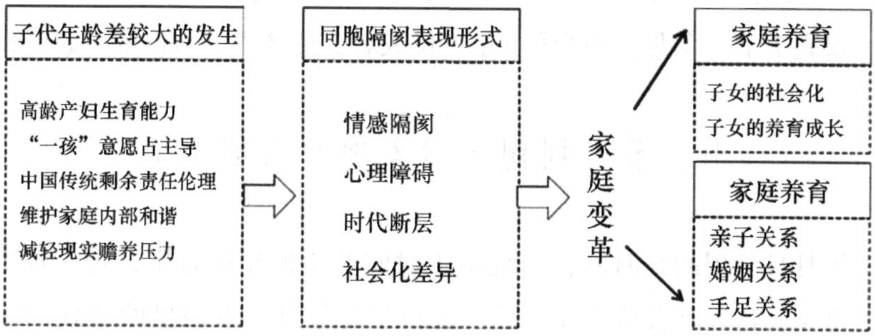

图 8－1 “同胞隔阂”的产生、表现形式与家庭变革

基于研究的问题，本章及第九章主要采用质性研究的个案研究方法，关注大龄多孩家庭中的“同胞隔阂”及其意义建构。根据大龄多孩家庭的特点，在进行抽样时考虑到同胞间的年龄间隔和母亲再次生育时的年龄，希望选择的样本尽可能包含广泛的社会人口学特征。这并不是为了概率抽样的普遍性，而是避免样本局限在某些特殊家庭而产生结论的偏差。[②] 本章采用方便抽样与目的性抽样结合的方式，抽取的研究对象要能够提供最大的信息量，Y. Lincoln 和 E. Guba 认为用于访谈目的的样本数量要大于 12，[③] 最终选取了 20 个符合要求的大龄多孩家庭的样本，通过

① 本次调查主要是采用个案访谈法获取资料，调查对象为家庭内孩子之间有 7 岁及以上生物年龄差的多孩家庭。调查内容主要是家庭内子代关系、家庭养育模式等。

② 许丹红：《当代中国家庭教养实践的类型化探索——基于质性资料的分析》，《中国青年研究》2020 年第 5 期。

③ Y. Lincoln, E. Guba, *Naturalistic Inquiry*, New York: Sage, 1985, pp. 124－127.

深入访谈以获得翔实的资料。[1] 样本具体情况如下。年龄间隔：同胞之间的年龄间隔相差7岁及以上。孩子性别及顺序：哥哥弟弟型家庭6个，哥哥妹妹型家庭5个，姐姐妹妹型家庭5个，姐姐弟弟型家庭4个。父母背景：父母的年龄、受教育程度、职业，家庭经济基础多样化。母亲再次生育的年龄在35岁及以上，父母的受教育程度（最高受教育程度）：高中3位，大专6位，本科9位，硕士1位，博士1位，父母的职业多样化。家庭结构：核心家庭13个（父母与两个孩子，父母独自照顾孩子）；主干家庭7个（父母，两个孩子，1位或者2位老人，与祖辈一起照顾）。

第二节　同胞年龄差别较大的类型

年月日呈现的是时间，围绕出生时间产生的年龄差别，是一种生物学的事实，这通常会造成社会学、人口学等领域学者眼里的“代沟”或“代际隔阂”现象。作为一种文化现象，往往采用心理社会年龄去划分“代沟”，但是其产生的基础是生理年龄。同时，“代沟”不只局限于不同世代的亲子关系之间。这主要是因为任何一个人从出生就会受制于“代”这种外在的同时又是强制性的普遍力量。很多人已经认识到年龄与时代的关系，某一特定的“代”的出现，比如“00后”“70后”，往往和其社会阅历或生活经历密切相关。

“一个重大的历史事件的前后总会划出两代人。”[2] 人类学者阎云翔指出，计划生育政策使传统的家庭结构发生了变革，人们的私生活发生了彻底的变化。[3] 计划生育逐渐转向“单独二孩”“全面二孩”“三孩”政策，从宏观上是对中国人口发展的调控，微观上也对数以亿计的普通家庭的生活日常产生了最直接的影响。当前，随着中国进入后独生子女时

① 遵循学术惯例，书中人名进行了匿名化处理。

② 周晓虹：《文化反哺：变迁社会中的代际革命》，商务印书馆2015年版。

③ 阎云翔：《私人生活的变革：一个中国村庄里的爱情、家庭与亲密关系（1949—1999）》，龚小夏译，上海人民出版社2017年版。

代，家庭规模不断扩大，家庭结构变得日益复杂，家庭内部的子代关系也在发生改变。

一言以蔽之，本章探讨家庭子代兄弟姐妹年龄差别较大的现象，这是急剧的社会变迁和社会结构转型的产物，特别是计划生育政策改变的影响。在计划生育政策实施前后，实际上因为“超生”、家境改变、家庭重组甚至是偶然因素的存在，都会出现“代内年龄差”现象。只是在后独生子女时代，随着“三孩”政策的逐步落实，这一现象将会日益突出。一个家庭兄弟姐妹之间之所以出现较大的年龄间隔，大致有如下几方面的原因。

一　高龄产妇生育能力

在生育政策的目标群体中，有很多育龄父母年龄已经偏大。此前有学者估算，“全面二孩”政策的目标人群约为9101万人，其中40岁及以上者占49.6%，约为4526万人。[①] 这些妇女如果再次生育，就会出现高龄产妇问题。早在“单独二孩”政策下，已有媒体报道，南京的高龄产妇中年龄最大者是53岁。国家统计局数据表明，在“全面二孩”政策实施后，对于20—34岁的育龄女性来说，二孩生育增长率呈现下降或基本稳定趋势；对于35岁以上的高龄产妇，生育二孩的比例略有上升。因此在二孩生育潮中，高龄产妇将会是一支异军突起的力量，她们需要和时间赛跑。此前由于政策不允许，只生育了一个孩子的女性势必在“全面二孩”政策的生育潮中成为一支重要力量。这会导致临床上高龄产妇数量的增加。在今后一段时间，高龄产妇生育现象将更为严重。另外，伴随现代社会压力日益增大，选择晚婚晚育的夫妻数量呈上升趋势、人类生殖技术的进步为生育提供了必要的科技支持、女性文化程度的提高等都使得高龄生产日渐普遍。此时如果选择继续生育，就会导致子代的年

① 翟振武、张现苓、靳永爱：《立即全面放开二胎政策的人口学后果分析》，《人口研究》2014年第2期。

龄间隔较大。随着“三孩”政策的实施，很多媒体报道在各大医院门诊经常有40岁左右的产妇来做孕前检查，生育多个孩子的家庭开始增加，其中就有很多高龄产妇，随之而来就会产生年龄差较大的同胞关系。

实际上，人口学者王广州利用三期全国人口普查数据预估了“全面二孩”政策后育龄妇女的目标人群。研究发现，2015年全国新增的目标人群在9000万人以内，40岁及以上育龄妇女在4000万人左右，占目标人群的40%以上。① 截至2020年，受“全面二孩”政策的影响，5年累计新出生人口增加1800万人。② 翟振武等学者估计，在2017—2021年累计40岁及以上育龄妇女新增生育约410万人，占总体生育水平的20.1%。③ 2023年，国家卫健委发布的《2022年我国卫生健康事业发展统计公报》显示，2021年“三孩”政策全面实施，三孩占比提升至14.5%。2022年作为“三孩”政策实施的完整周年，出生人口中三孩及以上占比进一步提升，从2021年的14.5%提高至15%，而这其中高龄女性也是三孩及以上生育率较高的群体。

二　“一孩”意愿占主导

在独生子女时代，中国绝大多数家庭都只生育一个孩子。一孩“集宠爱于一身”，所有家庭资源都围绕着他们的成长，他们缺乏对合作共享的认知。父母提出要再生一个孩子时，他们的内心深处是拒绝的，故意回避，甚至产生抵抗情绪，对同胞的到来可能会剥夺他们的一切表示焦虑。父母基于对孩子意愿的尊重，顾及其心理感受没有强制再次生育。随着孩子逐渐成熟，对同胞有了新的认识，对其排斥、嫉妒与敌意慢慢减少，父母也减轻了来自孩子和国家政策的双重压力。这说明在很多家

---

① 王广州：《影响“全面二孩”政策新增出生人口规模的几个关键因素分析》，《学海》2016年第1期。

② 风笑天：《中国人口政策调整的影响分析与社会学意义——以人民为中心促进人口与社会可持续发展》，《人民论坛》2021年第32期。

③ 翟振武、张现苓、靳永爱：《立即全面放开二胎政策的人口学后果分析》，《人口研究》2014年第2期。

庭，第一个孩子的意愿直接影响着父母的再次生育行为。

> 我今年初二，我妈在我上五年级那一年生下了妹妹。之前爸妈就询问过我的意见，是否想要个弟弟或者妹妹。记得当时我的内心是拒绝的，我很享受独生子女的生活，全家都围着我一个人转，对我可真是呵护备至，要什么好吃的、好玩的都百依百顺，就是“含在嘴里怕化了，捧在手心怕摔了”。我担心爸妈有了弟弟或妹妹就不会更多关注我了，再说了一个人挺好的，以至于爸妈一直没有能够生下第二个孩子。上初中后，我懂事了一些，对于生育第二个孩子我还是赞同的，即使我跟我的妹妹年龄相差很大，但我当时还是很期待她的到来，心想着有一个人可以听我使唤了。(小李，男，15岁，初二)
>
> 我家还是挺民主的，什么事情都可以畅所欲言。我记得在讨论生二胎的问题时，我妈还有所顾忌地问我想不想要一个伴儿。那个时候我似乎并不介意这个孩子的出生会给我的生活带来什么样的困扰，但我依旧没有直接回答，而是让她给我一些时间想清楚。我确实在这个问题上纠结很久，一方面，如果有一个弟弟或妹妹作伴，我也不会感到那么孤单；另一方面，我妈因为生我的时候而遗留的腰椎病以及高龄产妇的种种障碍，让我不得不担心生育二胎会给她带来什么样的危险。我们一家人商量了很久，他们打消了我的顾虑，终于在全家人的期盼下我的弟弟健健康康地出生了。(小张，女，18岁，高三)

从上述访谈中可以看到，兄弟姐妹之间产生较大的年龄间隔，一个重要原因是父母考虑第一个孩子的意愿，迟迟没有再次生育，直到国家政策及孩子意愿等条件都允许，才开启了再次生育的浪潮。同胞的出生一方面挑战了“一孩”（即长子女）的家庭地位，另一方面也使现有的家庭关系复杂化。了解长子女对父母再次生育的态度，可以使父母及时掌握他们的心理变化，明白长子女对同胞的真实想法，以便做出有利于家庭和睦的正确决定。根据心理发展八阶段理论，青少年时期面临着自我同一性与角色混乱的冲突，如果父母再次生育，长子女就要去思考因哥哥/姐姐这一新角色带来的改变，原本已经建立起的依恋关系受到了冲击，他们的家庭地位也会随着同胞的出生受到影响。对于父母的再次生育，他们也要进行思索。与儿童相比，处于青少年阶段的长子女心智不断成熟，具备了一定的独立思考能力，逐渐“懂事”，会根据自身及家庭等多种因素进行考量，努力尝试着站在父母的角度去思考，对于再次生育，他们大多也表示理解，不会对同胞的到来有排斥与反抗行为。再次生育之前，父母尊重长子女的意愿与其沟通。一方面，长子女在与父母的沟通中可以表明自身的态度，感知到作为家庭成员对家庭决策的参与感；另一方面也可以使长子女做好迎接弟弟或妹妹到来的心理准备，降低其危机感。即使表现出犹豫或抗拒，至少给了他们缓冲的时间，减少日后对父母、弟弟或妹妹的埋怨，避免心理阴影，有利于家庭关系的和睦。

三　中国传统生育责任伦理

在实地调查中发现，很多父母对于再次生育时孩子的性别是有所期待的。中国传统的生育观“儿女双全”“养儿防老”等，依然影响着很多人。因此随着新的生育政策的实施，人们传统追求“圆满”的思想得以显现，希望家庭中有一儿一女得到“圆满”。

> 因为我是女孩子，平时从我爸妈还有爷爷、奶奶的谈话中感觉到，我爸一直期待有一个儿子。我爸是独子，特别想要个儿子，可是受到政策的管制，不能生二胎。所以他们不得不放弃生育二胎的念头，直到有了“二孩”政策，这颗重磅炸弹在我平静生活中激起波澜。我爸妈重新燃起了生老二的念头，尽管当时我妈已经37岁了，算是高龄产妇。就在2017年，我终于有了弟弟，爸妈也如愿以偿了，我觉得我现在就是家里的一个小大人，可以照顾弟弟，陪他玩，而且我也有伴啦！（小宋，女，15岁，初三）

我妈是做销售工作的，她几年前就辞职回家打算生二孩。爸妈总是在家里说要给我添一个妹妹，他们很羡慕别人家有儿子有女儿的，说有两个孩子是一种幸福，刚好凑成一个“好”字，看着两个孩子在家里挺热闹的。他们觉得女孩子也贴心，跟父母亲近。我妈在40岁的时候终于满心欢喜地生下了“老来女”。直到去年5月我奶奶来帮忙带妹妹，她才重新去上班。我妈刚怀二胎的时候，我其实是有点儿抵触的。我是家里的独生子，已经习惯了一个人。现在多了一个妹妹，时间长了，看着妹妹一天天长大，可爱的样子萌到了我，从内心也开始慢慢接受她了。（小万，男，14岁，初一）

传统的生育观念依旧在深深地影响着每一个家庭。很多家庭都是为了实现儿女双全的“圆满”选择再次生育。受传统生育观念影响，大龄产妇再次生育的意愿可能更为强烈。如小宋所说，其家庭成员的思想观念与生育政策的变化是导致父母再次生育的主要因素。当下很多父母在生育意愿上倾向于一儿一女。诚如小万的父母所说，有了儿子还要有个女儿，凑成一个“好”字，那才是圆满、锦上添花。如今一个家庭是否完美的重要标志之一，就是“儿女双全”。[①] 很多家庭当第一个孩子是儿子时，便产生了“生女”的冲动，这才是实现“圆满”的最佳理想。另外，大多数家庭在子女数量的偏好上，不再是以前追求的“多子多福”，而是倾向于“二孩”偏好，生育两个孩子是理想的数量。在访谈中很多父母都表达了两个愿望：一是要有个儿子，二是要有两个孩子。一个又少，而两个正好。在当前社会急速转型时期，养育子女的成本不断提高，生育子女数越多会给家庭带来越大的经济压力，而且不利于子女的照顾和培养。

四 维护家庭内部和谐

选择再次生育，部分家庭是为了维护家庭整体的和谐稳定，促进家

① 孙新华：《“小二胎”：内涵、特征、成因及启示——基于江西省T村的实证分析》，《南方人口》2012年第1期。

庭的发展。这往往是因为家庭中妻子出于对丈夫的不满与抱怨，为了打破丈夫懒散的生活状态而再次生育，希望能够借此改变家庭氛围，给丈夫施加压力，增强他们的“家”意识，承担更多“丈夫”和“父亲”的责任，为家庭发展带来生机。

小谭的爸妈是在她9岁那年生下了她的妹妹。她爸爸很喜欢打麻将，对小谭的学习管得较少。她妈妈为了让爸爸戒掉麻将，给小谭生了个妹妹，这样也给她爸爸带来了经济和精神压力。在这种情况下，小谭的爸爸玩牌的次数就减少了，也开始帮妈妈分担家务活，只要有空回家就是围着妹妹转。妹妹是家里的“开心果”，她的出生给这个家带来了欢声笑语。小谭的爸爸也变得比以前更关心她了，父女之间的交流也越来越多。（小谭，女，13岁，初一）

读小学时爸妈经常为一些小事情拌嘴，家务活主要是我妈一个人干，我妈经常抱怨。二孩政策后，我妈看到亲戚家里有两个娃很羡慕，也踏入了生娃的阵列，决定再拼一次。现在家里多了个孩子，不能完全靠我妈一个人。我妈虽然有带娃的经验，但是精力不如从前。我爸比以前勤快了，变成了一个“超级奶爸”，父爱爆棚，听从我妈的“指挥”，帮忙照顾，回家也做家务，只要有时间都会送我弟上幼儿园，有时候还会接我放学，一家人忙得团团转，听不到妈妈的怨言了。（小文，男，14岁，初二）

家庭中是否再次生育，大部分决定权还是在于女性。女性是生育事业的直接承受者，当然这也与女性在家庭生活中地位的提升有关。从上述访谈可知，选择再次生育的原因是随着家庭成员的增加，给家庭带来的经济压力或者生活压力，让男性担负起更多的责任，重构家庭系统，改变家庭的生活状况。孩子的出生改变了家庭的氛围，给家庭注入新的活力，多一个孩子就多了一份快乐，给家庭增添了乐趣。家庭中的长子女是夫妻双方爱情的见证，而小的孩子就是情感生活的黏合剂。随着小的孩子的出生，夫妻之间也更加珍惜彼此，巩固了夫妻感情，使家庭成员更加相亲相爱。很多时候女性在抚育孩子的过程中备感疲倦，源于丧偶式育儿导致的精神压力，男性主动分担养育孩子的压力，让女性有了心灵上的依靠，家庭的团结能提升幸福指数。父母可以看到孩子在自己身上留下的痕迹，孩子就是父母透视自己的一面镜子或一个窗口。孩子的出生使得父母变得更有耐心，处理家庭关系的能力得到了提升，使平淡的夫妻生活有了新的奋斗目标，夫妻关系得到一定程度的改善，亲子关系也更加融洽。

五 减轻现实赡养压力

赡养压力是家庭做出生育决策时考虑的重要因素。在后独生子女时代，很多家庭为了不让孩子孤独，希望其有同胞陪伴，也希望日后能减轻其赡养父母的压力，他们会选择再次生育。他们希望在将来的生活中，同胞之间能够彼此相互支持与帮助；当父母年迈或生病的时候，孩子们能共同承担对父母的照顾，减轻赡养压力。

我妈 38 岁生了我弟弟，我问她为什么还要再生孩子，都已经是产妇中的高危人群了，她说怕我以后一个人照顾爸妈压力太大，多个孩子帮忙分担一下，无论是赡养父母还是生活，都会好很多。一个孩子不管以后工作怎么样、收入如何，一旦老人生病住院啥的，总要承担责任，经济压力大，身体也累。如果有两个孩子，压力也能减轻点。这样爸妈最终还是决定生个孩子，给我做伴。因为弟弟太小才 4 岁，我感觉家里是三个大人陪着一个小屁孩长大。现在家里可真是热闹，有个小朋友天天叽叽喳喳的，放学回家第一件事就是逗他玩。（小林，女，17 岁，高二）

我家老二现在上幼儿园大班，老大上高中，目前我们年纪还不是特别大，身体都很健康，等再过个 10 年老二上高中了，那么以后赡养父母老大会先担着，等妹妹长大，想着他们兄妹俩会一起承担，不必一个人扛着。独生子女的赡养压力还是很大的，人嘛，都有生老病死，这是避免不了的事情。家里有两个孩子的话就可以相互帮衬，帮忙一起承担和照顾了，不至于特别累，遇到问题也还有个商量的人，能一起想办法解决。等父母老了也能共同赡养，把老人照顾好，一个孩子面临的赡养压力至少可以减轻一些。从长远来看，两个孩子能增加家庭的承担能力。(王女士，41岁，全职妈妈)

在实地调查中，上述案例其实并不少，许多家庭都有案例中的担忧。因再次生育，家庭结构也发生了变化，由“四二一”结构变为“四二二”结构。在物质生活逐年提升的情况下，“70后”人群所承担的压力没有当今“80后”“90后”大，相对而言可能再次生育的比例较高。实施近四十年的独生子女政策削弱了中国的“家”文化，很多家庭因此面临着养老的难题。① 随着“三孩”政策的逐步实施，多孩家庭的数量将增加，在未来数年养老问题将得以缓解。手足情深，当子女长大后不管是在生活还是工作中遇到了困难与挫折，同胞间相互帮助，有血脉相连的兄弟姐妹陪伴左右，多了一份亲情与陪伴，有助于个人应对压力，更好地发展。

人口学者很多都是从社会抚养的角度出发提到养老问题，关注的是人口结构中年轻人与老年人的数量比重，而微观层面家庭养老指的是独生子女需要独立承担赡养父母（包括配偶父母）的责任。同时也要看到，新的生育政策的实施对家庭养老问题有一个“滞后”效应，不能立刻呈现其效果。只有随着孩子的逐渐长大，家庭的养老压力才可能得到有效缓解。目前育有一孩的夫妇面临的是有一个孩子需要抚养和教育，同时自己的父母逐渐或已经步入老年需要照顾。如果选择继续生育，会使得家庭压力进一步增加。谁来“带”新出生的孩子？在不少家庭，父母暂时没有养老需求，反过来会为子女提供各种支持，照顾孙辈。因此，虽

① 风笑天、王晓焘：《从独生子女家庭走向后独生子女家庭——“全面二孩”政策与中国家庭模式的变化》，《中国青年社会科学》2016年第2期。

然新的生育政策将会带来家庭养老问题的缓解，但是对于这一代人而言，再次生育使得他们需要继续付出，家庭负担较重，因此急需相关社会政策进一步倾斜。

第三节 子代年龄差较大的影响——“同胞隔阂”

兄弟姐妹之间因年龄间隔较大而产生的各种社会问题，随着中国生育制度的调整而逐渐凸显。随着“三孩”政策的推进，预计中国多孩家庭的数量将会越来越多。与独生子女家庭不同，多孩家庭的一个显著特征是因新的家庭成员的增加，产生了同胞关系。实际上，在计划生育政策以前，家庭内部兄弟姐妹之间就存在“年龄差”现象。只是在后独生子女时代，家庭内部同胞年龄差别较大现象将会日益突出。它不再是个别案例或偶然事件，而是今后一种群体性的社会现象。“代沟”产生的基础就是年龄（时代）差别，不仅在长辈与晚辈、上代与下代之间存在，年龄相隔较大的同代子女之间也存在。这就导致了一种新的“代沟”——“同胞隔阂”的产生。

代内年龄差别较大是“同胞隔阂”产生的基础。如果以计划生育政策为节点，在计划生育制度之前一个家庭中有多个孩子的现象是比较常见的。孩子之间尽管年龄有差距，但是最大的孩子和最小的孩子之间有兄弟姐妹衔接，因此年龄差相对平均，兄弟姐妹之间的相处较平稳。在这种家庭结构中，长子女通常是最早肩负起家庭重任的角色。尽管和弟弟或妹妹也有年龄间隔，但是彼此之间相对亲密，“同胞隔阂”不明显。20 世纪 70 年代后，计划生育政策在中国城市得到了有效的落实。农村的“一孩半”政策使得两个孩子的年龄差距不会太大，可以说他们几乎是一起长大。较长时间的共同相处建立了较深厚的情感，文化鸿沟与时代差异的状况极少出现。

2013 年开始，随着计划生育政策的逐步放宽，从“单独二孩”“全面二孩”政策到“三孩”政策，很多家庭突然之间（有些间隔可能长达

20年）可以在政策范围内，选择再次生育。这时一个家庭中就会出现子女年龄间隔较大的情况。在急剧变迁的社会背景下，由于出生时间不同，生活经历也各异，父母对孩子们的养育也有差异，兄弟姐妹之间在情感上会产生偏差。“一孩”作为家庭中的长子女，要适应角色的变化。而且因为存在较大的年龄间隔，兄弟姐妹之间在认知行为等方面也不同，同胞之间的隔阂就会相继凸显出来。

一 情感隔阂

年龄间隔较大，使得兄弟姐妹之间会在生活态度、言语表达、行为特征、兴趣爱好、审美情趣、再社会化内容等方面存在明显不同。即使生长在同一个家庭，因出生时间不同，面临的家庭环境也有差异，他们的童年记忆也是不同的。同胞会把长子女当作“准家长”看待，没有作为兄弟姐妹的亲密感。由于兄弟姐妹年龄间隔较大，彼此之间的情感会发生变化，相互的亲近甚至不如和自己年龄相近的同辈玩伴。缺乏共同的童年生活经历，互动的时间有限，即使是同一代人，兄弟姐妹之间对彼此的情感也有差异。同胞对长子女表现出生疏，长子女对他们也缺少了那份亲昵的情感。

> 妹妹和我相差8岁，她出生到上幼儿园的这段时间里，刚好我从上小学到初中，基本生活在两个时代，在一起的共同经历很少、交集很少，年龄已经悄悄地拉开了我们之间的距离，不再是在同一起跑线上你追我赶。现在我更愿意和我的同学们交流，跟妹妹聊天也说不到一起去，反正我现在觉得兄妹之间在长时间没有很好交流的情况下一切都会慢慢变淡，好像我们就是最熟悉的“陌生人”。我很羡慕那些兄弟姐妹感情很深的，可我目前是没有体会到这种强烈的手足之情，不知道以后会不会。（小肖，男，13岁，初一）
>
> 我已经习惯一个人度过无聊的时光，对弟弟或妹妹并不期待。我上四年级时家里发生了一件重大的事情，大家期待已久的小弟弟

终于和大家见面了。家里人都把他当宝贝，当然除了我。我不知道该怎样迎接他，表现出一副很平静的样子，不过他的小名“多多”是我起的——多余的多。对这个弟弟我没有表现出太多的喜爱，只是看到弟弟的这种待遇，心里还是会有点儿想法。在弟弟三岁之前，我带他的时间不超过3个月吧，互相之间比较生疏。我们就不像是那种非常亲密的关系，总感觉存在着一段距离。（小陶，女，14岁，初二）

进入高中后学习负担很重，我和妹妹的交流很少，我有了自己的朋友和同学，她还处在一个只需要和同龄人接触的年纪，我没法跟她讲一些事情，谈心什么的也不存在。但是我觉得，随着她长大，会逐渐遇到一些问题和困难，等她有了自己的思想，我的一些生活经验可以帮到她，到那个时候也许我们的交流会逐渐增加。但是目前我们的关系算不上那种非常亲密无间的情感，这个妹妹很有脾气，喜欢跟我作对，让她往东，她就往西，超级无敌喜欢唱反调，我也懒得去理她。不过有时候把我惹烦了，我会冲着她发脾气。她还挨过我的拳头呢。（小郭，男，15岁，高一）

从上述案例可以看出，一种无形的隔阂之网时常出现在同胞的相处之中，因为欠缺共同的生活经历和较深的共同体验，即使是同一代人也在很多方面出现不同，甚至是情感的隔阂。在后独生子女时代，大龄多孩家庭中同胞的年龄尚小，还处于幼儿阶段，他们互动的时间较少，共同的生活经历有限，承载的童年生活记忆也是不同的。当同胞还在咿呀学语时，长子女已经进入青少年阶段忙于学业，彼此之间的交集较少，联系的桥梁只是他们都是父母的子女。确如小肖、小陶、小郭所言，他们与年幼同胞的年龄、受教育程度、思想认识、行为方式、目标追求等都存在较大差异，扮演着不同的角色，相处的时间较少，缺少了这种直接面对面的互动，影响了同胞之间建立亲密的情感关系。

尽管长子女与年幼同胞属于同一代人，但是在社会的急剧变迁过程中，随着年幼同胞的主体意识觉醒，他们面临的环境与长子女截然不同，注定将是另一种全新的体验和经历。同代人之间因为生活体验、角色的差异处于不同的“代位置”，不会产生较强的“同群感”。年龄较大的长子女相对独立和成熟，随着他们的日渐“懂事”，即使他们与新生的同胞不会立刻建立亲密的情感，但也不会出现较多过激行为。但是，心智相对成熟也代表了一种刚性，内心可能会对年幼同胞产生一种抵触情绪或是逃避，退回到自己的朋友圈中，也被动地减少了与年幼同胞的相处。相对于年幼的同胞而言，长子女难以和他们产生亲密无间的情感。

二　心理障碍

由于同胞年龄尚小，不能了解到确切的心理状况，主要表现为长子女心理上的变化和适应。在以往的多孩家庭中，每一个孩子都习惯了有兄弟姐妹的生活，建立并适应了相应的家庭角色，在长幼有序的互动中习得与同胞的相处。但是计划生育政策造就了独生子女一代，他们从小就生活在独生子女环境中，享有了十几年的“独生待遇”，没有与兄弟姐妹相处的任何经验，自然不能体会同胞手足的亲密，对彼此间的竞争与冲突也无法感受。突然之间自己不再是家庭中的“唯一”，不得不面对一个比自己更小、需要得到父母更多照料与帮助的同胞的家庭生活现实。这对很多长子女来说，其可能不再是家庭中事事享有优先权、最受重视的个体，当然是一个突如其来的心理冲击。如果不能很好地进行角色转换以及主动调整心态，就会在心理层面出现一定程度的不适应。

> 弟弟真是一个成功的“闯入者”，现在爸妈的重心都在弟弟身上，对弟弟的关心自然多一些，感觉他们对我的关注没有以前那么多。我对弟弟会有一种嫉妒心理。弟弟用自创独特的方式宣告他的领地。在他出生的头两年，家里都是尿布、小小的衣物；零食架也不再只有我的薯片、饮料，而是摆满了奶粉、奶瓶；原本我弹钢琴、看书的专属领地，也堆上了一个置物架，里面放满了各类玩具。连

空气里，也弥漫着浓浓痱子粉的味儿。半夜常常被啼哭吵醒，我的生活被他整得一团糟。虽然不怎么喜欢弟弟，可也只有忍耐吧，作为姐姐要让着他，没办法呗。(小蔡，女，14 岁，初二)

在我弟还没有出生的时候，家里所有人都是围着我转的，当时那种感觉就好像是宝贝一样，但也使我的依赖性变强。自从家里有了新的成员，感觉爸妈对我的唠叨减少了。特别是我弟刚出生的时候，我特别不适应，心里埋怨我妈生这个弟弟，觉得他抢走了本该属于我的东西，好吃好喝的都要分他一份。随着年龄的增长，我也觉得这种想法不对，可就是不愿意和他分享爸妈的爱，我不得不承认我是自私的。习惯了一家三口的生活，内心深处无法接受第四个人进入我的家庭，这也许是一种固执。有时候无缘无故我就会冲着我弟发火，脾气也有点儿暴躁，心里的这个坎过不去。(小魏，男，16 岁，高一)

其一，因同胞的到来，原本的独生子女转变成长子女，其不再是家庭生活唯一的焦点或中心。这种家庭结构的变化会对长子女的心理状态产生影响。表现在日常生活中，父母对年幼同胞的照顾理所当然地增多，长子女心理上会受到冲击，感觉年幼的同胞分掉了一部分原本只属于自己的完整的爱，产生了一种危机感。[①] 正如小蔡和小魏所言，弟弟/妹妹出生后他们需要面对的是一种被分散或被稀释的亲子关系，独生子女身份可能使其产生思维惯性，担心一直拥有的情感或资源被弟弟/妹妹占有，心理容易产生落差，难以接纳弟弟/妹妹，引发同胞之间的矛盾，出现嫉妒或竞争的情感，产生心理上的隔阂。

从家庭危机模型理论来看，同胞的到来是家庭的一项压力事件，给长子女的心理构成了一系列压力，长子女会因此出现消极的心理，可能导致

① 风笑天：《“单独二孩”生育政策对年轻家庭亲子社会化的影响》，《东南大学学报》(哲学社会科学版) 2015 年第 4 期。

问题行为的发生。[①] 实际上，若长子女与同胞的年龄差距较小，年幼时期共同生活的经历有助于长子女在认知和情感上接纳同胞，父母也容易引导长子女正确面对“情感稀释”，使得同胞之间能较快地相互适应。但是，当两者年龄间隔较大时，对于长子女来说，他们的自我意识有了较大发展，独生子女身份已经维持了较长时间，早已习惯以自我为中心，留恋“唯我独尊”的时光，独享家庭的情感资源和经济资源。在其成长中没有承担过哥哥或姐姐的角色，同胞的出生打破了其对家庭资源的独占，同胞年纪较小更需要得到家庭的关注，长子女还要努力适应暂时被父母疏忽。尤其在同胞出生的初期，长子女很有可能将其看成“抢夺者”的角色，非常排斥同胞分享家庭资源，可能产生敌视情绪，出现心理隔阂。

> 赶上政策，我们夫妻俩打算再生一个。对于要老二这件事，我家老大听到后直接说不同意，后来又说我们要生也行，现在家里的一切都是她的，以后我们两人挣的再和老二平分。现在的孩子真不像我们想的那么简单，稍微大一点啥都懂。大女儿当时14岁，在青春期她的很多想法让我们很吃惊。3年前我们生了老二。有了这个弟弟后，明显觉得她很抵触。她说和弟弟年龄相差这么大，再过几年以后走出去谁会认为是弟弟啊，说不准还会以为是她结婚生的，怕被误会，会很尴尬。平时只要有一点影响到她的利益就不开心，甚至乱发脾气。有时候还抱怨说以后我们年纪大了，弟弟还要她来抚养照顾，且多了一个和她分财产的人。(蔡先生，43岁，私营企业主)

其二，对于部分心智发展相对成熟的长子女来说，面对父母稀释的情感，他们更担心的是财产的分配和继承问题。[②] 当长子女相继进入初

① L. Kramer, D. Ramsburg, “Advice Given to Parents on wWelcoming a Second: A Critical Review”, *Family Relations*, Vol. 51, No. 1, 2002, pp. 2 – 14.

② 陆杰华、韦晓丹:《“全面两孩”政策下大龄二孩家庭亲子/同胞关系的调适机理探究》,《河北学刊》2017年第6期。

中、高中甚至大学，有了自己的社会交往圈子，不再只是获得来自父母的情感支持。与此同时，在较长的时间里长子女都处于独生子女的环境中，独享了家庭的资源和由此导致的依赖性，未来还面临着就业、住房、婚嫁等压力，长子女经济独立的时间后移，对原生家庭仍然保持着高度的依赖性，希望原生家庭能一如既往地给予物质支持。社会转型时期，在结婚、生育、对子女的抚养等方面，子代依靠父母已经比较普遍。如蔡先生所说，长子女对同胞的出生产生了敌对、排斥情绪，担心未来的家庭财产分配。近年来，子代对亲代财产的继承在不断增大。在生存压力剧增的当下，个人的生存空间受到挤压，同胞的出生使得长子女不再独占家庭的物质资源，对未来生活的预期也产生了直接的影响。独生子女时代下，一个孩子独享家庭的所有财产。对于“独惯”了的长子女，他们要和同胞分享父母的情感资源，父母的爱也未必是平均分配，年幼的同胞可能会得到较多的关注，影响了同胞关系。长子女还不得不接受同胞分走财产的现实，这在情感上对于长子女来说是难以接受的。

三 时代断层

在计划生育政策之前，传统社会“多子多福”的观念促使中国家庭内部同胞关系密切，子女之间的年龄间隔较为平均。面临着相同的家庭成长环境，有共同的童年生活经历，社会化内容都差不多，同胞之间很少会产生文化隔阂。在后独生子女时代，中国社会家庭规模在扩大，家庭结构发生了变化。而此时中国社会处于深度转型时期，经济社会文化发展迅速。“同胞隔阂”产生的基础是生理年龄的差异，本质却是时代的断层。在急剧变迁的时代背景下，中国社会家庭内部也随之发生剧烈的变动。即使是同一代人，年龄间隔很大的孩子接受的文化教育和经历的社会化过程起点不同，产生的影响也有差异。

弟弟上幼儿园大班，我都上初二了，因为年龄的缘故，我们共同的话语较少，兴趣爱好也不同，平时各玩各的，谁也不碍着谁。

我更喜欢和同龄人一起玩耍。当然我们天天生活在一起，我会在生活上照顾他，但从来不向他说什么小秘密，自己的小心思也不会和他分享，在受到委屈、挫折时，我也不可能找他诉苦，他又不懂我的世界！我和我弟相差9岁，感觉就不在同一个频道。虽然他是我的小跟班，很黏我，不论我去哪玩都要跟着，但我们之间就是有差异、矛盾甚至还会有冲突。（小陶，女，14岁，初二）

我和妹妹压根儿玩不到一块，所以每当她跟着我的时候，我就跑得很快，或者多绕一些弯路来甩掉这个“累赘”，然后远远地看着她一个人哭着回家。这就是我们两人之间最早的隔阂了。年龄的差距横在了我们中间，相较年龄，我已经开始趋于成熟，可能也是因为她还小什么都不懂吧，很多事情也不想和她说。有时我也想和她聊一些我感兴趣的事，但她又完全不了解。年龄的差距较大，我们兄妹俩在沟通交流上难以找到共同话题。我们不可能敞开心扉地交谈，平时更多的是为了聊天而聊天。10年的时间足以改变很多东西。她正是调皮的时候，趁我不在家把我的东西藏起来，我的生活被她搅得“丰富多彩”。什么事情都必须让着她，合理的不合理的都要顺着她的心意办，这样我就越来越烦她。尽管表面上会让着，但是心里产生的隔阂已经积累得越来越多。（小程，男，15岁，初三）

弟弟特别喜欢玩脑筋急转弯，经常拿出一本脑筋急转弯的书来考我，这真的太幼稚了。由于年龄的差异，他喜欢看动画片，我喜欢动漫、玩游戏。有的动画片，例如《熊出没》《大耳朵图图》，他会重复看很多遍，这让我觉得很无聊。我学习忙难得在周末看看电视，可我俩经常会为抢电视发生不愉快，有时候把我惹急了我也会打他。我跟他聊抖音、王者荣耀，他一脸懵地看着我，我和他不是一个阵营的。在知识水平上有很大的差别，有些事情说出来他也不懂，不能很好地交流沟通。我们想法、兴趣爱好、观点也都完全不一样，除了父母遗传的长相外，其他几乎没有共同点。我和我的好朋友在兴趣爱好上有很多共同点，而我和弟弟之间只能是血缘上的

兄弟关系，而不可能是亦兄亦友的关系，我们之间就是产生了不能跨越的鸿沟。（小唐，男，16岁，高一）

卡尔·曼海姆认为，纯粹时间上的同代性并不具有“代位置”的相同，只有参与到共同的经验中去才意味着共同的“代位置”。[①] 经历对个体的心理认知、价值观、行为方式具有重要的作用。如果缺乏共同的生活经历与较深的共同体验，即使是同一代人也会在很多方面出现较大差异。从前文的案例中可以看出，长子女与年幼的同胞尽管属于同一代人，但是出生的时间间隔较大，在其成长历程中各自所处的成长环境有很大差异甚至是截然不同，并不是在同一起跑线上共同成长，出现了交往的障碍。年幼的同胞不能满足长子女的精神需求，长子女转而会向同龄人寻求补偿，在日常生活中把与同龄人的交往放在更重要的位置，他们心中唯一的社会就是同龄人社会。随着岁月的流逝，时间悄悄地拉开了他们之间的距离。在教育经历、认知行为、兴趣爱好等方面，彼此之间都有着较大的不同，可能会产生矛盾。除了一种亲中有疏的隔阂，在生活中还会存在一定程度的以冲突或排斥为形式的隔阂。

在高度发达的现代，社会文化的速度、程度与范围都在快速向前推进，社会剧变日益激烈，使得传统意义上代沟的间隔极大缩短，早已不再只是存在于父母和子代两代人之间。[②] 长子女承受着榜样的压力，承担更多的责任去照顾和教育同胞。随着父母的逐渐老去，这种压力及责任感也更加强烈。社会文化日新月异，较大的年龄差距足以使他们在思维方式、价值观念、情感体验、语言习惯、兴趣爱好、关注热点等方面形成相当大的鸿沟，在他们之间筑起了一道无形的屏障。这阻碍了彼此间的交流沟通和亲密的同胞关系的产生。代沟是横亘在长子女与同胞之间

① ［德］卡尔·曼海姆：《卡尔·曼海姆精粹》，徐彬译，南京大学出版社2005年版。

② 陆杰华、韦晓丹：《“全面两孩”政策下大龄二孩家庭亲子/同胞关系的调适机理探究》，《河北学刊》2017年第6期。

的文化隔膜，站在代沟两侧的长子女与同胞被隔在了时代的两端，缺乏足够的交流和相互理解，最终可能会使矛盾激化。

四 社会化差异

目前，许多家庭可能面临着长子女与同胞的年龄差距有五六岁或者八九岁甚至十几岁。儿童与青少年时期是个体迅速发展的时期，他们在心理特征、社会角色等方面呈现较大的差别，尤其是在社会处于大变革的时代。[①] 作为家庭中曾经唯一的孩子，面对同胞的出生以及与其年龄间隔较大，长子女要扮演“兄姐”的角色。长子女继续社会化的一项重要内容就是应对家庭规模的扩大导致的生活冲击，并主动调整和积极适应新的角色。

> 这么大的年龄差距，我不可能站在同龄人的角度陪他一起玩耍，我已经习惯了“独生”的生活。我现在初三，马上要中考了，学习压力大，我弟弟还在傻玩，非常的皮，比如总会在某个时候大哭，可能只是因为一时没有理他，时不时还打个小报告。我也到了大家所说的青春叛逆期，抖音里说，打弟弟要趁小打，说得没错，有时听见他的哭声总会莫名心烦，我会凶他，或者是打他。他对我是既很黏人又会有一点畏惧。我的作业比较多，自然和弟弟的沟通交流不多，我也不了解小朋友的内心世界。他和我讲美国队长，我只会点头。我们一起去看电影，我关注的是主角的颜值，他关注的是“武器”。和弟弟相比，我更喜欢和身边的同学、朋友玩耍和聊天，不愿意和他一起玩，和小朋友有什么好玩的呢？不过想一想我们毕竟是同一个妈生的，是有着血缘关系的亲人。（小宋，女，15岁，初三）

① 风笑天、王晓焘：《从独生子女家庭走向后独生子女家庭——“全面二孩”政策与中国家庭模式的变化》，《中国青年社会科学》2016年第2期。

对于进入青春期的长子女来说，他们的独立性不断增强，其成人意识愈加显现。诚如小宋所说，自己与幼小的弟弟在心理特征、兴趣爱好、人际交往等方面都存在很大差异，希望在生活的各个方面展现一种新的姿态。青春期是个体生命历程中的一个特殊阶段，其身心处于一种非平衡状态。对于长子女来说，较长时间的独生子女生活产生的思维惯性使他们一时难以接纳同胞的出现。若长子女与同胞的年龄差距较小，从年幼时便开始相依相伴，有着共同的生活环境和父母的教育，有助于彼此之间相互适应。他们在共同社会化的过程中习得了关于同胞相处的规范，从而能慢慢适应彼此的行为方式。而在大龄多孩家庭中，长子女与年幼同胞关于同胞关系的社会化学习的场景差异非常大，这种从小根基于血缘之上的同胞关系又会引发其各种不同的反应。

有一个年龄相差较大的弟弟或妹妹是什么感觉？身边有朋友形容说，就像是自己养了一个孩子。软软糯糯的小孩，你看着他长大，看着他依赖你，这么想来这个形容真是非常贴切。我弟比我小12岁，压根就不是同龄人，在相处的过程中，我虽然是姐姐但有时候也会代替父母行使管教的职责。说起来我们之间的关系不错，不过还是觉得会有隔阂，毕竟年龄差距摆在那里。我少女懵懂的时候，他还在抢玩具。他从我身上获取成长的经验，而我也从他那里学习怎样做一个大人，慢慢适应他的到来。以后帮助弟弟，这个我觉得无可厚非，爸妈的年纪只会越来越大，做姐姐的肯定都不会去拒绝这个责任。再想远一点，以后我有了自己的小家庭，要抚养孩子，要照顾年迈的爸妈，弟弟以后的工作、结婚可能还需要我提供帮助。现在也不好预计，但那时面对工作压力，我个人的能力怎样也还是未知数，只怕心有余而力不足，难以想象。（小彭，女，17岁，高二）

因同胞的到来，原先家庭中的独生子女最直接的角色身份便是兄姐。

随着时间的流逝，父母逐渐老去，他们没有足够的精力去完全承担对孩子的照顾和抚养义务时，长子女不得不扮演“准家长”的角色。相对于“长兄”或“长姐”这一“显性”的角色，由于与同胞的年龄差距较大，长子女可能需要接受和适应“准家长”这一“隐性”的社会化角色。当然，在名义上长子女与年幼同胞属于同一代人，并没有家长的头衔，可是当父母由于年纪较大对孩子的抚育显得力不从心时，长子女不得不担负起照顾和抚养年幼同胞的重任。长子女在年幼同胞到来前仅承担着独生子女的角色，是家庭的中心与唯一，而同胞出生后不仅意味着自己多了一个弟弟或妹妹，就如小彭所说的，还相当于“自己养了一个孩子”。处于青少年阶段的长子女没有照顾弟弟或妹妹的经验，也没有足够的生活阅历，需要时间去适应哥哥或姐姐这一角色；同时照顾和抚育弟弟或妹妹会带来一系列的负担，帮助父母分担养育的压力，在未来的某个时段要面对兄姐、准家长、子女多重角色的交互。随着时间的推移，成年后的长子女既要赡养自己年老的父母，又要承担起照顾年幼的弟弟或妹妹的责任，还有自己的子女需要抚育和培养。中国传统文化中一直以来都有兄长照顾弟弟或妹妹的传统，“长兄如父”似乎在大龄多孩家庭中得以再现，当然这其中可能有些许的不情愿。

> 在妹妹面前我觉得我就是一个“权威”，她认为我这个姐姐所说的都是对的，只要是我说过的话都不会忘记。妹妹很小，她的说话、动作在我看来都很幼稚可笑。她很依赖我，也喜欢模仿我的动作和说话，什么事情都听我的。我们在一起相处的时间有限，童年生活不同，在家庭中我俩的地位也不同。妹妹现在上学前班，开始学拼音和数字了，有时候我会扮演“虎姐”的角色，对她学习方面有所要求，还监督她多看绘本。不按照我的要求就会惩罚她，她还不能理解这样做对她有什么好处。我想以后她慢慢长大就会理解我这个做姐姐的苦心了。(小刘，女，16 岁，高一)

从小刘的个案访谈中可以看出，长子女与年幼同胞出生顺序的不同和较大的年龄差距等因素，造成在大龄多孩家庭中同胞之间呈现等级的、动态的关系。面对同胞的出生，长子女往往起到带头作用，帮助父母照料、教导年幼同胞，代替父母行管教之责；通过示范、指导向年幼的同胞传授知识和技能，成为他们的榜样。年幼的同胞可能会模仿、追随和崇拜年龄较大的长子女，在彼此的交往互动中形成了不对等的同胞关系。同胞关系兼有因出生顺序的不同而形成的不平等成分，同胞之间的权利对比具有很强的年龄发展特点。调查发现，在后独生子女时代，由于“全面二孩”“三孩”政策实施的时间不太长，同胞的年龄较小，长子女在同胞关系中拥有绝对主导地位，从体力和智力上，年幼的同胞不能与社会化程度较高的长子女进行抗衡，长子女拥有绝对的领导权。

第四节 讨论与结论

一 讨论

20世纪70年代，玛格丽特·米德对代沟问题进行了分析，认为整个世界都面临着一个新局面，要正视世界所发生的一切，不同代际都是隔着深沟遥遥相对，体验着代际的那种疏远。由于时代背景、社会经历的不同，年轻的一代和年老的一代在价值理念、思想认识、生活方式、兴趣爱好等诸多方面表现出来的差异，容易引起分歧和冲突。①“每一代人都会书写自己这一代人的历史”，思想认识、价值观念、生活方式与时代差异使得代际的交往隔阂与矛盾冲突不仅存在于世代的亲子之间，一个家庭内部同代子女之间也可能存在。特别是在后独生子女时代，同一家庭内部兄弟姐妹之间在价值观念、认知行为、兴趣爱好、生活方式等方面存在差异，以及因亲情、注意力、利益等家庭内部资源竞争带来的紧

① ［美］玛格丽特·米德：《文化与承诺：一项有关代沟问题的研究》，周晓虹、周怡译，河北人民出版1987年版。

张关系和矛盾冲突而存在“代沟”。

传统意义上的代沟是以“代”为分界，是一种隔代年龄差异，呈现主体的不对称性。而“同胞隔阂”是同一代人之间的差异，不管是“90后”还是“00后”，也不管长子女与年幼同胞是相差七八岁一个代沟还是相差十几岁一个代沟，他们都是同代人，呈现的是一种对称性关系。从形成的时间来看，传统代沟具有时间的渐进性特征。虽然不同代之间差异明显，但是社会变迁对不同代人的思想、行为等各方面带来的冲击不易察觉，要经过较长的时间才会浮出水面。在现代社会剧变日益激烈的背景下，这种“突袭”给处于青少年阶段的长子女带来了较大的压力，使其在思想认知、价值观念、行为方式等方面与同胞的差异在短时期内得以迅速形成。长子女处于青少年阶段，这正是个体发展的“风暴期”。随着身心的不断成熟，个体的异质性也在不断增强，在青少年群体内部“同胞隔阂”的表现程度也不一样，处于变化之中，具有易变性特征。对于同一代中的长子女与年幼同胞，尽管他们生活在同一时代，可是在思想认知、行为方式、情感体验等方面表现出了非同时代性，具有显著的差异。也就是说，长子女与年幼同胞实际是在不同的主观时代生活。出生在同一代的人也会在诸多方面出现分化、差异甚至是冲突，他们生活在不同的主观时代。

在后独生子女时代，如果高龄产妇选择继续生育，就会出现年龄间隔较大的同胞关系。[①] 兄弟姐妹之间在交往的过程中容易产生隔阂，同时，他们会带来家庭结构和家庭关系的变动和挑战。诚然，不管是在生育政策出台以前还是之后，我们都不能否认文化变迁、经济发展等因素对同胞关系发生隔阂产生影响的事实。在高度发达的现代，社会文化变迁的速度越来越快。随着社会剧变日益激烈，同一家庭内部的子女在其成长历程中，各自所处的成长环境也许截然不同，这直接导致同胞关系

① 风笑天、王晓焘：《从独生子女家庭走向后独生子女家庭——“全面二孩”政策与中国家庭模式的变化》，《中国青年社会科学》2016 年第 2 期。

也在发生着深刻变化。由于种种因素，物理空间距离的产生，同胞手足缺乏直接的互动，阻碍了他们之间形成亲密的同胞关系，而亲密的手足之情是需要频繁且直接面对面地沟通与交往的。这种情况在那些年龄间隔比较大的兄弟姐妹中表现得更为明显。家庭内部资源分配，因子女增加而不断减少。当父母对家中子女表现出差别对待时，子女间由于资源争夺导致的“同胞隔阂”愈加明显。当然，同胞之间的隔阂千差万别。正如列夫·托尔斯泰所言，幸福的家庭都是相似的，不幸的家庭各有各的不幸。

卡尔·曼海姆把代看成一种社会现象，在研究代问题时强调了“代位置”这一概念，认为只是时间和生物意义上的同时代不能产生相同的“代位置”。只有经历了共同的事件，形成了相似的“层化”意识，才能构成相同的“代位置”。“代位置”相同的人处于共同的文化场域，拥有共同的成员身份，受到相同事件的影响，形成现实的代，而在同一现实代之下又可能存在不同的代单位，分别用自己的方式进行回应，整理共同的经验。① 卡尔·曼海姆强调了地位和经历的影响，如果没有相同的经历、地位和体验，即使是同一代人，也会在很多方面表现出差异。在大龄多孩家庭中，长子女与年幼同胞虽然是同一代人，但是他们在教育程度、思想认识、同胞地位等方面会有明显差异，对事物的认知难以达成一致性，不能感同身受，无法形成同群感。而且长子女与年幼同胞的经历差异很大，会对其价值观、思想认识、行为方式产生极其重要的影响。对于处于不同人生成长阶段的长子女和同胞，其年龄段存在自然差别，他们的认知能力和成熟程度不同。而当年幼同胞在主体意识觉醒时，其所处环境与长子女是截然不同的，开启的是另一种全新的体验和经历，使得他们即使是同代群体，“代位置”也是不同的，所以在思维方式、目标追求、情感体验、行为模式等诸多方面具有明显的差异，心理距离和矛盾进一步显现，出现了“同胞隔阂”。

① ［德］卡尔·曼海姆：《卡尔·曼海姆精粹》，徐彬译，南京大学出版社 2005 年版。

二 结论

同胞关系是个体一生中持续时间最长的一种家庭关系，特别是在儿童和青少年时期，同胞手足作为伙伴和榜样，对个体人格发展和生命成长具有直接的作用。在当前“三孩”政策启幕之时，聚焦家庭内部同胞之间出现的隔阂具有重要意义。因为实施了近四十年的独生子女政策，当下很多父母普遍没有与同胞相处的经历。既有的社会制度都是围绕着独生子女政策，因而具有一定的文化惯性。在许多家长看来，“摸着石头过河”、双方在事业与家庭之间“踩钢丝”是新一代父母的集体表征。事实上，“三孩”政策刚刚起跑，无数的小家庭会因此而发生改变。未来随着家庭中的孩子们进入中小学以及婚育阶段，生育政策会导致家庭结构、家庭关系的变迁更为明显。本章探究后独生子女时代背景下同胞年龄间隔较大的现象，这些同胞会产生手足隔阂，同胞之间的隔阂具有鲜明的时代性。对于“同胞隔阂”的探讨，可以解释打算或已经再次生育的家庭中，长子女对同胞产生排斥、敌视的原因；还可以看到同胞的出生对家庭系统带来挑战，帮助父母和长子女提前应对，做好准备引导他们尽快适应新的家庭关系，学习新的社会化的内容。政府、社会公众也都需要更为科学、健康的家庭生育观念和家庭生活适应技巧，及时地预防和应对潜在的以及正在发生的“同胞隔阂”与家庭危机，以培育亲密温暖的家庭关系。

第九章

“同胞隔阂”下的家庭变革

计划生育政策对中国社会产生了深刻的影响，并造就了独生子女这一特殊群体。随着社会的发展，也产生了一系列新问题，如人口老龄化加速、出生性别比失调等。在此背景下，中国的生育政策不断进行调整。“全面二孩”政策的实施，意味着在中华民族“生生不息”的种族绵延中，实施近四十年的独生子女政策宣告退出历史的舞台，推动中国家庭进入了后独生子女时代。[①] 2021 年 8 月，随着“三孩”生育政策正式入法，人口生育政策的重大调整可能带来劳动生产、消费、人口结构等社会经济的转变。当前社会转型对家庭的调整与发展产生了最直接的影响，当然这一切效应的前提是家庭发生了生育行为，生育了多个孩子。事实上，“三孩”政策的初衷和追求的目标并不是普遍生育三孩，而是要提高人口出生率，满足多元化的生育需求。因此，将“可以生育三孩”和“鼓励、提倡生育二孩”相结合，不仅符合当前缓解人口老龄化、提高人口出生率的现实需要，更符合中国人口长期均衡发展的要求。[②] 对于女性来说，其是生育的主要承担者，但是其他家庭成员都要参与到养育中来。这是在生育第一个孩子后，家庭系统不得不再次面临的一次重大转变。父母能否顺利过渡与适应，对其婚姻关系、亲子关系和家庭稳定产生了

① 风笑天、王晓焘：《从独生子女家庭走向后独生子女家庭——“全面二孩”政策与我国家庭模式的变化》，《中国青年社会科学》2016 年第 2 期。

② 风笑天：《中国人口政策调整的影响分析与社会学意义——以人民为中心促进人口与社会可持续发展》，《人民论坛》2021 年第 32 期。

直接影响。尽管有了育儿的经验，但是孩子的出生并不能简单理解为增加了家庭的照料负担和经济压力。[①] 在微观视域下，孩子的出生带来的是家庭成员角色的重塑，增加了新的家庭关系，家庭结构发生重组。在这一转变中，整个家庭面临着压力。因此需要有相关的制度保障和社会支持来应对压力与挑战，保证再次生育的顺利完成。

国内已有家庭领域中同胞关系与家庭发展的研究，主要有以下两条分析路径。一是偏重于教育学和心理科学，从微观层面探讨家庭内部发展。其成果聚焦于采取实验法和问卷法，分析子女数量及相关变量（如性别、年龄差、出生次序、同胞关系组合）对家庭中养育、资源分配和教育发展的影响。[②] 二是从宏观层面关注国家生育政策和人口增长、经济社会发展的相关研究。随着社会的发展，生育政策也因时而变，“三孩”政策就是逐步推进的过程。同时，部分研究者也从家庭层面分析了“二孩”生育的可能性以及对中国家庭发展产生的影响，如生育意愿、生育行为和生育政策的实施对夫妻关系、亲子关系、养老方式、养育模式等家庭结构变迁产生的影响等。[③] 总的来说，与以往对家庭代际关系的研究形成鲜明对比，当代国内社会学、文化学、人口学缺乏对同胞关系的深入研究，鲜有实证研究去探讨微观家庭在生育政策调整后受到的影响，即对同胞关系和家庭发展的研究滞后于现实社会的需求。

在微观视域下，家庭成员的增加使得家庭关系发生变化，在生育政策调整中家庭系统面对的压力理应得到检视。随着“三孩”政策的实施，

---

① 刘婷婷：《从“一孩”到“二孩”：家庭系统的转变与调适》，《中国青年研究》2017 年第 10 期。

② 陈斌斌等：《二胎进行时：头胎儿童在向同胞关系过渡时的生理和心理变化及其影响因素》，《心理科学进展》2016 年第 6 期；赵凤青、俞国良：《同胞关系及其与儿童青少年社会性发展的关系》，《心理科学进展》2017 年第 5 期；独旭、张海峰：《子女数量对家庭经济决策的影响》，《武汉大学学报》（哲学社会科学版）2018 年第 5 期。

③ 陆杰华、韦晓丹：《“全面两孩”政策下大龄二孩家庭亲子/同胞关系的调适机理探究》，《河北学刊》2017 年第 6 期；吴帆：《全面放开二孩后的女性发展风险与家庭政策支持》，《西安交通大学学报》（社会科学版）2016 年第 6 期；刘小峰、刘庆、徐欢腾：《“亲”密无间？——教育成长过程中的家庭同胞关系与手足之情》，《青年研究》2020 年第 4 期。

无数小家庭会因此发生变化。因此从家庭出发，厘清该政策对家庭产生的影响，深入分析生育政策带来的效应与启示作用。而当前有很多育龄期的女性年龄偏大，她们在选择再次生育后不得不面对孩子之间年龄间隔较大的“尴尬”，往往相差七八岁，甚至十来岁。这会导致家庭关系进一步复杂化，同胞关系也不同于普通的多孩家庭，容易产生交往的隔阂。在未来，孩子们进入中小学和婚育阶段，将会给家庭系统带来更显著的变革。本章聚焦的议题是在家庭内部，兄弟姐妹之间较大的年龄间隔对家庭的子代关系有何影响？兄弟姐妹间如何相处，会导致怎样的家庭变化？以此为基础进行分析，试图为多孩家庭的家庭转变与适应提供有益的启发和指导，回应社会关切。

第一节　后独生子女时代对家庭的影响

一　家庭户规模的扩大

在后独生子女时代，有些家庭会选择生育多个孩子，家庭的扩展期得到了延续，扩大了户规模。“三孩”政策的实施导致生育两个、三个孩子覆盖到了全部育龄人群中。原先的“三口之家”因一部分家庭会选择生育二孩、三孩，转变成“四口之家”“五口之家”，家庭户的规模在扩大。此前由于计划生育政策的影响，平均家庭户规模迅速缩小，多数家庭在生育了一孩后就完成了家庭的扩展。从全国人口普查数据来看，从20世纪80年代开始，中国家庭户的规模就在减少，“三普”数据显示中国家庭户规模是4.43人，“四普”和“五普”时期家庭户规模分别为3.96人和3.46人，而到了“六普”时下降到3.10人，可见家庭户规模的变动呈现不断减少的态势。这种趋势与家庭核心化密切相关，当子女成年组建家庭后更多地选择独立生活，主干家庭日益减少。[①] 另外，“三孩”政策追求的目标是提高人口出生率，满足多元化的生育需求，使父

① 吕红平：《全面两孩政策的家庭效应》，《社会科学家》2017年第5期。

母年老时出现空巢家庭的可能性降低。对于独生子女家庭而言，父母空巢使得家庭户规模减小。随着家庭中子女数的增加，父母与其中一个子女共同生活的概率会更大，即在多孩家庭中，子女与父母组成主干家庭的可能性更大，当然两个、三个子女也有可能成年缔结婚姻后与父母共同生活，形成联合家庭。由于社会流动日益频繁，父母与子女的居住模式发生了很大变化，居住方式对家庭户规模产生了怎样的影响，值得未来进一步探讨。①

随着生育政策的“松绑”，在生活压力剧增、生育观念变化的背景下，生育多个孩子可能更加具有选择性。加里·S. 贝克尔认为，生育是家庭的一种消费行为，需要父母投入大量的时间等成本，在家庭经济条件不变的前提下，随着子女数量的增加，生育带来的回报是边际效用递减的。② 生育了多个孩子的家庭已经从第一个孩子的照料中获取了经验，但是孩子的增加也加重了经济负担和抚育责任，倍增的家庭压力可能会加剧既有的家庭问题。因生育多个孩子导致的家庭户规模的扩大并不是“多添一副碗筷”的事情，应该是经过认真权衡和思考而做出的家庭决策。

二　家庭关系复杂化

在独生子女家庭，由于只有一个子女，父母和子女构成了直接的三角关系，家庭关系包括夫妻关系和亲子关系。而在后独生子女时代，部分家庭会生育多个孩子，随着子女数量的增加，家庭面临着更复杂的关系，家庭关系更为多样化，在已有家庭关系的基础上增加了同胞手足关系。可见父母要同时与多个子女形成亲子关系，子女之间还会构成兄弟姐妹关系。从家庭系统理论来看，家庭子系统之间、家庭成员之间相互

① 风笑天、王晓焘：《从独生子女家庭走向后独生子女家庭——“全面二孩”政策与我国家庭模式的变化》，《中国青年社会科学》2016 年第 2 期。

② ［美］加里·S. 贝克尔：《人类行为的经济分析》，王业宇、陈琪译，格致出版社、上海三联书店、上海人民出版社 2015 年版。

联结，各个组成部分相互影响、相互作用，任何一个组成部分的变动都会对其他部分和整体产生影响。从某种程度而言，较之于一孩，二孩、三孩的出生对家庭系统的影响更复杂，对于夫妻双方不仅是彼此关系的再次调适，还意味着已有的亲子关系也要发生变化，同时增加了同胞关系。在后独生子女时代，多孩家庭的家庭关系需要“继续社会化”。

第一，随着同胞的出生，家庭关系中可能最先受到影响的是夫妻关系。同胞出生后尽管夫妻双方有着一孩的育儿经验，但是对新出生孩子的照顾与教养也可能会影响夫妻间的关系。他们要不断协调婚姻关系与亲子关系，所以在彼此互动中婚姻关系需要进行调适。有研究对比了不同胎次对婚姻满意度的影响，认为生育子女之后在家庭转型时期都会出现婚姻满意度下降的情况，生育多个孩子的家庭中夫妻关系的亲密度与情感表达较之于独生子女家庭更低。[①] 多个孩子的出生增加了家庭的照料和经济压力，家庭关系也变得复杂，夫妻双方发生矛盾和冲突的可能性增加，对婚姻关系的稳定性产生了影响，需要形成新的互动机制以适应新的家庭关系。[②] 第二，家庭中子女的扩容使得父母要协调与孩子们的关系，同时也要求长子女扮演好哥哥或姐姐的角色，接受同胞到来的现实，主动学习角色规范。同胞的出生使长子女的身份角色更加明确，兄弟姐妹之间要分享父母的关怀和照顾。尽管从长远来说，同胞关系有助于子女的成长，但是对于早已习惯了独生子女身份的长子女来说，调整自己的角色也是一次巨大的转型，对其身心发展具有重要影响。同胞关系应该是多孩家庭在相当长时间内要面临的一项重要议题。第三，同胞的到来也对既有的亲子关系产生了影响。原有独生子女家庭中的亲子关系因为同胞的到来变得复杂和多样化。长子女不再能专享父母的情感资源，

① S. Gameiro, M. Moura-Ramos, M. C. Canavarro, "Maternal Adjustment to the Birth of Child: Primiparity versus Multiparity", *Journal of Reproductive and Infant Psychology*, Vol. 27, No. 3, 2009, pp. 269 – 286.

② 刘婷婷:《从“一孩”到“二孩”: 家庭系统的转变与调适》,《中国青年研究》2017 年第 10 期。

需要接纳同胞与分享家庭资源。父母要担负养育孩子们的责任，而且要协调和孩子的关系。由于孩子的年龄间隔较大，同胞年幼而长子女处于青少年时期，在亲子互动中可能会存在差别对待的方式，但本质上来说亲子关系是完全相同的。

后独生子女时代，同胞的出生意味着家庭系统的再次转型。不仅是家庭子女数量的增加，原本的独生子女成为长子女，被赋予兄姐的角色，在已有的家庭系统中产生了手足子系统。家庭关系日益复杂化，让家庭生活呈现多姿多彩的一面。另外家庭子系统相互交织，使得互动的方式和机制更复杂，在角色的转换与学习中出现不适应问题，考验着家庭内部的平衡。从某种程度来说，同胞的出生冲击了家庭业已形成的平衡，婚姻关系可能会受此影响，家庭的重心发生转移，夫妻互动减弱，围绕子女的养育可能产生矛盾。这需要夫妻双方再次调适婚姻关系。父母与长子女原有的亲子关系也会发生改变，与孩子们形成新的亲子关系，子女之间还会形成同胞手足关系。结构性重组，夫妻关系、亲子关系与同胞关系相互交织，使得家庭在转型时期充满了紧张与压力，这一家庭系统的重要转变为家庭达到新的平衡增加了难度。

三　家庭结构逐步变迁

后独生子女时代，家庭户子女数量的增加不会立刻对中国的家庭结构产生实质性影响。随着子女长大成年进入婚育阶段，生育政策的调整对家庭结构产生的“滞后”效应才会逐步显现出来。在独生子女家庭，当子女成年因上学或就业离家时，家庭结构就会发生变化，由核心家庭向“空巢”家庭突变。独生子女结婚、生育，其居住方式会使家庭结构呈现不同特点。如果独生子女在结婚后向往独立自由的生活，选择不与父母同住而是离开家庭独自居住，就会形成子代的核心家庭结构和亲代的夫妇家庭结构；而且客观上随着独生子女外出上学和就业的机会不断增大，婚后会与父母异地居住，可能会提高子代的核心家庭比例和亲代的空巢家庭比例。如果他们结婚后仍然选择与父母同住，就会形成主干家庭。独生子女家庭较之于多孩家庭，亲代与已经结婚的子代之间代际合作与互动更为频繁，尤其是在子代的孩子年纪尚小希望父母给予更多的帮助与支持时，亲代、子代和孙子女容易形成生活共同体，使得主干家庭增加。

在多孩家庭中，当子女都离开家庭，形成的是子女各自组建的核心家庭以及父母的空巢家庭。如果只有一个子女离开父母家庭，而另一个子女选择与父母共同居住，就会形成一个子女组建的核心家庭，父母与另一个子女同住形成的主干家庭。在这一过程中，父母与一个子女同住就是"干"，另一个子女组建的核心家庭则形成了"支"。[①] 在多孩家庭中，随着子女进入婚育阶段，可能形成父母的空巢家庭和子女各自组建的核心家庭，或者父母与其中一个子女形成主干家庭和其他子女组建的核心家庭。如果考虑子女的年龄差距，家庭结构的变迁可能更复杂。由此可见，在后独生子女时代背景下，核心家庭的数量可能会上升，主干家庭依然是中国家庭中一种重要的形式，保持相对稳定的特点。

四　家庭生命周期发生变化

按照婚姻、生育、子女成年离家等重要事件分类，家庭的生命周期可以分为形成、扩展、稳定、收缩、空巢和解体六个阶段。虽然在现代社会，家庭的形态日益多元化，但是绝大多数家庭依然会选择生儿育女。在计划生育政策实施以前，中国的多孩家庭非常常见。1970 年妇女的总和生育率为 5.8，若按照每隔两年生育一个孩子，有学者测算家庭的扩展阶段会有十多年的时间。[②] 随着计划生育政策的实施，家庭的扩展受到了极大影响。随着子女的出生，家庭在形态上形成了"三口之家"。当不再增加子女数量时，家庭就完成了扩展阶段。而后家庭进入稳定阶段，当

① 风笑天、王晓焘：《从独生子女家庭走向后独生子女家庭——"全面二孩"政策与我国家庭模式的变化》，《中国青年社会科学》2016 年第 2 期。

② 吕红平：《全面两孩政策的家庭效应》，《社会科学家》2017 年第 5 期。

独生子女离开家庭时，家庭便会进入收缩阶段。可见扩展和收缩阶段迅速就会完成，生命周期也相对简单。在后独生子女时代，部分家庭会选择生育多个孩子，家庭的户规模扩大的同时，也影响着家庭生命周期阶段。当一孩出生后，家庭进入扩展阶段，直到多个孩子的出生才意味着家庭扩展阶段结束，随后家庭便进入较长时期的稳定阶段。与独生子女家庭比较，在多孩家庭中第一个孩子的出生并不表示家庭扩展阶段的终结，而是存在两个阶段——扩展开始和扩展完成。在家庭形态上，第一个孩子的出生形成了“三口之家”，而后二孩、三孩的出生使家庭扩展为“四口之家”“五口之家”，进入了多孩的家庭结构，随后家庭将长时间地保持稳定阶段。当一孩离开家庭时，就进入收缩阶段，但不像独生子女家庭立刻完成了收缩阶段。直到多个孩子离开了家庭，才标志着收缩阶段的完成。随后家庭迈入空巢阶段，以夫妇空巢的形式保持较长时间直至一方死亡，意味着家庭的解体。可见，与独生子女家庭相比，在多孩家庭中扩展阶段要延续到多个孩子的出生，而收缩阶段也要更迟，会延续到多个孩子离开家庭。因此，后独生子女时代家庭的生命周期发生了变化，有助于发挥家庭的功能。

受计划生育政策的影响，中国出现了大量的独生子女家庭，家庭呈现出户规模缩小、关系中心化、结构简单化的特点，同时也带来了家庭亲属关系的缺失，增加了独生子女的养老负担和家庭风险等问题。在后独生子女时代，家庭能够自主选择生育多个孩子。从家庭的生命历程来看，多个孩子的出生如同一孩的出生，是家庭生命周期中的重要节点。家庭的再次生育绝不是简单重复着个体的生育实践，而是具有转型意义的家庭重要事件。随着“三孩”政策的实施，将会有越来越多的家庭选择再次生育，这对家庭产生了重要影响，使得家庭户规模、家庭关系、家庭结构和家庭的生命周期发生了明显的变化，因此要更多地关注生育政策“松绑”下家庭的微观动态，如何适应和需要提供怎样的支持以促进人口的发展。

第二节 “同胞隔阂”下的家庭变革

在中国社会，生育（孩子）从来都不是个人的事情，它深深地嵌入整个大家庭中。一个家庭子代中当孩子的年龄差距较大时，带来的家庭效应和社会影响需要得到密切关注。“代内年龄差”较大所导致的“同胞隔阂”，是在社会结构转型的过程中传统“代沟”发生变化的一种新的表现形式，具有鲜明的时代性。一方面，“代内年龄差”现象总是客观存在的，只是在后独生子女时代才逐渐凸显。另一方面，“代内年龄差”较大所引发的“同胞隔阂”和家庭的可能变革值得关注。

一 社会化内容与家庭养育模式变革

（一）长子女社会化的新内容

在后独生子女时代，长子女面对同胞最可能产生的就是情感稀释和财产分割问题。同胞的到来使得独生子女不再独享家庭资源，为其社会化增加了新的内容和议题。在同胞出生初期，心理的落差更大于年龄的差距，长子女将视其为“抢夺者”，可能出现排斥情绪。而且，对于业已成人的部分长子女，同胞的出现使他们开始担心对未来的财产如何分配和继承。从此意义来说，长子女要学会面对和接受“被分散”的或“被稀释”的亲子关系。

说起自己的弟弟，小冉用“混世小魔王”来形容。自从有了弟弟，我就很烦他，有时候控制不住自己的情绪。他会挨我的拳头。我不得不承认我们之间有隔阂。我的同学都羡慕说，我有个弟弟真好。而我总是冷笑一声：“呵，谁有谁知道！”虽然曾经也有“恨”，但毕竟是亲弟弟，一个妈生的，我们已经一起生活差不多5年，也有很多开心的回忆。现在我努力尝试着用平和的心态去接受弟弟的到来，什么事情都让着他，有点哥哥的样子，慢慢适应一家四口的

生活。(小冉，男，15 岁，初三)

已经习惯了家里只有我一个孩子的“独生”生活，不太能接受有新成员的加入，可是看到妹妹出生时小小的萌样，我就忍不住逗她。我一直是家里的“掌上明珠”，妹妹的到来，使父母对我的关注不像以前了。家中无论发生了什么事，都是以妹妹为主，她总是优先。想到这里，我对妹妹又多了一份抵触排斥。我一度以为是她夺走了属于我的一切，她是我的“小克星”。但是在与妹妹的朝夕相处中，我也开始学会适应她带给我的“麻烦”，也许这就是血缘相连的微妙与神奇，把我们紧紧连在一起。(小胡，女，13 岁，初一)

长子女首先需要面对的是自己心理上的变化。对于普通的多孩家庭的孩子来说，在成长过程中与兄弟姐妹的朝夕相伴，使其自然而然地学习了一项社会化内容：习得兄弟姐妹的角色规范与适应同胞手足关系。在大龄多孩家庭中，进入青少年阶段的长子女相对于年幼的同胞，自我意识已经有了较大发展，独生子女的生活模式已嵌入他们的日常行为中。从小冉和小胡的个案访谈中可以看到，同胞的到来显然会打破既有的生活模式，在家庭的转型期会引发阵痛感。他们还没有充分认识到兄姐的角色，担忧同胞的到来可能会给自己的生活带来变化，不知道应该如何与同胞相处。当长子女与同胞的年龄间隔较大时，关于同胞关系社会化学习的场景则有着较大的差异。长子女早已经习惯了独生子女的身份，角色意识更强烈，“独享”家庭的经济资源和情感资源。这种特定的家庭环境使他们认为自己就是家庭的“唯一”，最受关注、重视和保护。现在突然要让他们去接受一个比自己更小、更需要帮助的同胞，他们就会产生较大的心理落差。长子女的优先权被剥夺，父母的注意力分散给同胞，甚至认为自己在家庭中的中心地位被取代，其心理肯定会面临一系列的冲击和挑战，出现某种不适应。

另外，大龄多孩家庭还有一个重要的特点。普通多孩家庭孩子们的年龄间隔不大，长子女在年幼时就迎来同胞的出生，他们之间会有着较多共同的童年生活经历，父母会在他们年幼时就对他们进行教育引导，长时间的接触与共同生活有助于同胞之间相互学习和彼此适应。在共同社会化过程中，他们学习了兄弟姐妹的角色规范，在认知和情感上的可塑性较强，能尽快适应同胞的出生并让其顺利过渡到“情感稀释”阶段，逐渐适应彼此。而大龄多孩家庭中，较大的年龄差距给他们的社会化带来新的图景。确如小冉所言，要学会慢慢适应弟弟的到来，调整自己的心态，扮演好哥哥的角色。处于不同年龄阶段的长子女和同胞，其心理特征有很大差异，对于家庭成员的接纳和家庭关系的适应程度也不同。长子女面临的新的社会化任务就是，积极面对同胞的到来给他们带来的心理冲击，在家庭的协同教育下主动学习角色规范，积极适应家庭生活。

作为家庭中的长子女，要客观地看待与同胞的差异，改变认知方式，提高共情能力。长子女要充分认识自己在同胞关系中的角色。同胞的到来减少了父母照顾长子女的时间和精力，长子女应努力理解父母对自己态度和行为的变化，重新看待变化了的亲子关系，理解父母对自己与同胞是本质相同的关爱。面对年龄较小的同胞，长子女要直面同胞带来的心理冲击和情感的“威胁”，适应和学习“兄姐”的角色，唤起自身的责任意识，完成同胞角色的转化。同时也要坦然面对同胞间的冲突与心理距离，去除“同胞竞争”心理，选择礼让和承担，进行正确的归因，提升自己的情绪管理和行为控制能力，要以平和、包容的心态与同胞进行互动，养成相互分享的品质。

（二）长子女进入“准家长”的角色

在费孝通描绘的中国农业文明时代，社会文化演变速度非常慢，常态是一个“熟悉”的乡土社会。[①] 这时中国社会中子女众多的家庭结构是一种常态，子女的年龄相对平均。在这样的一种生长环境下，兄弟姐妹之间的相处比较平稳。由于他们从小就适应了多孩家庭，很少与同胞产生竞争；反而，长子女会扮演“准家长”的角色，肩负起照顾同胞的责

① 费孝通：《乡土中国》（修订本），上海人民出版社2013年版。

任。强烈的责任感有助于长子女在与同胞的相处中发挥“准家长”效应，承担起对整个家庭的重任。在大龄多孩家庭中，当父母日益衰老没有足够的精力对未成年子女进行照顾和养育时，由于兄弟姐妹之间的年龄间隔较大，长子女既扮演着兄姐的角色，可能还要扮演另一个“隐性的”社会化角色——“准家长”。

没有弟弟的时候，我不知道怎样才能做个好哥哥，完全没想过怎么当哥哥。好在弟弟出生后，爸妈对于我们两人没有偏心和倾斜，也经常跟我说要多让着弟弟，起到带头作用。我也常提醒自己不要和弟弟太计较，有一个哥哥应该有的样子。在相处的过程中，我应该做一个好哥哥。有时候我们之间也会产生冲突，但都是以我的退让结束，我知道做哥哥或姐姐的总是会被要求让着自己的弟弟或妹妹，这无可厚非。与弟弟一起成长，我也学习到了怎样做一个哥哥，我从一个小孩成长为一个少年，而弟弟也在慢慢长大，我们之间变得越发亲密，我逐步适应了有他的生活，弟弟也在我的管教下比较听话，这就是我和弟弟的日常生活。（小严，14岁，男，初二）

从小严的案例中可以看出，长子女在面对同胞时，最直接的角色便是兄姐，这一角色是直接而外露的。在独生子女家庭，只有一个孩子，相对于父母他们只需要承担“子女”这一种社会角色，在成长过程中没有兄弟姐妹的陪伴，自然也不会承担起兄姐或弟妹的角色，缺乏对兄弟姐妹的认知，甚至不会理解兄姐或弟妹的角色规范是什么。父母和他人不会对家庭中这个唯一的孩子有兄姐或弟妹的角色期待，他们也不会按照兄姐或弟妹的角色期待与他人互动。可是，当同胞出生以后，不管长子女是否愿意，他都已经开始扮演哥哥或姐姐的角色。而父母也有责任给长子女传授有关角色的规范和行为方式，让其开始学习如何做哥哥或姐姐，使他们在互动中逐步关爱、支持与接纳彼此。而对于年幼的同胞来说，父母也应该教育和引导他们习得弟弟或妹妹的角色规范和行为，有助于他们培养亲密的同胞关系。

我和我妹虽是同辈，但隔了也有十岁，就不是同一个时代的人。我作为家里的老大，从独生子突然变成了哥哥，在这样的关系中，我认为自己更像是一个“家长”。最让我烦恼的是妹妹的任性，面对她的无理要求我都会坚决拒绝，还会尝试着给她讲道理，不管她能否听懂。对妹妹的教育是我这个哥哥的责任，有时候我会向父母抱怨，对我的要求这么高。现在我想通了，因为我有了一个比我小十岁的妹妹，我身上的责任又重了几分。父母日渐年老，当他们对妹妹的教育力不从心、没有更多精力照顾妹妹时，我的重要性就显现出来了。我不仅是一个哥哥，更多的是从父母的角度去陪伴她成长，怕错过她一个又一个成长的瞬间，第一次学会写自己的名字、第一次上台表演、第一次背诵古诗，我都亲眼看见了。我妹马上要上小学了，我要学着爸妈的模样去引导她的学习和生活，照顾和培养妹妹，觉得自己的责任真是重大啊。(小鄢，男，16岁，高一)

由于同胞之间的年龄间隔较大，长子女可能还要扮演另一个“隐性的”社会化角色——“准家长”。随着年龄的增长，当父母难以承担起对同胞的抚养和教育时，年龄较大的长子女心智发展相对成熟，要主动进行换位思考，从双亲的角度尝试理解父母因再次生育带来的压力和辛苦。面对自己血缘上的至亲，长子女要做力所能及的事情，扮演好哥哥或姐姐的角色，甚至不得不扮演“准家长”的角色，与父母共同承担对同胞的养育，缓解父母的养育压力。长子女协同父母抚养照料年幼的同胞，参与到同胞成长的过程中，体验到有同胞手足的生活乐趣，用自己的陪伴与照顾去爱护同胞，感受到生命成长的神奇。诚如小鄢所说，对于妹妹的出生，自己不仅是要学习和扮演哥哥的角色，更多的是从父母的角度来陪伴和教育她，扮演“准家长”的角色。在与笔者的交流中，小鄢一直强调的关键词是“责任感”，对自己的妹妹也有“硬”的一面。在教育妹妹方面他有自己的看法，意识到在妹妹的成长中他应该担负起陪伴、关心、教导的责任。

当然，长子女与同胞是同一辈人，名义上来说没有家长这一头衔，但是在实际生活中又不得不承担一定的属于父母的照顾和养育责任。在中国的传统文化中，长兄在家庭地位中的不可替代性影响着其他的家庭成员。在讲究伦理道德的社会，“长兄如父”诠释了长兄对弟弟或妹妹的责任。长兄照顾弟弟或妹妹是他们义不容辞的责任。因此在大龄多孩家庭中，长子女与同胞之间不仅是同胞手足的亲情，一种类似于上下辈之意的养育之情也嵌入他们的情感中。长子女一旦承担了“准家长”的角色，父母和他人就会按照角色的规范要求和行为方式赋予长子女角色期待，也就是期待和要求长子女按照角色的规范与同胞进行互动。

（三）家庭养育结构变革

在后独生子女时代，由于兄弟姐妹之间的年龄间隔较大，长子女要学习扮演好“准家长”角色。因同胞的出生，长子女最直接的角色身份是兄姐，随着父母逐渐老去，不能完全担负起对同胞的抚养时，长子女就要扮演“准家长”的角色，履行照护责任。在中国的传统文化中，“长兄如父”历来就注重兄长对弟弟或妹妹的抚育之责。长兄要爱护自己的弟弟或妹妹，还要承担抚养与教育他们的重任。[①] 在未来的某个时间，长子女可能还会出现兄长、家长、子女的角色交互——抚育自己未成年的子女，同时赡养年迈的父母，还需要照顾和培养年幼的弟弟或妹妹。

以前没有妹妹的时候，一家三口挺好的，也不用想着爸妈偏心，反正我自己就是家庭生活的焦点。现在多了一个妹妹，家里的长辈自然会偏爱她一些。我还要想着自己是姐姐，什么事情都要迁就她。怎么说呢，我和妹妹没有那种浓浓的、亲密的姐妹情深，可能是我

① 陆杰华、韦晓丹：《“全面两孩”政策下大龄二孩家庭亲子/同胞关系的调适机理探究》，《河北学刊》2017 年第 6 期。

和我妹年龄差太多的原因吧。她今年5岁，而我都上高中了。我们之间的差异太大，我心里有什么想法也不会告诉她，反正她也听不懂。我知道长子女需要承担更多的责任，帮助爸妈多分担一些事，照顾好弟弟或妹妹。而在我家，妹妹还太小，我不会和她斤斤计较，也能理解爸妈对她的格外照顾。妹妹毕竟是我生命中最重要的人之一，自己应该做个好榜样。有时候真觉得我妈是给我生了个孩子。俗话说“长兄如父”，我知道自己以后的责任很大，以后妹妹上学、工作，我这个当姐姐的，肯定都要管。明年我就要上大学了，再想远一点有一天我工作了，要结婚生子，压力很大。不仅如此，我还要照顾好这个小妹妹，成为她成长路上最信赖的依靠，为爸妈分担养育妹妹的责任。爸妈的年纪是越来越大，作为家里的老大，当然要去赡养他们，我还得给我妹当“妈”，把妹妹当自己的孩子来照看，想到这里头就有点大。(小刘，女，16岁，高一)

在交谈中，笔者能感受到对于新增的家庭成员，小刘的语气显得颇有些无奈。在一部分心智较为成熟的长子女眼里，同胞的出生不仅意味着自己多了个弟弟或妹妹，还“相当于父母给自己生了个孩子”，使得家庭的养育结构发生了变化。特别是高龄的父母难以完全负担对年幼孩子的抚育时，不再仅仅是父母承担起养育子女的责任，长子女也要加入其中，尽到父母般的责任与义务，共同抚养和教育他们。这对于长子女来说，压力实在太沉重。社会现代化进程使得个体的自我意识日益提升，不断追求独立性。在多孩家庭中，兄弟姐妹在成年后彼此之间的横向联系在减少，联合家庭的模式被打破。与自己的原生家庭对比，个体更加重视自己新组建的小家庭，强调对于小家庭的责任。随着现代社会压力的与日俱增，大多数青年人都感受到了生存和发展空间的挤压，生育意愿明显降低。为了实现自我价值，追求个人的发展，青年人不断推迟婚龄和育龄期，自己不愿意过早和过多地生育。让他们去帮助父母抚养和教育同胞，其中也夹杂着不情愿。

长子女也知道，在将来他们不得不面对一系列实际可见的压力，要在时间、精力、经济上为同胞的升学、就业、婚姻等方面提供切实的帮助，分担父母的责任。随着年龄的增长，长子女在未来也会进入婚育阶段。长子女要照看自己的孩子，又要赡养年迈的父母，同时作为家中的长子又要履行兄姐的职责，肩负起抚养、教育年幼的弟弟或妹妹的重任。长子女兼具家长、子女和兄姐三重角色，可能还会存在角色紧张。尽管长子女可能有些许的不情愿，但是“长兄如父”的传统文化在大龄多孩家庭中再次得到了实践。从情感上长子女与同胞之间不只是一种手足之情，还暗含着类似父母间的养育之情。

二 同胞手足之情与家庭关系复杂化

（一）亲子关系

随着年龄的不断增长，大龄多孩家庭的父母怎样更好地扮演自己的角色，是在家庭生活中必须直面的重要议题。

第一，父母与子女年龄差异过大，面临着一定的心理压力，并且极易产生“代沟”现象。高龄的父母和年幼的孩子之间的年龄差异不同于普通的多孩家庭，可能趋近于祖辈与孙辈之间的差别，这也说明相互之间在价值观念、生活态度、行为方式等方面都具有较大差异。

像我这样的高龄产妇，生二宝还是需要巨大的勇气的，现在一儿一女，左手牵个小的右手挽着老大，是很幸福，但是和身边的那些年轻的妈妈们一比较，有时觉得很无奈。比如我不喜欢去幼儿园参加亲子活动，有些家长是“90后”，看上去一脸的稚气，而我都40多岁了，显然不是一个年龄层次的。最尴尬的是，有个家长说我这个奶奶看上去好年轻啊，我顿时无语，我有这么老吗？二宝要上小学了，以后要是我去接他放学，同学们的家长都非常年轻，而我这个妈妈年龄这么大了，二宝会不会觉得别扭和尴尬呢？养个老二真心不容易，想到这里我们都不敢老。我和老公的年龄比较大了，老二才这么小，以后的交流沟通肯定会有分歧，我们不懂他的世界，说不定以后他跟姐姐的关系更好呢。（祝女士，45岁，自由职业）

一些高龄的女性抓住生育政策调整的机会再次生育，但是二孩带给他们的压力可能比一孩要更强烈。在生命历程中再次生育也是一项压力事件，区别在于不同的压力程度和压力来源。在当前社会转型时期，对于再次生育的高龄女性来说有了更多的描绘。生育政策的调整超出了很多家庭的生育准备，尤其是高龄的母亲做出了生育选择，但是又对育儿实践产生了诸多焦虑，她们面临着角色重构的困境，较低的自我效能感影响了其亲职功能。受到传统生育文化和生育健康认知的影响，人们对父母与子女之间的生理年龄差异有基本的共同认知。而在大龄多孩家庭，很明显父母与孩子的年龄差异超过了这个期待的区间，可能会引发他人的猜测等行为。确如祝女士所言，她就因为年龄比较大而被他人误以为是孩子的“奶奶”，她甚至担心将来年幼的孩子与同龄人比较可能会产生自卑感，在应对身份转变时处于困境与尴尬之中。这也说明对于高龄的父母，需要格外关注他们的内心世界，让父母尽快调整心态，帮助其积极适应身份转变。另外，与普通的多孩家庭不同，父母与孩子们的年龄差距过大，意味着其置身的社会生活环境有着巨大差异，在生活态度、思想观念、行为方式等方面存在巨大鸿沟，导致裂缝的产生，影响着他们之间思想与情感的交流，无法进行有效对话。双方之间格格不入，可能会阻碍亲密关系的形成，甚至发生冲突。随着时间的流逝，当老年父母没有能力开始向孩子们学习时，他们就成了“落伍者”。

第二，年龄的增长使得父母不能继续担负繁重的抚养责任。父母可能会期待长子女肩负起对同胞的抚养义务，这可能导致长子女的现实承受能力无法匹配文化道德合理性，使得长子女在养育同胞时和父母产生冲突。

老二出生的头两年，我每天忙得团团转……一点儿也不夸张。

我老公也帮忙照顾老二，接送老大上学，但两个孩子让我很吃力。我年纪大了身体恢复慢，养个孩子不容易，一心扑在孩子身上，稍微有一点差错我就会发脾气。现在老二上幼儿园了，我又重回工作岗位。我们夫妻俩年纪越来越大，精力跟不上。老大很懂事，说以后会帮着照顾弟弟，尽到姐姐的职责。在怎么教育老二的问题上，老大说得头头是道，我们落伍了。她的教育观念先进，教育弟弟不能再用当初我们教育她的方法。仔细想想，老大说得有道理，但是在有些问题上（比如老二将来的生活、就业），我们经常意见不一致。老大总是说我们过于焦虑、杞人忧天，我们想得确实比较长远，还想着以后老大有了孩子还能搭把手呢。（孟女士，42 岁，会计）

大龄多孩家庭中父母与孩子由于年龄间隔大，他们的养育更是辛苦不易，随着年龄增长难以完全承担起对孩子的照顾与抚育重任。不管是从体力、精力还是从智力上，父母对孩子的抚育都显得力不从心。甚至在有些家庭，他们之间的年龄间隔接近于祖孙关系，这给父母的照顾与养育行为带来了诸多挑战。除了日常的生活照料，父母还负有重要的教育责任，培养他们健全的人格品质，提升其知识素养，身体力行地树立榜样。父母不只提供物质资源，智识资源和精力资源也随着年龄的增长会更加繁重。这对于部分年纪渐长的父母来说，要独立担负这一重任无疑是非常困难的。确如孟女士所言，照顾二孩的精力跟不上，教育方法落伍了，经常和老大的意见不一致。当孩子逐渐长大，在成长过程中难免会出现困惑、焦虑、叛逆等青春期的各种问题。这考验着高龄父母的精力、育儿智慧与耐心，对于亲子关系也是一个极大的挑战。父母会将对年幼孩子的照看与抚育慢慢转移到长子女身上，两代人之间对育儿的理解和实践不同，可能会产生矛盾或冲突。另外，当长子女未来有了自己的孩子需要父母给予帮助时，父母在养育子女与帮助长子女照顾孙辈的第二轮抚育中承担的责任是不同的。对于孙辈主要是担负起日常生活的照料，只要“不出错”就可以，而对于子女除了承担基本生活的照顾，还要在知识教养方面担负重要职责。

第三，同胞的到来使大龄多孩家庭由“单中心”向“多中心”转变。在独生子女时代，唯一的孩子是家庭生活的中心或焦点。因同胞的出生，家庭关系发生了变化，长子女内心要经历“波动”的过程，父母需要平衡对孩子的关注度，在亲子关系中要体现“多向性”的特点。

> 没要二宝以前，傲傲是我们一家人的中心。自打我们家二宝出生，我明显感觉他的情绪变化很大，总是闷闷不乐，他觉得妹妹霸占了爸妈。我和他妈就告诉他，只是因为现在妹妹还小，爸妈可能要多些时间照顾这个小不点，我们依然和以前一样爱他。渐渐地，傲傲也懂事了一些，经常和我们交流他的想法，对妹妹也不错。我们夫妻俩达成一致，绝不能溺爱二宝，对两个孩子尽量做到相对公平。兄妹俩年龄差距较大，对待他们的方式肯定不一样，但有一点，我们都是付出了全部去爱他们。傲傲学习比较忙，平时我们会主动和他聊天，让他感受到我们对他的关注，答应他的事情都会守约，不让他失望。不会说二宝年龄小就一门心思围着她，我家傲傲性格有些敏感，需要更多的注意。有时候我们做错了事情都会主动跟孩子道歉，比如他妈妈经常给他一个拥抱，这就是爱的一种方式，尽量不偏袒任何一个孩子。(郭先生，44岁，企业高管)

父母要关注长子女情绪的“波动性”，考虑到孩子们的年龄、性格和感受，公平地对待他们。父母不仅要担负起对孩子的抚育，还要面对和长子女原本的互动关系的变化。当家庭从一孩转变到多孩，长子女不再“独享”家庭资源，要学会分享和接纳新的家庭成员。亲子关系与同胞关系相互作用，影响着家庭系统。同胞出生后，曾是家庭“唯一”的长子女不会立刻体会同胞手足的亲缘意义，在情感上难以接纳同胞，将同胞视作“闯入者”，给已有的亲子关系带来了挑战。在郭先生一家的案例中可以看到，长子女认为“妹妹霸占了爸妈”，总是闷闷不乐。在日常调查中，大多数家庭都认为家中只有一个孩子时，亲子关系较简单，随着孩子的增加，亲子关系变得复杂，对父母要求更高，引导长子女积极适应家庭关系去接纳同胞需要时间。同胞年幼，父母需要付出较多精力去抚育，而对长子女可能疏于照顾，尤其是母亲与长子女间的互动减少，而长子女也会表现出某种不适应，从而导致亲子关系较紧张。在这样的特殊状况下，亲子关系在家庭系统的转变与长子女的适应中发挥着中介作用。

父母在给予年幼的孩子优先的生活照料的同时，要及时关注长子女心理和情绪的变化，积极引导长子女适应新的家庭环境，了解兄姐应当承担的责任，使长子女能顺利度过这一成长时期。确如郭先生所言，在孩子刚出生时，他明显感觉到了长子女的情绪变化很大，在教养方式上根据孩子们的年龄差进行反思和调整，他也知道对孩子们要平衡，老大心理相对较成熟，很多事情可以理解，便以讲道理为主，尊重老大的意见，以讨论的方式去面对亲子关系，换一种表达爱的方式。从郭先生的语气中能感受到，再次生育后亲子陪伴上难免有冲突，但依然对孩子们有平等、深厚的爱。另外，部分家庭的父母在年纪较大时再次生育，正所谓“老来得子”，出于对其补偿的心理，可能会过度溺爱孩子，因此在孩子的教育问题上需要谨慎对待。

父母与孩子要建立信任、尊重与温暖的亲子关系，在沟通互动中给予孩子积极的回应和沟通，关注孩子的需求，让孩子感受到温暖的情感。对于年龄差距较大的孩子，要平衡好陪伴他们的时间和精力。对于正处于青少年阶段的长子女，父母要结合他们的认知和情感特点，给他们提供自由的成长空间，要以理解、包容之心倾听他们的心声，处理好亲子间的冲突，感知他们的同胞关系。父母要积极关注长子女的态度变化，营造和睦的家庭氛围，给予孩子更多的时间与空间，尤其要培养他们的共情能力，帮助他们正确认识同胞到来的意义，教导他们哥哥或姐姐的角色规范，将同胞手足的概念融入长子女的角色意识中，鼓励、引导他们之间互帮互助。要尊重长子女的成长规律，及时调整沟通交流的方式，允许他们表达自己的想法和感受，这样才能让长子女感受到父母对自己的理解、认可与支持，满足自尊需求，提升自己的适应性。长子女在父母的情感支持下建立的依恋情感会迁移到与同胞的交往中，逐渐培养出他们对同胞的责任感，更好地扮演哥哥或姐姐的角色，建立积极温和的沟通模式，增强与同胞的亲密互动，给予同胞更多的陪伴、关心与帮助。

（二）婚姻关系

后独生子女时代，家庭的再次生育给夫妻双方的婚姻关系增加了两项新内容：一是要开始适应生育政策的调整带来的自身变化，再次生育孩子面临着生理和心理的双重压力和挑战；二是要开始学习如何做更好的父母，并与子女之间建立亲密的情感。尽管本质相同，但与不同子女之间可能会出现差别对待。他们不仅要处理好与曾经是家庭中“唯一”的长子女的关系，同时还要抚养与教育一个幼小的生命。同胞之间较大的年龄间隔足以使其产生“代沟”。因此，对再次生育孩子的夫妇来说，要重新学习做父母，处理好与孩子们的关系，构建和谐的婚姻关系。①

对于很多欠缺同胞手足生活经验的父母来说，做出再次生育的选择是在幸福与忐忑中摸索。面对工作和家庭的多方压力，更多父母依然在徘徊。对于他们来说，再次生育就犹如在事业发展和家庭生活之间小心翼翼地踩钢丝。十六个接受《南方人物周刊》记者采访的家庭中，大部分都认为再次生育让母亲更辛苦。母亲要想同时抚育多个未成年的孩子，甚至在头几年得被迫放弃自己的工作。相比于父亲，母亲的付出更多。

一个娃的时候老人带的时间多，自从有了老二，老人年纪大了，老婆就辞职在家带娃。家务事一下多了起来，我听从她的安排，给老二把屎把尿、做饭洗衣。其实我也是硬着头皮上的，男的带娃嘛，毕竟不细心。我估算了一下，自己花在家庭、工作、个人上的时间

① 风笑天：《“单独二孩”生育政策对年轻家庭亲子社会化的影响》，《东南大学学报》（哲学社会科学版）2015 年第 4 期。

大概就是4：4：2，说完全心甘情愿好像有些自欺欺人。我偶尔发发牢骚，和老婆拌拌嘴，不过想想，最辛苦的还是她，我应该要理解她这个“高龄妈妈”，尽力做好她的帮手。我老婆原本是做销售工作的，年纪大了生的老二，身体恢复慢，她辞职在家三年多，老二上幼儿园了她才去上班。虽然三年多的时间没上班，但在家里一点也不轻松。比如每天一大早哄完了“小的”就要买菜做饭，转悠到了中午终于有了自己独处的时间，“小的”又开始闹腾，继续陪着“小的”玩、转悠，到了下午“大的”放学回来了要辅导作业，还要做晚饭。（万先生，45岁，工程师）

生育体现着家庭繁衍的功能，也是促进婚姻关系的重要条件。在家庭的发展过程中，婚姻关系既不是一成不变的，也不是呈线性变化的，特定阶段家庭生活的焦点对婚姻关系的变化有直接影响。纵向的亲子关系对横向的夫妻关系产生了重要作用，对子女的共同抚养体现了夫妻双方对彼此的关爱，父职参与育儿又是一项重要内容。在大龄多孩家庭中，孩子的再次到来某种程度上给夫妻之间的关系带来挑战。新的家庭成员增加了家庭的育儿成本，家庭关系更为复杂，在处理家庭事务时，夫妻之间发生矛盾和冲突的可能性更大，对婚姻满意度产生负面作用。已有研究表明，家庭特征与婚姻关系密切相关，再次生育后夫妻双方会经历婚姻的低谷，面临着婚姻满意度的下降。① 相对于初为父母者，因为有了一孩的生活经验，再次生育时夫妻对孩子的出生有着更实际的预期，在经历了短时的震荡后婚姻关系可能进入相对稳定阶段。② 面对孩子的出生，夫妻双方面临的主要问题就是育儿压力和家务劳动的增加。虽然丈

① S. Gameiro, M. Moura-Ramos, M. C. Canavarro, “Maternal Adjustment to the Birth of Child: Primiparity versus Multiparity”, *Journal of Reproductive and Infant Psychology*, Vol. 27, No. 3, 2009, pp. 269–286.

② 刘婷婷：《从“一孩”到“二孩”：家庭系统的转变与调适》，《中国青年研究》2017年第10期。

夫也会增加育儿与家务劳动的时间，但是对子女抚育的实际负担还是更多地由妻子完成，相比之下妻子的压力更大。在访谈中发现，大多数家庭都认为再次生育使妻子比丈夫更辛苦，尤其是孩子年幼时妻子做出的牺牲很大。孩子出生后更加忙碌的生活对婚姻关系是一种挑战，他们也更加关注婚姻关系。

第一，夫妻双方要开始适应再次生育导致的自身心理的变化。在后独生子女时代，继“全面二孩”政策后生育政策进一步调整和完善，2021 年全国正式实施“三孩”政策。对于“全面二孩”政策的目标群体，他们不像“双独夫妇”可以提前预知是否具有再次生育的权利，“双非夫妇”对于“是否再生育”“什么时间生育”“生育孩子间隔的时间”等一系列问题是非常被动的。受到生育政策的影响，他们不会提前和主动考虑这些问题，也不会相应做好再次生育孩子的心理准备，再次生育是不可能的事情。直到后独生子女时代的到来，“双非夫妇”面临着是否要再次生育的问题，尤其是高龄的女性由于年龄较大，需要马上做出决定是否再次生育。这种突如其来的再次生育会给高龄的父母带来不知所措和极大的不适应，由于事先不可预知，他们没有做好再次迎接孩子的思想准备和心理准备，造成了他们选择再次生育的被动性。他们也没有足够时间去考虑如何面对孩子之间复杂的关系，另外长期以来的独生子女政策使得社会文化也没有提供相关知识。

> 高龄妈妈需要和时间赛跑，当时我已经 37 岁了，再不赶上末班车就真生不了了。政策一出台我们就开始准备，心想有生大宝的经验，再养二宝应该问题不大。好运如期而来，二宝刚出生的那会儿，全家人都很开心，可每天面对生活的琐碎事情，我开始变得情绪不稳定，也许是年纪大了精力不济，比生一胎吃力很多，怀疑自己该不该生二胎。整天精神紧张，吃不好睡不香，要带两个孩子真是很辛苦，和我当初想的不一样，好像自己得了焦虑症，很崩溃。好在我老公不和我计较，主动分担了很多家务活，发现我心情不好的时

候，陪着我一起听听音乐、散散步以转移注意力，每个月都会带我去看一次电影。现在二宝上幼儿园了，感觉带孩子也稍微轻松了一点。在两个孩子的教育上，我们夫妻是一个整体，什么事情都是一起商量，然后做决定。（朱女士，41 岁，人力资源主管）

从案例中的朱女士可以看出，在生育政策调整后立刻把再次生育提到了日程上来，但是她并没有真正做好再次抚育孩子的准备。孩子们的养育并不是简单的“1+1=2”的问题，觉得自己有养育孩子的经验，却低估了再次生育带给自己和家庭的影响。自己的精神状态每况愈下，好在有了丈夫的支持和帮助，朱女士度过了育儿焦虑期，即使再次生育后也很重视婚姻关系。因此，高龄的父母打算再次生育的时候，需要及时调整个体的身心状态，对孩子的抚育做好充分的思想准备，迎接这个甜蜜的“负担”，主动地去增进夫妻间的交流，疏导婚姻中的矛盾和冲突，营造和谐的家庭氛围。

第二，要学习做孩子们的父母，建立亲密的亲子关系。在独生子女时代，“双非夫妇”只生育了一个孩子，很显然这个孩子是具有唯一性的独生子女，是家庭生活的焦点，“双非夫妇”在家庭中扮演着独生子女父母的角色，他们与这个孩子的亲子关系具有唯一性。[①] 家庭生活都是围绕着这一个孩子展开，父母扩大了这个孩子在家庭中占据的位置，自然这个唯一的孩子是最受关注和照顾的。他们对于再次生育孩子并没有充分的准备，也缺乏足够的知识去做孩子们的父母以及如何建构新的亲子关系，也就是说他们对再次生育产生的复杂的家庭关系认知不足。而随着孩子的出生，父母就要学习新的社会化内容：学习怎么做更好的父母，采取情感温暖的教养方式去养育年龄间隔较大的孩子们。尤其是要学会处理一前一后、年龄间隔较大形成的与孩子们之间的父子（女）关系、

① 风笑天：《“单独二孩”生育政策对年轻家庭亲子社会化的影响》，《东南大学学报》（哲学社会科学版）2015 年第 4 期。

母子（女）关系。虽然都是亲子关系，但是表现形式不完全相同，同时还要引导同胞关系的发展。

> 抚养一个孩子和抚养两个孩子的区别还是很大的，做父母的要同时照顾好两个孩子，做到对两个孩子的均衡，不偏袒任何一个。但是一个上初中一个上幼儿园，教育他们的方法肯定不一样。老大处于青春期，对妹妹的出生格外敏感，要求多，爱顶嘴。我有时候就吼他，但很多时候还是尊重老大，和他商量沟通着去处理矛盾。大家都觉得我更喜欢老二，其实都是自己的孩子，一样喜欢。老大就说我有了妹妹忘了他，只知道凶他。我就说要求肯定不同啊，妹妹现在能自己吃饭就可以了，但是老大不一样，不能按四岁小孩子的标准去要求他，最后他自己也不说话了。我们很注意老大的情绪，会让他帮着我一起照顾妹妹，有了这个过程就会让他觉得没有被爸妈忽视，而是和爸妈合力做一件事情，以此帮助老大消除嫉妒心理。（胡先生，42 岁，公务员）

从胡先生的个案访谈中可以看到，由于孩子们的年龄差距较大，父母与子女间的亲子关系是有差别的。父母也开始注意在亲子关系中家庭教养方式的重要性，根据子女的反应进行调整和反思。在日常调查中发现，当家庭中的二孩是女儿时，好几位父亲都表达了相同的感受，说“老大成天把你气死，老二把你逗得乐呵乐呵的，难免会偏心，有时候训完老大又很难过，一碗水端平好难啊，我们也知道要去平衡两个孩子”。父亲的语气中透露出的无奈与对子女深沉的爱，能让人感受到在日常教养中他内心的那份挣扎。子女是父母的一面镜子，父母要更多考虑青春期的长子女的感受，他们已然成为“小大人”，父母需要给予长子女心理上的足够支持，在照顾同胞的过程中感受到自身作用所在，有助于避免长子女心理上的不平衡产生的同胞竞争，促进同胞关系的发展。再次生育后家庭生活更加忙碌，这对已有的婚姻关系是一种冲击，尤其是孩子较小的时候，夫妻双方要学会做孩子们的父母，在家庭教养中既要注重“整体性”又要注重“差异性”，与年龄差距较大的孩子之间建立起本质相同但表现形式不完全一样的亲子关系。

(三) 手足关系

同胞关系是个体一生中持续时间最长的家庭关系，构成了青少年成长中一种重要的结构环境。在后独生子女时代，随着子女的增加，已经习惯于独生子女生活的家庭要开始适应家庭系统的改变。兄弟姐妹之间的年龄间隔构成了一种独特的家庭环境。目前年龄间隔到底多大有益于同胞关系的问题欠缺深入探讨，但是较小或较大的年龄间隔都不利于自身的发展，也会使同胞之间产生矛盾与冲突；另外，个体年龄的增长使得年龄间隔对彼此之间关系的影响也会下降。[①] 根基于血缘脐带之上的同胞手足关系，具有血缘的给定性与交往的互动性。[②]

第一，青少年成长过程中同胞关系的总体趋势较稳定，随着教育阶段的提升，手足之情日渐亲密，但“同胞隔阂”始终与之相伴随。“同胞隔阂”——这种由同代手足之间的差异而产生的距离感可能并不会亚于世代之间的“代沟”。在当今这个科学技术日新月异、多元文化不断更替的时代，同胞之间的隔阂越发凸显，尤其在一些年龄差距比较大的同胞之间，哥哥或姐姐更多地扮演着“准父母”的角色。在兄弟姐妹的互动中，既表现出彼此的合作，也会产生矛盾和冲突，同胞关系呈现亲密和隔阂共存的特点。

> 弟弟比我小 9 岁，我们俩年龄差距比较大，我都上初中了，他才上幼儿园，每次出去玩都喜欢跟在我后面，他很依赖我。一开始我其实很反对我父母生二胎，尤其是我妈年龄比较大了。不管是弟

① 陈斌斌等：《二胎进行时：头胎儿童在向同胞关系过渡时的生理和心理变化及其影响因素》，《心理科学进展》2016 年第 6 期。

② 刘小峰、刘庆、徐欢腾：《“亲”密无间？——教育成长过程中的家庭同胞关系与手足之情》，《青年研究》2020 年第 4 期。

弟还是妹妹，我都很排斥，毕竟我作为家中的独生子生活了十多年，突然出现一个弟弟，我一时心理上难以接受。不过后来等到弟弟出生，看见他的那一刻，我又有点喜欢他了。但是毕竟我们的生活习惯不一样，兴趣爱好完全不同，关注的事情也不同，弟弟太小了，有时候很吵闹，让我心情烦躁，我还会吵他，推他、打他几下。（小文，男，14岁，初二）

我有一个小妹妹，我比她大12岁，我们姐妹的关系还不错，在平时的生活中，我会给她买零食、陪她玩。我觉得有时候我真的就像“妈”一样去关心她、爱护她，给她提供一些生活上的帮助，我有责任去好好照顾她。但是我们之间没有共同语言，并不能以同龄人或者朋友的身份经常沟通、交流，还是有些隔阂难以避免。我感兴趣的东西我妹根本就不懂，她喜欢的东西我觉得太幼稚，一点也不好玩，我有小秘密也不会讲给她听，讲了也白讲。虽然我们是姐妹，但感觉我爸妈又给我生了一个“孩子”，我们俩年龄差距大，就不是“同一个世界”的人，她的“世界”我不懂。（小林，女，17岁，高二）

上述案例在大龄多孩家庭中较为常见，同胞关系中呈现出一种“亲中有疏”的特征，存在着以冲突、排斥、心理距离为表现形式的隔阂。如此案例，不胜枚举。一言以蔽之，访谈中发现，在青少年成年过程中，同胞关系的主导趋势是亲密，但“同胞隔阂”始终相伴，在大龄多孩家庭中普遍存在。不管生育政策是否发生调整，我们都不能否认社会发展、家庭环境等因素对同胞关系产生影响的事实。在现在高度发达的时代，社会文化的速度、程度和范围都在急剧推进。随着社会剧变日益激烈，同一家庭的子女由于其年龄差距较大，在其成长历程中各自所处的成长环境和经历会截然不同，使得同胞关系也在发生着深刻的变化。直接面对面的互动有助于建立亲密的情感。但是由于种种因素，物理空间距离的产生，减少了兄弟姐妹之间直接面对面交往互动的频次，给彼此间形成亲密的关系带来了消极作用，亲密关系的形成和维护离不开频繁且面对面的接触。在大龄多孩家庭中，同胞之间的年龄差距较大，哥哥或姐姐更多地扮演着“准父母”的角色，而非同伴群体。在这种处境中，同胞之间的差异、矛盾和冲突产生的距离感甚至并不亚于世代之间的“代沟”。

第二，同胞之间的出生顺序和较大的年龄差距等因素，造成在大龄多孩家庭中同胞关系呈现等级的、动态的关系。从同胞关系中的权利对比维度可以看出，同胞出生的顺序影响着个体在家庭中的地位，也决定了彼此之间的互动模式。① 面对同胞的出生，长子女不再是家庭中唯一的孩子，由于年龄差距较大，他们往往起到带头作用帮助父母照料、教导同胞，通过示范、指导向年幼的同胞传授知识和技能，扮演着教师和榜样的角色，同胞则扮演学生和被教导的角色，可能会不自觉地模仿、追随和崇拜年龄较大的长子女，在这一互动过程中形成了不对等性的同胞关系。同胞关系因为出生顺序不同而具有不平等性。在不同的年龄发展阶段，同胞权利对比也会出现变化。随着年龄的增长，个体心智不断成熟，兄弟姐妹之间的地位和相对权力向平等化方向发展，他们更容易相互理解、尊重和赞赏对方，关系变得更加平等。

说起这个妹妹，就是一个十足的“小跟班”，总是黏着我，我去哪里她都要跟着，我就是她的“老大”，带着她玩，管着她。平时我总喜欢“使唤”她，比如让她给我倒杯水、拿点东西什么的是家常便饭，当然了有时候还“欺负她”。她的口头禅就是“这是我哥哥说的”，总认为我这个哥哥说的做的都是对的。只要是我说过的话，她都记得很清楚，要她往东她不敢往西，我的话特别有用。她跟小朋友玩的时候还喜欢模仿我的语气说话，真逗。爸妈很忙的时候我会帮着照顾妹妹，画画班布置的作业我会帮着她一起做，她调皮不听

① 董颖红：《被忽视的家庭关系——同胞关系对个体心理和行为发展的影响》，中国社会科学出版社 2018 年版。

话的时候我就会学着爸妈的模样“教训”她，这种感觉真的不错！不过等她上了小学和初中，就不能再任由我的想法“命令”了，那个时候她就有自己的想法了。（小万，男，13岁，初一）

同胞之间的权利对比具有很强的年龄发展特点。调查发现，在后独生子女时代，由于“全面二孩”政策和“三孩”政策实施的时间不太长，同胞的年龄尚小，长子女对同胞具有绝对的主导权，在体力和智力上，同胞都无法与社会化程度较高的长子女充分抗衡，而对于有弟弟或妹妹的男孩来说，更是拥有绝对的领导权。确如小万所言，作为兄长的他在妹妹面前就是“老大”，安排或者指导妹妹做一些事情，可以主宰、支配妹妹。出生顺序和年龄间隔等先天因素导致同胞关系存在着不平等。同胞的出生使家庭内部格局和权力结构发生变化，长子女拥有一定的特权和威信。曾经作为独生子女的长子女在家庭生活中已经看到“家长”这一角色所拥有的权力，当同胞出生后，长子女会模仿父母教育同胞，行使父母的权力。在与同胞的互动中，长子女满足了对权力的渴望，拥有绝对的指挥权，长子女是同胞生活中的榜样和模仿的对象，其言行举止都会对同胞产生影响。

第三节　讨论与结论

一　讨论

对于家庭而言，再次生育不仅仅意味着家庭人口数的增加，也并不是简单复制一孩的生育经验，而是家庭系统发生变化，是家庭生命周期中的一个关键节点。① 在当前人口政策下，生育多个孩子意味着家庭规模的扩展，家庭关系结构发生重组，赋予一孩新的角色和身份，父母也面

① 刘婷婷：《从“一孩”到“二孩”：家庭系统的转变与调适》，《中国青年研究》2017年第10期。

临着新的角色挑战，原有的家庭关系变得更加复杂化。从家庭系统理论检视这一转变过程，家庭在新的生态格局中产生了一定程度的紧张与压力。对于很多高龄的女性来说，受人口政策的影响再次生育不是其生育的理想时点，同时很多家庭都缺乏足够的心理准备就匆忙做出了生育的决定，高龄产妇、事业和家庭生活的冲突、子女抚育等问题都一一显现出来。在家庭关系中，父母与孩子的年龄差距过大，孩子之间的年龄间隔较大，使得家庭关系进一步复杂化。

在中国社会的家庭抚育中，同胞关系尤为重要。费孝通观察到中国传统社会家庭结构的“同胞关系”和“长幼有序”；① 同时，中国传统的社会伦理道德一直在鼓励和倡导兄弟姐妹之间的互帮互助，如民谚“骨肉天亲，同枝连起”“血浓于水”等。但是，家庭内部如果兄弟姐妹之间有了较大的年龄间隔，相互间的交往互动就会呈现新的变化，尽管这些社会变革目前还只是处于萌芽的阶段。显而易见，同胞之间的年龄间隔较大，导致在心理归属、情感适应和个人继续社会化方面产生差异。即使这不是一成不变的，至少是必然发生过的情感危机，抑或是当前暂时性的同胞关系常态。然而，年龄间隔较大的同胞之间一定会出现情感危机吗，同胞之间的隔阂能被挽救或修复吗？未来随着二孩、三孩相继进入中小学和婚育阶段，家庭结构会发生明显的变化。

> 在小学六年级时我妈说想给我生一个妹妹，记得当时我心理上是不能接受的。在和爸妈的交流中我慢慢了解了他们的想法，他们说尊重我的想法，后来我还是很不情愿地同意了。就这样，我们家增加了一位新成员，变成了四口之家。一直以来我都是家里的独生女，习惯了爸妈对我的关注，不愿意与妹妹分享原本属于我的一切。但是随着妹妹慢慢长大，我好像也没那么讨厌她了。因为我们两人的年龄差太大，我还是更喜欢和同学一起玩。她的想法和行为在我

① 费孝通：《乡土中国》（修订本），上海人民出版社 2013 年版。

看来是多么的幼稚和可笑。不过我的妹妹十分黏我。我与她在相处的过程中，不仅仅是那种姐姐和妹妹的关系，作为老大我有时候甚至会行使特权，就是一个小家长的样子。爸妈平时很忙，我只要有时间就去照顾她。我会陪她搭积木、玩滑板车、画画……虽然我也不是很愿意，谁让她是我妹妹呢。爸妈喜欢说教，教育孩子还是老一套的方法，我妹似乎更听我的话。与妹妹相处的几年时间里，我逐渐体会了姐姐这一称呼的责任感，但总感觉和她不是一个时代的人。

妹妹的到来给我们家还是增添了不少压力，但爸妈并没有放松对我学习的监督。在学习上有什么要求都会尽力支持我，在他们的能力范围内给我创造条件，提供好的学习环境，希望我能考上好大学，也给妹妹树立一个榜样。在这样的家庭氛围下，我时时不忘提醒自己、鼓励自己，要对得起自己和家人，不要辜负自己的努力和家人的期待。虽说妹妹还在上幼儿园，但爸妈很注重对她各方面能力的培养，要妹妹以我为榜样向我学习。我爸常说姐妹之间要相亲相爱，我相信以后我的家庭会越来越好。（一位 2005 年出生的高中生的日记自述)

二 结论

从一孩到多孩的转变，是家庭与社会系统共同建构的结果。在这一转变中考察家庭系统的变革是探讨再生育实践机制的重要路径，也是认识后独生子女时代生育政策调整的一个独特视角。对于大龄多孩家庭而言，再次生育并不是夫妻双方简单复制一孩的生育经验，而是家庭成员共同参与其中的家庭系统的变革。不仅意味着现有家庭规模的扩大、家庭关系的变化，也引发了抚养方式、子女继续社会化的新变革；在未来也会给家庭养老方式、家庭风险和家庭结构带来冲击和挑战。从微观视角来看，家庭在转变到新的生态关系的过程产生了紧张和压力，这就需要发展不同的策略使家庭系统面对这一变革。父母是孩子的第一任老师，应该在家庭系统的转变中发挥重要作用。因为再次生育产生了诸如子女的照顾、家庭关系的协调、家庭养育模式等问题，父母可以通过对内调整家庭内部的职责分工和关系模式、对外调整资源支持等方式进行积极应对以适应家庭的转变。

一言以蔽之，世代之间的继替推动了社会的不断发展，家庭生与不生的选择直接影响了生育政策“松绑”后的实施效果，也对中国家庭自身变迁的方向产生重要作用。对后独生子女时代背景下的同胞关系展开探讨，有望开启重构“多子女”家庭理想的可能。未来需要在生育政策实行一段时间后大规模地收集经验数据，才能探其长远。

需要说明的是，由于访谈对象主要是青少年和他们的父母，对于青少年的心理、情绪和行为变化的了解多从青少年自身和母亲的描述中获取，而对于亲子关系的变化也主要是从母亲的访谈中得知。所以没有完全展示婚姻关系和亲子关系中双主体的特征，同时由于访谈中产生的困难，父亲对于亲子关系和婚姻关系的描述大都只是寥寥几句，没有进行更多的深入思考，父亲视角下只是较为粗略地呈现了家庭的状况。

第四编

对策建议与总结

第十章

同胞关系的应对与调适

近四十年的独生子女政策一定程度上掩盖了中国家庭内部的同胞关系，使得当下很多父母缺乏手足相处的成长经验。同时，既有的家庭发展模式、教育规划都长期围绕独生子女进行，形成了一定的文化和社会惯性。从这个意义上说，“全面二孩”和“三孩”生育政策是对同胞关系的一种“拯救”。在后独生子女时代，受到生育政策的鼓励，很多家庭开始考虑要不要“生”的问题，在“生与不生”的社会关注下，中国家庭内部的同胞关系日益呈现在大众的视野；另外，很多家庭还要考虑如何“养”的长远问题，处理孩子之间的关系成为父母面临的一项重要的教育挑战。生育政策的重大调整可能带来劳动生产、消费、人口结构等社会经济的转变，当前社会转型也对中国家庭的调整与发展产生了最直接的影响，当然这一切效应的前提是家庭再次发生了生育行为。这并不是简单复制先前生育一孩的经验，或是家庭人口数的增加和照料责任的递增，而是家庭系统的转型。一孩也被赋予了新的身份，家庭成员的角色进行着重塑，在原有的家庭关系格局中增加了同胞关系子系统，已有的婚姻关系和亲子关系也面临着变化。父母不能只依赖原有的养育模式和经验去适应新的角色。再次生育是家庭生命历程中的一个重要节点，是家庭系统再一次大的变动。[①] 家庭在这一转变过程中需要应对诸多压力和挑

① 刘婷婷：《从“一孩”到“二孩”：家庭系统的转变与调适》，《中国青年研究》2017年第10期。

战，能否顺利完成从一孩到多孩的转变直接影响着父母的婚姻质量、育儿的质量和家庭的和谐稳定。

在家庭系统的转变过程中，家庭系统各个组成部分交互作用，与外部环境系统不断进行互动。在面临转变的结构压力下，同胞关系子系统与亲子关系子系统、婚姻关系子系统相互影响，如女性较大的压力加剧了婚姻的冲突，可能会采取过于严厉的教养方式，婚姻关系的不和谐和教育子女的困难又导致女性更加焦虑；亲子关系与婚姻关系相互渗透，如婚姻冲突会影响亲子间的依恋关系，原有亲子关系模式受损也会降低对婚姻的满意度；同胞关系子系统与亲子关系子系统相互作用，如母亲增加了对年幼同胞的照顾可能引发长子女对同胞的不满，同胞间的矛盾又会导致母亲的管制更严格。同胞的出生使得家庭从一孩过渡到多孩，这是充满变化的复杂过程。

年龄间隔较大的兄弟姐妹之间不仅会产生手足隔阂，而且会对已有的家庭结构、抚养方式和家庭关系带来新的变动，尤其是婚姻关系与亲子关系也变得更加复杂。家庭始终是子女成长最重要的生活环境，家庭生活是否和谐与父母婚姻关系、亲子关系、同胞手足关系密切相关。家庭是一个复杂的有机整体，各个子系统之间相互作用对家庭功能产生影响。同胞关系与父母婚姻关系、亲子关系密切相关。父母应该在家庭系统的转变与结构的调整中发挥重要作用，直面同胞关系与家庭的变革，可以借助对外调整资源支持、对内调整家庭内部的职责分工和关系模式等方式进行积极应对以适应家庭的转变。

第一节　构建多元社会支持体系

在家庭危机理论看来，家庭的再次生育是家庭发展过程中的一项压力事件，充满了挑战，能否顺利度过危机取决于家庭是否拥有适应性的资源，包括个人资源、家庭资源和社会资源。当下，抚养子女的负担几乎全部落在家庭上，受到就业与子女照顾的双重挤压，大多数家庭依然是依靠家庭资源的内部整合来面对再次生育带来的压力。祖父母和亲属网络是重要的育儿支持来源，祖代参与抚育已经成为一种常态。家庭政策仍然以救助和补缺为导向，家庭友好政策存在缺位，公共支持资源十分有限，需要国家和社会层面加快制度配套的建设。“家国同构”是中国家庭的一个重要特征，家庭既是经济单位，也是秩序单位、教化单位和福利单位。根据家庭需求发展家庭友好政策，形成友好的人文关怀氛围，提供实际支持以提升家庭的发展能力，将促进“三孩”政策的推进。

一 完善与生育相关的假期政策

在当前生育政策下，政府需要从社会政策上引导父母共同承担育儿的责任，完善与生育有关的假期政策，设置灵活的父母假，保障父母的育儿时间，鼓励父亲积极参与、更多分担育儿的责任。尽管全国多个地方延长了父亲陪产假的时间，但是还远不能满足实际的育儿需求。当前父职为家庭提供了主要的经济支持，在抚育子女的过程中却表现出了缺位，在保障女性正常产假的前提下，增加父母育儿假、父亲陪产假、临时育儿假和亲职假等，从制度上保证照顾时间的增加。这些灵活充分的假期安排改变了照顾责任女性化的角色分工，减轻了女性的照顾压力，增强了父亲的角色意识与分工，给予了父母时间弹性以缓解他们在子女照顾中的时间压力。既可以让父母共同承担育儿工作和家庭事务，又给予了他们一定的弹性空间照顾婴幼儿。通过建立规章制度，母亲可以根据自身情况与用人单位协商，将假期在一定时间内分散使用。尤其要注意的是，父亲陪产假和父亲假要仅限父亲使用，完善至少两周的父亲陪产假制度，方能让父亲不受工作的束缚以有更多的时间专门照料子女。休假时间可根据女性需求集中在生产前两周，或者分散在一年内，并提供法律保障使其落实执行。父亲作为母亲的助手深度参与育儿工作，不仅分担了养育的压力，也有利于子女性别社会化的发展和两性平等的劳动分工。家庭内部分工的变化缓解了女性遭遇的就业歧视，降低了因再次生育可能导致女性被迫离职的可能性，促进性别公正与平等。

二　发展多元化的育儿社会支持体系

托育需求随着当前生育政策的推进也在不断增长，特别是3岁以前幼儿的托育服务远不能满足家庭的刚性需求，社会化看护服务供给极其不足，主要是由昂贵的市场服务来填补缺口，超过了很多家庭的承受能力。[①] 托育服务是一项系统工程，政府需要完善有关托育的社会政策，发展辅助性的托育相关福利，整合服务体系，逐步形成对育儿服务的社会化统筹。将儿童的照料与教育作为公共服务的重要组成部分，国家提供托育的公共服务，增加育儿服务公共资源的供给，保障服务的全覆盖。政府提供入托补贴、儿童津贴、监护人津贴、家庭福利金等，缓解家庭的经济压力。

建立主体多元、形式灵活、性质多样的托育服务系统，形成政府为主导、市场为主体、社会为补充、家庭为基础的服务格局。[②] 政府要鼓励与支持托育服务机构的发展，通过购买服务为托育机构提供多种补贴，确保婴幼儿照顾的公益属性，同时通过市场化力量的介入提供照顾服务，依托社会资本的作用弥补机构照料的欠缺。鼓励社会力量积极参与，支持各种民间的托管机构、互助社开展服务，按照社会组织的形式予以引导，规范其运行标准，缓解家庭的育儿困难。托育服务可以通过新建更多公立的托儿所、幼儿园，补贴私立的托儿所、幼儿园，还可以对抚幼家庭提供儿童保育津贴。充分发挥社区的作用，托社区搭建平台，做好相关配套服务，发展形式多样的育儿服务，例如上门提供专业化的婴幼儿服务，推动组合式服务，开展课后托管、计时托管、夜间抚育等。不仅针对0—3岁的婴幼儿，还要为3岁以上儿童开展形式多样的托管服务，减轻家庭照顾压力。

---

① 蒙克：《“就业—生育”关系转变和双薪型家庭政策的兴起——从发达国家经验看我国“二孩”时代家庭政策》，《社会学研究》2017年第5期。

② 杨菊华：《新时代“幼有所育”何以实现》，《江苏行政学院学报》2019年第1期。

三　切实保障女性的就业福祉

当前部分女性年龄较大，她们已超过最佳的生育年龄，因再次生育要付出较多的时间与精力，在家庭与事业之间“踩钢丝”，或舍业生娃，或弃职从家，影响了她们的平等就业权。政府要完善就业政策法规实施细则，加强执法监督。严厉打击就业中的性别歧视，保障女性就业的基本权益，切实维护女性的就业福祉，让女性获得公正的对待，能够施展自己的才华，体现自身的价值。拓宽职业晋升渠道，获得同等的晋升机会，更好地发挥自己的优势。对于因生育而中断了工作的女性来说，消除其心理负担，发挥群团组织的力量以提供广泛的再就业信息，组织专场招聘会，开展再就业培训，提供更多就业岗位以吸纳她们就业，建立工作中断支持中心，畅通就业通道，建立补贴机制。对于女性创业人员要给予优待，让其在创业过程中获得更多的支持。探索灵活的就业体系，用人单位可以实施“家庭友好”建设，营造家庭友好型文化，适时采取家庭办公、远程办公等灵活的方式完成工作；适当实行弹性工作制，在不影响正常工作的前提下展现人文关怀，为女性提供较灵活的工作时间与空间，切实保障其对婴幼儿的看护，有效缓解家庭与工作的冲突，平衡家庭与工作的责任。

四　创造家庭支持和育儿友好的社会氛围

生养文化影响了父母的育儿实践。政府和社会应该借助各类传统媒体和新媒体的形式，拓展多样化的途径，宣传理性育儿的新理念，建构多孩母亲的新角色，倡导自然养育的新风尚。媒体应发挥其正面引导作用，传递正能量，不要过度渲染抚育孩子的难处。通过展播儿童和青少年成长的健康影视作品，在给他们带来快乐的同时又能渗透到对他们的教育中，使其了解同胞手足的相处之道，感恩父母之爱，积极面对同胞的到来。父母要给予孩子们平等的关注、尊重和爱，拒绝比较，公平对待，要挖掘每个孩子身上的优点，帮助他们发挥各自的长处，保护他们的自尊和自信。父母要引导孩子们学会礼让和分享，让孩子们和谐相处。当孩子们出现矛盾时，父母要善于观察，让孩子们自主讨论、自行解决问题。另外，适度进行隔代教养有助于建构积极的同胞关系。尤其是多孩家庭，父母面临较大的照顾压力，留给孩子们的时间相对较少，容易导致孩子们被忽视，而祖辈家长的时间相对充足，能够细心地观察孩子们的需求，耐心地倾听孩子们的心声。进行隔代教育要找到合适的平衡点，祖父母要理性地控制感情，不越位、不错位，合理给自己定位，乐于做家庭教育的配角。社会和家庭要尊重女性的生育权利和选择，做好照料孩子的充分准备，让男女两性共同分担家庭的责任，减少因为再次生育对女性发展带来的消极影响。特别是女性面临着沉重的照料负担，往往会陷入平等权与自我发展的迷思中。抚育孩子是夫妻双方共同的事业，尤其是多孩家庭，父母精力有限且生活压力大，更需要夫妻双方相互配合，共同参与到孩子的教养中，协商教育理念和教养方式，朝着同一个方向和目标教养子女。社会要倡导以平和的心态抚育孩子，崇尚自然的养育方式，引导父母更多关注孩子的兴趣爱好和心理发展，不要进行盲目攀比，避免家庭的教育焦虑。

第二节　维系融洽的婚姻相处之道

婚姻关系是家庭产生的基础，夫妻相互协作是一种理想状态，在日常生活中进行良好的家庭分工与协作，加强相互沟通与理解，提高婚姻质量，让家庭成为孩子温暖的港湾。由于欠缺抚育多个孩子的生活经验，再次生育增加了他们的照顾压力，尤其是母亲的年龄较大，需要花较多时间与精力抚育年幼的孩子，会对婚姻关系产生一定的影响。在家庭生活中夫妻双方要避免“以孩子为中心”的教养模式，和谐的婚姻关系是孩子成长的土壤，在孩子的成长过程中父母要起到榜样作用。父母要深刻认识到婚姻关系对子代同胞关系的重要性，真正为孩子成长负责，努力经营婚姻关系，形成温馨、美满的家庭氛围，提高婚姻满意度。

一　夫妻间加强情感互动

夫妻双方要彼此尊重与宽容、和谐相处。在多孩家庭中人际关系更为复杂，和谐温暖的家庭关系需要每一位家庭成员的积极参与。如果父母恩爱，相互尊重，那么孩子在家庭中就能受到良好的照顾和教育，他们就能心情愉悦地生活。在父母的影响下，孩子们也会成为一个温暖的人，容易营造出友好的氛围与同胞交往。夫妻双方要积极学习，树立正确的家庭观念，认真地对待婚姻和家庭，在婚姻关系中要注意自己的一言一行，珍惜对方的存在，不能将自己凌驾在对方之上，对对方颐指气使。在家庭地位上夫妻双方要平等，但是具体的家庭分工不一定要完全相同，积极处理各种家庭问题，调整对彼此的角色期待，科学合理地进行角色分工与协作，主动进行心理调节。在日常生活中学会关心和理解，体谅对方的感受，将对方当成自己的一部分；学会宽容和忍耐，珍惜彼此，不要斤斤计较一些小事情；学会变化，为夫妻情感增加新的色彩，减少育儿的焦虑情绪。对于对方的兴趣、爱好要充分尊重，给予对方足够的空间，共同协商讨论重大的家庭事务。如果只是小问题，对家庭不会造成消极影响，可以自行处理，给彼此留下一定的空间，增强心理上和情感上的联系。只有这样夫妻双方才能相互理解体谅，达到情感共融，做好再次生育的准备，共同投入对孩子的抚育中。

夫妻双方要提高沟通的质量。亲密的关系需要良好的沟通，如果缺乏足够的交流，夫妻之间也不会完全走入对方的内心世界，了解其想法和感受。夫妻双方要重视语言和情感的交流，主动学习沟通的技巧，态度真诚，积极表达自己真实的想法和感受，不能无理取闹，要求合情合理，不要节外生枝，避免使用侮辱性的话语，切忌口不择言。如果遇到问题双方就开始相互抱怨、指责，那么只会使夫妻感情受到伤害，最终引发婚姻危机。在沟通的过程中也要认真倾听，尊重彼此的想法，对对方的表达进行及时的回应，注重表达情感的方式，多看到对方的优点，学会欣赏对方，经常赞美对方，用真诚与宽容的态度获得彼此的信任和关爱。表达情感的方式有很多，除了语言表达，肢体动作也是传递情感的一种重要方式，一个不经意的微笑，一个发自内心的拥抱，一个深情款款的注视。夫妻之间可以通过这些方式倾诉着对彼此的爱意。夫妻之间如果长时间没有积极的情感表达，必然会冲淡夫妻关系，影响婚姻质量。要学会换位思考，站在对方角度更好地理解对方的观点，尽量减少误会，尝试多种解决问题的方式方法，增加安全感，营造温馨的家庭环境。

夫妻双方要寻找应对矛盾冲突的最佳方法。在夫妻相处中不可避免存在矛盾和冲突，关键在于理智地解决。婚姻中积累的各种问题要采取疏导的方式，一定要有平和的心态与耐心，不能使用伤害性的语言争吵。尽可能减少冲突，为孩子树立榜样，做好示范作用，降低婚姻冲突对亲子关系带来的负面作用。另外尽可能避免将不和谐的婚姻关系外溢到亲子关系中，或者让孩子卷入其中，最终孩子成为替罪羊，以堵住婚姻关系的溢出口，将夫妻矛盾在婚姻系统内部进行化解。夫妻双方要合理地控制情绪，和谐温馨的家庭环境对亲子关系又有积极的促进作用，孩子才会更具有安全感和幸福感，也愿意听从父母的教导。父母的支持与关注增强了孩子的自尊与自信，提升了他们的共情能力，有助于个体社会化的发展。反之双方把注意力更多放在情绪化行为上，整个家庭都会弥漫着紧张与压抑，无法营造一个和谐、温馨的家庭氛围，孩子们的心灵久而久之就会受到创伤，对孩子们造成巨大的负面影响。“冲突”中成长的孩子难以和自己的同胞友好相处，影响亲子关系和同胞关系，家庭的功能也会受此影响。

夫妻双方共同规划家庭的经济安排，注重生活仪式感，构建夫妻本位的家庭关系。夫妻间在家庭生活中因经济问题产生的矛盾会影响婚姻质量。因此夫妻双方要合理地安排和规划家庭的经济收入，共同讨论、协商和决定家庭重大的财政支出。此外，还可以将家庭收入的一部分用于提升夫妻间的闲暇生活质量，培养共同的兴趣，增加共同的活动。例如，夫妻在周末或闲暇时间选择看电影、共享晚餐或者旅行等，在重要的节日为对方精心准备礼物。这不仅有助于增强彼此的情感，同时也能合理安排家庭的收入。闲暇生活质量的提升有助于个体摆脱生活琐事的束缚，提高婚姻的满意度。从现代婚姻观来看，夫妻关系是家庭的核心，然后才有亲子关系，不能本末倒置。子女利益跟随婚姻关系之后，要用融洽的婚姻关系影响亲子之情和手足之情，温暖亲子关系和同胞关系，只有这样才能使家庭成员的关系更和谐，增强其主观福祉。

二 夫妻共同分担抚育工作

在日常生活中夫妻双方共同分担家庭事务是一种重要的行动激励。在传统的对孩子的抚育中，父职是相对缺位的。① 由于抚育伦理的变化，对孩子的抚养不能仅仅依靠母亲，而是夫妻双方的责任和义务。当抚育关系发生转变有了父亲的参与时，抚育工作成为夫妻间的一项重要议题。由于夫妻关系子系统与亲子关系子系统往往相互交织和相互印证，对孩子的抚育需要夫妻之间分担。父职的付出有助于构建和谐的家庭关系。现代家庭也因此产生了母亲主导、父亲主导的多种抚育模式。在对孩子的抚育中，夫妻双方要共同协商、达成共识，进行合理的家庭分工，让父亲在抚育子女的过程中扮演更积极的家庭角色。父亲参与抚育是育儿过程中的重要环节，作为父职的一个重要维度，分担养育责任体现着丈夫对妻子的关心。对孩子的抚养是夫妻双方一项共同的创造性事业，夫妻之间也应该做到相互合作，起到表率作用，以实际言行感染孩子，引导同胞之间展开亲密友好的合作，有助于他们提升同胞关系质量。

在家庭的抚养分工中，“父亲”的缺位是较普遍的现象。因家庭的再次生育，夫妻双方面临的重要问题就是育儿压力和家务劳动的增加。特别是再次生育后孩子处于幼儿时期，劳动负担较重，照顾压力较大，母亲更容易产生抚幼的焦虑。在对子女的抚育中，父亲角色与母亲角色是

---

① 王雨磊：《父职的脱嵌与再嵌：现代社会中的抚育关系与家庭伦理》，《中国青年研究》2020 年第 3 期。

一个整体，相互依赖。父亲不是一个独立的角色，要做一个好丈夫，要成为子女心中的理想父亲，就应当深度参与到对子女的抚育中。虽然父亲也会参与对子女的抚育，但是实际负担还是更多地由母亲完成，相比之下母亲受到再次生育的影响更大。尤其是孩子出生前后，母亲做出的牺牲很大。不仅仅是简单复制一孩的生活，再次生育后更加忙碌的生活对婚姻关系是一种挑战。夫妻双方需要根据各自家庭的实际情况审时度势，处理好职业与生活的关系，合理分配抚育工作，让父亲参与其中。父亲增加对家庭生活投入的时间，拓展和挖掘抚育工作的广度和深度，更多承担起对孩子们的照料、陪伴与教育，对提升婚姻质量与促进家庭和谐产生积极影响。

婚姻满意度对家庭关系产生直接作用，影响着同胞关系的发展。因再次生育后家庭琐事也会随之增加，夫妻间可能一定程度上减少了沟通与理解，冲突也会增加，婚姻满意度可能会呈现下降趋势。因此夫妻之间需要保持有效的沟通与协作，加强彼此间的积极互动，主动及时化解矛盾与冲突，提高婚姻满意度。夫妻间的婚姻满意度越高，他们在家庭关系中就会表达更多积极的情感，对孩子表现出更多接纳、支持的情感和行为；而婚姻关系越差，在面对孩子的消极情绪时则倾向于以非支持性的方式进行应对。情绪社会化行为是夫妻婚姻关系是否满意的晴雨表，婚姻关系直接影响着夫妻的情绪社会化行为。[①] 情绪社会化是婚姻关系影响同胞关系的一个重要途径，因为在和谐、安全的家庭情绪氛围中，同胞之间更容易形成亲密的关系。婚姻满意度越高，家庭的凝聚力越大，彼此给予的支持越多，对孩子的需求更加敏感，促进了亲子间的交往互动，同胞之间和谐相处；而冲突的婚姻关系使得夫妻将注意力更多集中在彼此间矛盾和情绪社会化行为上，产生了较多的消极情绪，导致了紧张的家庭情绪氛围，很少关注孩子的需求，引发亲子关系的疏离，并传

---

① 梁宗保等：《从婚姻关系到亲子关系：父母情绪表达的中介作用》，《心理学报》2013 年第 12 期。

递到同胞关系中，使得同胞之间在日常交往中也会产生紧张的气氛，影响了同胞间建立亲密的关系。

第三节　构建和谐的亲子关系

亲子关系直接影响着儿童和青少年的成长，并为其未来的人际关系发展奠定了基础。和谐的亲子关系需要父母与孩子相互交流与沟通、彼此尊重与接纳。亲子间的沟通是一个双向互动的过程，仅凭父母不能使亲子沟通顺畅进行，孩子的沟通能力也发挥着重要的作用。父母要做好充分的准备去处理与孩子们的亲子关系；同时，亲密的亲子关系也需要孩子的主动参与。两代人的共同协作与努力才能跨越亲子关系的障碍，父母要主动学习现代育人理念，孩子也要理解父母、学会换位思考与感恩。亲子关系在婚姻关系与同胞关系之间发挥着中介作用。仅仅通过提升夫妻间的婚姻满意度从而改善同胞关系，或许并不容易实现，合理的方式应该是以高质量的亲子互动来影响同胞关系的发展。在父母与孩子直接面对面的互动中，孩子习得了社会互动的技巧和处理矛盾冲突的方式，并会应用在与同胞的互动中。亲子互动的核心在于陪伴与言传身教。对孩子的陪伴有助于父母走进他们的内心，促进亲密的亲子关系的形成。在这一过程中，父母能主动发现孩子出现的问题行为并及时纠正，教导其学习正确的行为。孩子也在这种言传身教中感知到父母并没有因为同胞的出现而疏忽了对自己的关注，促使同胞之间能和谐相处。

一　父母要实施科学的养育技巧

父母要更新养育观念，提升育儿能力。父母的言传身教始终伴随着孩子的成长，要不断提升自己，努力学会做“知心”父母，勇于承担责任。对孩子的抚养是父母双方一项共同的创造性事业，父母之间也应该做到相互合作，起到表率作用，以实际言行感染孩子，引导孩子建立亲密的同胞关系。父母要有一颗包容的心，平等地对待孩子们，平衡对他们的关注度，主动倾听他们的声音，理解孩子的不同需要和他们对同胞的反应，教育兄弟姐妹之间要相亲相爱、互帮互助。父母在抚育过程中对孩子的过度偏爱不可取，甚至是有害的。尊重孩子的成长规律，结合他们的认知和情感特点，变化交流的方式，允许他们表达自己的想法和感受，这样才能让孩子感受到父母对自己的认可和支持，有助于兄弟姐妹之间的交往。由于孩子之间的年龄差距较大，身心发展处于不同的阶段，父母要客观看待他们的年龄差，切忌对他们进行比较，调适年龄差距较大的孩子之间的关系。父母要不断地自我学习，提升抚育能力，做好足够的思想准备和应对措施来面对孩子间可能出现的矛盾、冲突，为孩子创造一个和睦的家庭环境，让他们在良好的家庭氛围中成长，感知到亲密温暖的同胞关系对个人成长的重要意义。父母要采取合理且与孩子们年龄相匹配的抚育方式，不能过度偏爱年幼的一方，或者对长子女采取权威决断的方式过分干涉与控制，保持适度的民主与开放，制定灵活的家庭规则，处理好亲子间的矛盾和冲突，让他们体验到父母的关爱与支持，获得心理上的满足，感受到自己是被关注与被喜爱的，建立和谐融洽的亲子关系。和谐的家庭关系是个人成长的沃土，潜移默化地影响着个人的发展。父母要有意识地增强同胞间的积极互动，重视这种情感强烈型同胞关系对孩子成长的影响。在温暖的家庭氛围中将同胞手足的概念融入孩子的成长过程，鼓励、引导他们积极互助。

针对孩子的年龄发展特征，父母及时调整沟通的方式。长子女正处于人生发展的“风暴期”，既渴望独立自主，又希望得到父母的关注和认可，还会通过他人的评价来不断认知和塑造自我。他们在独立与依赖之间摇摆，与父母保持距离，希望像成年人一样得到尊重，也会向父母撒娇，继续享受做孩子的特权。父母就要配合长子女的节奏，让其把控与父母关系的远近，给予其最大的安全感。父母要关注长子女的生活，鼓励他们不断探索，对于表现良好的行为要及时进行鼓励，强化其行为，培养健康向上的心态，增加心理韧性。父母要认真倾听长子女的内心世界，采取关爱与引导的方式让其感受到自己拥有一定的独立性，鼓励和肯定正确的行为，及时纠正不合理的行为，善于发现长子女的优点，给予更多的赞扬与支持，提升他们的信心。父母要相信孩子的能力，给予他们一定的自由。走进他们的世界，就是对他们的认可与支持。放手让他们自己处理问题，引导他们积极应对，纠正对同胞错误的态度和行为，使他们在生活的实践中真正获得成长。已经进入初中、高中阶段的长子女忙于学业，与年幼的同胞共同生活和相处的时间很有限。当同胞间发生矛盾、冲突时，父母要有针对性地进行调适，采取家庭会议的方式让孩子有同等的参与权，探讨同胞竞争、冲突产生的原因，协商解决问题的方式。对于年幼的同胞来说，父母除了生活上更多的照料，还要及早做好教育准备与引导，根据其动作与表情了解其需求，经常参与亲子活动，增强其安全感；重视他们的情感表达，采取外部强化给予一定的奖励；同时可采取混龄教育的方法让其感受成长的快乐，提高其与不同年龄孩子相处的能力，从而为建立亲密的同胞关系做好心理准备。

二 长子女要树立良好的心态，提高共情能力

长子女要树立正确的心态，主动适应同胞关系。因同胞的出生，长子女产生了巨大的心理落差。长子女要正确认识同胞到来的意义，增加与同胞互动的时间与空间，及时调整好自身情绪，主动接纳同胞。长子女要充分认识到与同胞的差异，主动适应变化了的家庭关系，消除内心的焦虑，对父母在养育过程中的差别对待方式能做出合理的评价，同时也要通过合理的方式进行情绪的宣泄，调节并控制好自己的情绪。长子女要体谅和理解父母的情感，通过与同胞的互动与磨合学会分享、谦让与团结，更新对自我的认识，不断调整自己的情绪和心理状态。面对自己血缘上的至亲，生活中增加了新的伙伴和亲人，长子女要从内心生长出对同胞的情感，将自己的喜悦之情表露出来。同时长子女也要坦然面对同胞的出生带给自己的冲击与挑战，积极应对同胞之间可能出现的矛盾与冲突，去除不良的

“同胞竞争”心理，选择谦让和承担，进行正确的归因，提升自己的情绪管理和行为控制能力，要以平和、包容的心态与同胞进行互动，养成相互分享的品质。长子女主动参加力所能及的家务劳动，和父母一起照顾年幼的同胞，认识到自己对家庭的贡献，可以体验到价值感和快乐。更重要的是，参与对同胞的照料、体验同胞生命成长的奇妙，对于长子女来说也是自己生命成长中一段美丽的旅程，用实际行动关爱与陪伴同胞，提升自己的共情能力，培养亲密的手足之情。

长子女要不断地学习和自我调适，意识到自己角色的转变，正确认识父母、自己和同胞在家庭关系中的位置。面对年龄较小的同胞，长子女要直面同胞出生所带来的心理冲击和情感“威胁”，将同胞手足的概念融入角色意识中，主动学习与同胞相处的规范，接纳自己的角色，积极参与对同胞的教养过程，扮演好哥哥或姐姐的角色，学习应当承担的责任，完成角色的转化。① 长子女在父母的情感支持下建立的依恋情感会迁移到与同胞的交往中，逐渐培养出他们对同胞的责任感，更好地扮演哥哥或姐姐的角色，建立积极、温和、温暖的沟通模式，增强与同胞的亲密互动，给予同胞更多的陪伴与关心。作为家庭的一员，要学会理解处于育儿压力中的父母，帮助父母照顾年幼的同胞。因父母年龄偏大，随着时间的推移，当他们抚养同胞表现出力不从心时，心智发展相对成熟的长子女要主动分担对同胞的照料责任，甚至不得不扮演“准家长”的角色，为同胞起到示范作用，缓解父母的养育压力。长子女要主动参与到同胞的生活中，和父母一起见证同胞的成长，分享新生命到来的喜悦之情。这有助于长子女对同胞情感上的接纳，使亲子关系、同胞关系更为亲密。

长子女要学会换位思考，不断提升自己的沟通能力。当同胞出生后要客观地看待自己与同胞的差异，改变认知方式，增强自己的共情能力。

① 陆杰华、韦晓丹：《“全面两孩”政策下大龄二孩家庭亲子/同胞关系的调适机理探究》，《河北学刊》2017 年第 6 期。

作为家庭的一员，长子女要学会理解处于育儿压力中的父母，帮助父母照顾年幼的同胞。同时长子女要学会换位思考，多从父母的角度尝试体验父母因再次生育而面临的压力与辛苦，缓解父母的养育压力，多多关注嗷嗷待哺的同胞。唯有积极倾听才能获得他人的理解和认可，慢慢成长成熟。在与父母的交流中，长子女要培养自己善于倾听的能力，倾听父母诉说自己的生活阅历和对人生的感悟，试图站在父母的立场去理解和感受父母的情绪与情感，尽量做到感同身受。长子女能感受到一定的自主空间，感受到父母对自己的理解、认可与支持，满足自尊需求，提升心理韧性，有助于共情能力的发展。长子女可以采取有效方式激励自己，尝试通过精神奖励、表情识别、分享感受、情感换位、角色扮演等方法学会换位思考，尝试体验感知他人的需求与情感。这样有利于理解他人，提高自身的共情意识，激发认知共情和情感共情能力，使自己获得积极的情绪，感到身心愉悦，展现积极的品质，增强助人的动机和行为。为提升自己的共情能力，长子女在与同学的交流中，通过了解和认知他人的需求，增加对同学的理解和宽容，加强情绪体验，积极地给予同学帮助，促进相互间的交流与分享，处理学习和同伴交往中的问题，形成和谐的同伴关系和社会支持系统，加强互助合作与协商。在这一过程中，长子女更好地感知自我，理解他人的感受，体验他人的情感，对他人也能给予及时的帮助。在提升长子女的共情能力时，父母应该发挥重要的桥梁作用。父母要及时关注其心理变化，尽可能抽出较多的时间陪伴长子女，减少同胞的出生使长子女产生的较大心理落差，正确面对主观感知的生活的某些变化。尤其是性格内向的长子女，父母要在语言、情感和行为上为其提供安全感和足够的信心与支持。从孕育同胞的那一刻起，父母就应该让长子女参与其中，“你小时候也是和小宝一样从妈妈肚子里慢慢长大的”“你看小宝和你小时候一样惹人喜爱”……这样的引导有助于长子女对生命产生敬畏之情，激发其责任心与对同胞的怜爱，从心底对同胞产生亲密感，增进彼此间的情感。

三 父亲深度参与育儿实践

父亲参与对孩子的抚育是育儿实践中的重要环节，是父职的重要维度，分担养育责任是父爱的重要表现。父亲应该在家庭抚育中发挥更积极的作用。家庭生活是一个整体的互动过程，不仅是资源的整合，也是情感的共融，孕育了家庭成员的尊重、体谅、信任与支持。随着家庭与社会的深度融合以及家庭的双职化，父亲的角色发生了变化，其对情感性的家庭劳动的承担逐步增加。父亲需要在养育过程中发挥榜样示范的作用，有必要积极参与育儿实践。父亲并不只是扮演“看孩子”“带孩子”的角色，在对孩子的抚育中父子的关系一定程度上日益扁平化，对孩子的抚育更是一种情感劳动，抚育关系变成一种平等的“陪伴关系”。父亲要增加在家庭生活的时间和情感投入，在亲子互动的过程中拓展参与的频率与深度，对孩子进行高质量的陪伴、实施科学的养育。

父职的情感劳动需要他们更多地卷入与孩子的情感互动中。为做一个称职的父亲，应该在亲子互动中进行自觉的陪伴与深度的参与，摆脱“严父”的角色束缚，改变自己的情感状态和情绪表达，在家庭生活中主动表达对孩子的爱意，让父爱更有温度，让孩子能感知到父亲对他们的关注与喜爱之情，让父亲体会日常陪伴的重要性。父亲除了主动照料孩子和承担更多的家务劳动，还要关注孩子的心理需求，与孩子形成积极的互动模式，更新对亲子关系的认知，尊重孩子的个性与价值，理解其身心发展，满足他们成长中的情感需求。父亲要深度参与育儿实践，积极引导他们成长。对于年幼的同胞，以游戏、陪伴为主；而对于青春期的长子女来说，更多面临的是学习、人际交往、未来规划等挑战。父亲要有针对性地指导其成长，关注其切实需求，帮助其走出困惑与迷茫，明确其发展的方向。父亲要展现自身的积极品质，发挥榜样的力量。父亲是孩子心中的偶像与权威，日常生活中要不断完善自己，起到示范作用；注重自身形象的提升，成为孩子成长中的榜样，让孩子理解和体会榜样的力量，主动效仿并运用到生活实践中去。

面对年龄差距较大的孩子们，父亲的宽容、理解与热情是促进同胞关系融洽的催化剂。父亲要更新教育方式，提升教养能力，尤其是对于正处于身心急剧变化状态的长子女。父亲将角色定位为长子女的知心朋友，把他们视为独立的个体，尊重长子女的个性特征，满足他们身心发展的需求，不断加强沟通以增进情感。父亲也应当从长子女的角度走进其内心世界，主动关注同胞的到来给长子女带来的情绪变化，给予其足够的关心与支持，不能采取疏忽、拒绝的态度回应他们的需求，努力构建平等、亲切的教育氛围，为他们的成长注入动力。父亲的情感温暖与支持可以促进长子女获得安全感，产生自我认同，追求自我价值，丰富自己的人生经验，并转化为长子女发展的内在动力，推动他们心理品质的发展。父亲要积极引导长子女在与同胞的交往中及时调整自己的心态，处理好同胞间的矛盾与冲突，增强他们的适应能力，主动接纳同胞，更好地适应同胞关系。在孩子成长的过程中，父亲的深度参与能让他们体验男性的力量，增加安全感和责任感，使其善于与他人交往，平衡人格构成，有助于他们的社会化，构建更加融洽的家庭氛围，提升其日后的发展能力。

第四节　践行情感温暖的家庭教养方式

青少年正处于人生发展的“风暴期”，对家庭的教养提出了新的要求。真正的家庭教育应该是对话教育，而不是一味地听话教育。家庭教育更是对家长的挑战，教育孩子的过程其实就是父母经历又一次的成长，是和孩子一起相互促进的过程。家庭教育最主要的方法就是父母对自身的要求、对家庭成员的尊重、对自身言行的检视。父母是孩子重要的引路人，在与孩子的互动中建构着家庭的教养方式，这是一个不断观察、学习、调整、反思与重构的过程。这一过程中孩子的成长要与家庭教养的方式匹配，父母的人生观与价值观也在不断完善。在家庭的教养方式方面，孩子的身心发展在不同年龄阶段呈现出不同的特征。由于年龄差距较大，幼儿阶段与青少年阶段的认知与情感发展特点不同，父母要以身作则学习科学的育儿知识，更新家庭教育理念，采取差别对待的原则，根据孩子不同的成长阶段调整家庭教养方式，不断提升自己的育儿能力。学会做父母，走进孩子的内心世界，采取情感温暖型教养方式，特别是增强父亲这一角色，让父亲在孩子成长中发挥重要作用，提高父亲的亲和力。

一 父母要积极应对家庭教养微系统的变化

父母首先要有较高的家庭教育素养，才能采取科学的家庭教养方式，在实践教养中探索策略以应对环境的变化。由于父母缺乏养育兄弟姐妹的生活经验，再次生育前，父母要提前做好相关准备，意识到家庭教养方式的重要性，主动陪伴孩子的成长，成为一个学习型家长。要不断学习更新自己的知识，增加知识储备，提升育儿的技能。目前有关育儿的学习资源越来越丰富，父母可以根据自己的需求选择网站专栏、微信公众平台、微博等进行网络学习，浏览育儿的相关书籍，主动参与线下课程培训，与多孩家庭的父母进行交流，及时总结教育心得，提升育儿技能。如此，家庭教育才能取得实效。学习了育儿知识就要灵活应用，这是学习能力的关键所在。再次生育后，结合家庭的实际，具体分析育儿观念与育儿技巧，要将家庭的实际与孩子的特征相结合。在提前设想与实际养育之间还存在一定的差距，一方面训练长子女的独立性和对同胞的接纳度；另一方面父母自身要选择陪伴方式，均衡陪伴的时间，采取积极的教养方式去教育两个孩子。父母要保持平和、开放的心态，在同胞出生后的过渡期，家庭面临着诸多问题，要努力寻找解决问题之道，主动沟通与协商，避免家庭内部的矛盾冲突、逃避责任，为孩子营造温暖的家庭氛围，让他们终身受益。

父母要进行积极的自我反思，提高育儿的成熟度。只有进行反思和检视才能更好地提升自我的能力，推动家庭教育的健康发展。父母要善于反思家庭教养的观念、教养的经验，要看到自己养育孩子过程中的优点与不足，降低养育的焦虑，提升养育的信心。对孩子的教养是一个长期陪伴的过程，并非一朝一夕的事情，在孩子成长的每一个阶段遇到的问题都不同，在与孩子的教养互动中观察、理解孩子的言行，关爱他们的成长，使家庭教养方式的建构与自己家庭的实际情况相符合。反思是父母言传身教的一个重要组成部分，父母要善于进行反思，不断进行自我审视。反思家庭教养的观念，不能走极端，对于新的教养观念要思索其在家庭的适用性。反思家庭教养的经验与孩子的特征，不责怪表面行为，了解深层次的原因，同时能主动承认自己的问题，有助于孩子正确面对和及时纠正过错。父母要树立终身学习的理念，用心观察、理解孩子的言行及其背后的原因，与他们共建积极的家庭教养方式以符合家庭的实际情况。这也是父母自身的完善与发展。一方面，父母要打破既定的思维模式，设身处地地站在长子女的角度公平对待孩子们，甚至鼓励同胞参与到帮助长子女的过程中，而不是一味地让长子女理所当然地“谦让”同胞。当然绝对的公平难以做到，对于处于青春期的长子女，也不是追求父母对自己物质上的绝对公平，而是更在乎父母在情感上对自己的投入与支持。无论是在物质上还是情感上，父母都需要用心沟通，谨慎对待。另一方面，每个孩子都有各有的优缺点，切记不要盲目进行比较，避免在他人面前评价孩子们，否则会对他们的人际交往产生负面影响。父母给予孩子的爱是相同，却不能用同等的标准进行比较。父母要看到每个孩子身上独一无二的闪光点，多使用鼓励的语言赞美他们，提升孩子们的自信心。

二 尊重孩子的差异，倾听孩子的心声

父母要认识到在不同成长阶段孩子的发展特点，尊重个体差异。只有尊重个体才能理解个体的差异性和潜能，这才是科学的教养。长子女与同胞分别处于青少年时期与儿童时期，在不同的成长阶段，他们的认知与行为方式会表现出年龄发展的不同特征。父母要认清孩子呈现的特征，按照成长阶段的年龄特点去要求他们，理解他们的差异性，对孩子

们采取差别对待的方式，关注他们的身心和行为发展特点，积极调整教育方法。这是最好的家庭教育。父母要做到心中有孩子，个个都不同，即使是同胞手足也具有差异性。尊重每个孩子的个体差异，他们有不同的性格特征、人格特质等，有自己独特的发展特征，父母要用心去观察孩子，挖掘他们自身的优势并扩大化，及时鼓励与赏识，使其获得最大限度的发展。父母要从心里去接受孩子的差异，平等对待他们，鼓励孩子个性的发展。要让长子女切实地认识到自己的角色，了解其心中的顾虑，较快地接纳与适应自己作为兄姐的角色。尊重孩子的差异要避免极端的父母差别对待，也就是父母对某个孩子的过度偏爱。由于孩子之间的年龄差距较大，父母对某个孩子的过度偏爱并不利于同胞关系的发展。当兄弟姐妹之间发生冲突时，只是一味地惩罚而不管其原因，或者当孩子都有过错时，父母只是指责其中的某个孩子，在这两种情况下父母的做法在孩子看来都是不公平的，他们为了求得心理平衡会用一些方法，比如报复那个被父母过度偏爱的同胞等。极端的差别对待会导致孩子心理失衡，同胞冲突不但没有解决反而给彼此间的情感带来了消极影响。如果父母双方都表现出对某个孩子的过度偏爱，两种风险因素累加后同胞关系会更差，不利于个体的发展。尽管是同胞手足，但是没有两个孩子是完全相同的，不管是父母双方还是任何一方都不应该对某个孩子过度偏爱，最佳的教养方法是根据孩子成长的不同阶段进行调整，这样才有利于建立亲密的同胞关系。

父母要理解长子女对同胞关系的反应，关注其心理变化，对长子女进行“同胞接纳”教育。对于处于青少年阶段的长子女而言，早已经习惯了“独享”父母的关爱，同胞的出生分享了他们原本独占的物质资源，瓜分了父母的陪伴时间，使其失去了原有的优势。这种巨大的心理落差使他们对同胞产生一定的疏离、敌意和冲突。父母要积极引导，理解长子女在同胞刚出生时的不接纳与排斥。长子女对同胞的接纳将是一个逐步建立亲密关系、减少隔阂的过程。随着家庭孩子数量的增加，孩子之间对于家庭资源的争夺导致同胞竞争增加。如果长子女与同胞之间的年龄差距较小，共同生活的时间较长，同胞之间容易相互接纳与认可；而兄弟姐妹之间的年龄间隔较大，家庭可能会遇到更多的挑战，关键就在于父母要积极引导长子女，理解、呵护长子女，考虑他们的想法与感受，主动倾听他们的心声，及时肯定与认可，让他们在温暖和谐、自尊自信的环境中成长。父母并不能按照自己的意愿强制性命令长子女去接纳同胞，而是要使长子女真正做到无条件接纳、逐步适应同胞的到来，避免过度偏爱与关注、忽视某个孩子，否则会导致恶性的同胞竞争，影响同胞间亲密关系的形成。父母要向长子女传达有同胞手足的好处，例如有了弟弟或妹妹就有了小助手，生活也不会孤单了，弟弟或妹妹作为自己的陪伴者是亲情的另一种延续。父母应该告知长子女因为同胞的到来家庭关系会发生变化，做好充分的心理准备，而且父母的关心与陪伴也不会缺席。父母应站在长子女的角度设身处地地思考，将双方置于平等的位置进行交流，对他们的想法表示理解，同时分析其原因。当长子女对同胞表现出嫉妒、排斥、敌对甚至欺负时，要善于采取正确的方式进行情感疏导，及时纠正其问题行为，让长子女主动接纳同胞，增强同胞之间良性竞争的意识。在父母的关爱与陪伴下培养长子女的责任感与担当，使其理解建立在血缘之上的同胞手足的重要意义，在青春期去体验和感悟家庭的爱与温暖，让其平稳度过自己的青春期以及对同胞的适应期，在温馨的家庭环境中减少孩子之间的“裂痕”，让他们共同成长发展。

父母要重视对年幼孩子的情感表达，做好示范。在成长初期，与家庭成员建立亲密的关系，形成安全的依恋关系，有助于个体情绪社会性的发展。父母要给予亲子间更多温情的陪伴与关爱，与年幼的孩子建立安全的依恋关系，养成其活泼向上、乐观积极的人生态度。父母要表达自己的喜爱之情，给他们充分的耐心与信任，父母的爱能让他们充满安全感，对周遭的环境也会产生信任。年幼的孩子正处于儿童阶段，他们从日常生活中习得了基本的生活规范和道德规范，父母的言行举止直接影响着他们的成长。年幼的孩子缺乏生活经验，只能模仿父母，接受父母传授的知识。因此父母在抚养孩子的过程中身教重于言传，发挥榜样的作用。父母要营造良好的情感心理氛围，培养年幼孩子的行为习惯，具备初步的道德意识，矫正自我的行为。另外，父母选择孩子能够理解的读物，通过讲故事的方式让他们有意识地学习，从小就要培养他们良好的品德和行为，不能恃宠而骄，收起霸道任性。对于年幼的孩子，从小就要培养他们的同胞意识，多与长子女交流，提升同胞之间的亲密情感。

三　均衡陪伴时间，多和孩子进行情感交流

对于年龄差距较大的孩子，父母要均衡对孩子们陪伴照顾的时间和精力，提升公平对待孩子的意识，引导孩子正确认识同胞手足之情的重要意义。同胞之间呈现温暖亲密但又存有隔阂的复杂关系。因为孩子的年龄、个性等不同，父母可能会在家庭教养中采取差别对待的方式，但是差别对待并不等同于偏爱，与公平对待并不矛盾。尤其是长子女处于青春期，对于同胞的到来比较敏感，会发生一定程度的变化。如果父母不及时调整家庭教养方式，亲子关系、同胞关系和孩子个体的发展都会受此影响。父母更加关注长子女，鼓励长子女表达自己的想法，向他们表达浓浓的父母之爱，让他们能够真切感受到父母的关心与爱护并没有减少。即使同胞到来，但是父母之爱没有任何变化，会让长子女获得安全感，体会到亲密的情感。让长子女切实地认识到自己的角色，唤起责任意识，提高共情能力，鼓励他们表达自己的感受和想法。积极引导长子女学会做哥哥或姐姐，主动参与对同胞的照顾与教育中，有助于他们消除角色转换的焦虑，较快地接纳自己作为兄姐的角色，明白同胞是与自己有着血缘关系的至亲，体会到同胞手足之情。孩子年龄差距较大，年幼的孩子在身体发育、认知、情感、智力等方面与长子女有着较大差异，父母一定程度的“偏爱”对同胞关系并不会产生消极的影响，甚至可能有利于同胞关系的发展，父母的“偏爱”与公平对待并不矛盾。由于长子女年龄稍长，认知情绪能力和身体发展更好，父母根据孩子们不同的发展状况采取差别对待的方式进行适当的养育，轻微的“偏爱”与

公平对待一样减少了相互间的冲突，有助于同胞关系的发展。

父母要主动多和孩子们进行情感交流。安全感来自对关系的体验，这能增强孩子的独立和自信。面对同胞的出生，青春期的长子女可能会出现心理的不适应和反常的举动，父母要帮助长子女积极面对同胞关系。父母需要与长子女进行真诚的交流，展开平等对话，关注长子女的情绪波动，避免其对同胞产生心理阴影。因为同胞年幼，一定程度上父母减少了对长子女照顾的时间和精力，长子女能感受到亲子关系的变化，一时可能没有体谅父母，进而导致疏离、敌对甚至攻击行为。父母的言行举止会潜移默化地对长子女产生影响，积极乐观的情绪会传递给长子女，帮助长子女调整心态，引导他们接纳同胞到来的客观事实，让他们感知到父母之爱从未减少，只是与同胞的表达方式不同而已。对于青春期的长子女，父母要经常与他们交流和沟通，客观评价他们，给予他们足够的陪伴与支持，让他们感知到安全感，了解他们的真实想法。除了口头交流，父母还应适当使用肢体语言加强与长子女的情感互动，经常拥抱长子女，让他们依偎在父母身边重温童年美好时光。父母还要给予及时的鼓励和支持。年幼同胞不断长大，也需要和长子女一起进行情感交流，让他们逐步认识到父母的关爱和期待。家庭成员间亲密的交流互动，彼此的关爱，让孩子在和谐的家庭氛围中感受生命的美好，健康快乐地成长。

父母要正确面对同胞冲突。手足之间不可避免会产生分歧和矛盾，父母要坚定自己的立场，对于谁对谁错不用着急分清，而要耐心去引导孩子，让他们懂得谦让，努力克制自己的情绪。如果同胞之间出现激烈的对抗冲突，父母就要立刻采取行动，在没有伤害他人的情况下和孩子分别进行沟通和教育。父母处理同胞关系的方式也为孩子之间的交往起到了示范作用，有利于促进他们社会交往能力的提升。父母采取不恰当的方式进行干预，从表面上看似解决问题，实际上只是一时的“妥协”与“屈服”，日后可能会成为冲突爆发的导火线。父母要为长子女提供更多的机会学会处理同胞之间的关系，相信他们有能力去解决分歧和矛盾。

父母只是将自己定位为“旁观者”和“局外人”，不会把自己的意见和经验强制地施加给他们，让孩子学会沟通、倾听、信任、担当，对自己的行为负责，在同胞冲突中获得成长。对于年幼的同胞，在道德认知上还处于“前道德阶段”，以自我为中心的意识使他们不能换位思考，不能区分自己和他人的差异，一旦发生矛盾就容易产生肢体冲突。如果长子女与年幼的同胞发生了冲突，父母应该根据孩子的发展特征，避免对长子女的简单说服教育，而是通过潜移默化的方式影响长子女，严于律己，把长子女看成独立的个体与自己平等对话，倾听其对同胞问题的真实想法，不轻易给他们贴标签，让长子女能够真切感受到来自父母的关心与爱护，突破内心“排斥”与“敌意”的瓶颈，让他们更多融入同胞的生活中，对同胞产生强烈的责任感，学会谦让、承担、爱护与接纳。由于孩子间年龄差距较大，年幼的同胞在身体发育、认知、情感、智力等方面与长子女有着较大差异。如果同胞之间出现矛盾，父母可以参与但不要过度卷入其中，通过讨论与协商帮助他们更好地应对和解决问题。父母作为调解人陈述自己的角色，可以制定规则，例如“不责怪、不打断”，并且让孩子同意规则的制定与调解过程；孩子各自从自己的角度讲述矛盾与冲突，让他们谈论对矛盾与冲突的想法和感受，还可以尝试让孩子们重复对方的感受以建立共情；最后大家集思广益，讨论可能的解决方案，选择大家都能接受的方案。

一言以蔽之，在家庭的教养方式方面，根据年龄差异的特征，孩子处于不同的身心发展阶段，父母要更新家庭教育理念，采取差别对待的原则，不断提升自己的育儿能力，学会做父母。尊重孩子的不同需求，运用情感温暖型教养方式，父母要积极引导长子女及时调整自己的心态，处理好同胞间的矛盾与冲突，让他们学会同胞之间积极互动的技能，增强他们的适应能力，更好地接纳同胞。在科学育儿的框架下，父亲被认为是抚育的重要环节。这使得在养育孩子的过程中，父亲变得更加被需要，要强化父亲的角色，让父亲在他们的成长中发挥不可替代的重要作用。父亲要尽量打破严父的角色限制，表达自己对孩子的爱，提高其亲和力。在孩子的成长中，父亲的参与会平衡其人格构成，增加其安全感和信任感，让其体验男性力量，并可以缓解母亲与子女间的关系，创造更加和谐的家庭氛围，培养他们良好的品质，提升其日常生活的能力，帮助他们适应同胞关系。

在后独生子女时代，家庭中的亲子关系、婚姻关系以及同胞关系正面临新的挑战。许多家庭的父母纠缠在生与不生的抉择中，更有许多父母在如何抚育孩子的摸索中迷茫。因为再次生育，产生了诸如子女的照顾、家庭关系的协调、家庭养育模式等问题，需要在社会政策和家庭层面进行积极应对。在制定社会政策时要纳入家庭的视角，以家庭能力发展为主要目标，完善家庭友好政策，保护女性的权益，提高家庭的抚育能力，构建多层次的托育服务体系，加快建设托育服务的相关配套措施，创造家庭支持和育儿友好的社会氛围，提供人文关怀和切实有效的支持。

家庭的再次生育并不是夫妻双方简单复制一孩的生育经验，而是家庭系统的转变，是家庭生命历程的又一个重要节点。作为家庭的主体，父母应该在家庭系统的转变与结构的重组中扮演核心角色，关注夫妻子系统、亲子子系统、同胞子系统。夫妻间要加强情感互动，共同分担抚育工作，加强协作与分工。父母不能再沿用已有的模式或经验应对新的家庭关系，要更新教育观念，实施科学的养育技巧。父亲深度参与育儿实践，构建和谐的亲子关系。尊重是爱的前提，对生命的尊重是一切教育的中心理念。父母充分尊重、不断认识和理解孩子，放下主观臆断，用宽容、平和的态度看待孩子的言行，倾听孩子的心声，践行情感温暖的教养方式，为孩子营造温馨的家庭氛围，对他们有合理的期望，培育亲密的同胞关系，经营和升华手足之情，积极应对“同胞隔阂”和家庭的转变。同胞冲突可能是父母面对的最困难的任务，要用发展的眼光理性看待同胞之间的冲突。建设性的冲突能锻炼他们的沟通能力，而破坏性的冲突则会给他们带来负面影响。同胞关系作为个体一生经历时间最长的家庭关系，彼此间的冲突也在不断变化。父母对年幼的同胞可能会给予特别的关爱，在儿童早期这是引发同胞冲突的一个重要因素。在青少年时期，个体正处于人生的“风暴”时期，亲子关系也变得疏远。随着个体的成长，独立思考能力也在不断增强，父母的婚姻关系对同胞冲突的影响也在弱化，因此更需要关注不同成长阶段同胞冲突呈现的特点。

在抚养教育孩子的过程中，不管父母是否愿意改变原有的教养观念与教养行为，其实他们都因孩子们的成长而发生着改变。孩子的成长给父母的抚养带来挑战的同时，也是父母成长学习的契机。孩子是父母的“孩子”，孩子也可以是父母的“父母”，父母反过来也可以是孩子的“孩子”。父母应该让孩子有信任与安全感：推开父母时，父母没有消失；靠近父母时，父母随时都在。做“知心”父母，在不断学习和主动调适中为孩子的成长树立榜样，起到引领示范作用，给予其鼓励和支持，促进同胞间建立亲密的情感，反之则不利于孩子的成长。同胞关系陪伴孩子的一生，是一种强制性的情感联结，同胞之间应彼此给予情感依赖和提供实际帮助。同胞间的亲密与温暖是一种保护机制，有助于孩子应对各种危机与挑战；消极的同胞关系则不利于孩子的成长与发展，引发一系列问题行为。如果同胞间的矛盾冲突能够得到有效解决，孩子就会从中受益，习得解决问题的方法，提高自我表达、沟通的能力，学会在亲密的关系中保持平衡。

第十一章

总　　结

本书采用定量研究为主、定性研究为辅的方法，延续“代沟”理论视角，以“亲密—隔阂”的对应维度分析了大龄多孩家庭同胞关系的发展特征、影响因素及作用机制，并对“同胞隔阂”的形成机制进行了探讨。对“同胞隔阂”生成机制的探索，目的在于更好地培育与发展亲密的同胞关系。从家庭系统理论的角度提出发展同胞关系的建议，为同胞关系的研究提供了新的视角。本章为主要结论，并指出研究的不足之处，以及未来需要深入研究的相关议题。

第一节　研究结论

一　同胞关系的特点

建立在血缘基础之上的同胞关系除了具有血缘的给定性，在交往过程中也具有不同的相互需求。“血浓于水”的亲情使同胞关系总体趋向亲密，但是“同胞隔阂”仍然始终与之相伴。同胞间的亲密与隔阂并不是此消彼长的关系，它们相互独立。同胞间的温暖与亲密不会减少同胞间的隔阂，隔阂也不会影响他们之间的亲密关系。在青少年的成长过程中，同胞关系呈现出“稳中有变”的趋势。在青少年早期，同胞关系主要有三种类型，即温暖和谐型、情感强烈型与敌意冲突型；在青少年中期，同胞关系主要有温暖和谐型与情感强烈型，随着年龄的增长，彼此之间的冲突在日渐减少。另外，从同胞关系中的权利对比维度可以看出，同胞之间的出生顺序和较大的年龄差距等因素造成同胞关系呈现等级的、动态的特征。这也表明了同胞关系具有强烈的社会文化差异。对不同的结构性因素下同胞关系呈现的特征进行比较分析后发现，女生的同胞亲密得分高于男生；同胞性别组合为个体提供了独特的同胞结构，姐妹组合与姐弟组合在同胞互动中表现出更亲密的关系。

二　同胞关系的影响因素

基于家庭系统理论，从父母婚姻关系、亲子关系、家庭教养方式、家庭社会经济地位等方面探讨了影响同胞关系的因素。父母的婚姻关系越好，同胞之间越容易建立亲密的关系，彼此的隔阂就越小。父母情感温暖型的教养方式对同胞关系有益，父母的过度保护与拒绝则不利于个体的身心发展，会对同胞关系产生消极的影响。父母针对孩子的年龄间隔采取差别对待的方式，对同胞之间建立亲密与温暖的关系具有显著的促进作用。家庭的经济状况对同胞关系具有显著影响，家庭的经济状况越好，同胞关系就越融洽。

三　同胞关系对青少年亲社会行为发展的影响机制

在大龄多孩家庭中青少年作为家庭的长子女，与弟弟或妹妹的年龄差距又较大，家庭主义观念使他们与弟弟或妹妹之间不仅是一种血脉亲情，还隐含着一种养育之情，形成了较强的责任意识，展现出较多的亲社会行为。在同胞关系对青少年亲社会行为的影响机制中，道德推脱发挥着部分中介作用，一方面同胞关系会对青少年的亲社会行为产生直接影响，另一方面还会通过道德推脱间接影响青少年的亲社会行为。共情调节了“同胞关系—道德推脱—亲社会行为”的前半段路径，对于低共情的青少年来说，同胞关系的作用更大，随着共情能力的提升，同胞关系对道德推脱水平的作用逐步减小。

四　“同胞隔阂”与家庭变革

作为对一种社会文化现象的学术建构，“同胞隔阂”产生的基础是较大的生理年龄差别，其本质是源于心理年龄和社会时代的差异。年龄的差异使得自身也会出现情感上的偏差，长子女作为哥哥或姐姐要适应角色转变带来的变化，即使是同一代人同胞之间的隔阂也会相继凸显，表现为情感变化、心理障碍、时代的断层与社会化的差异。对于大龄多孩家庭而言，再次生育并不是夫妻双方简单复制已有的生育经验，而是家庭的一次重大转变，促使已有的家庭结构、家庭关系发生新的变化。在这一转变过程中，家庭各个子系统会相互作用，使得家庭面临转型的压力。

五 同胞关系的社会干预和家庭应对措施

在后独生子女时代，随着家庭户规模的扩大，家庭关系日益复杂化，家庭结构逐步变迁，家庭生命周期也发生变化。在当前的多孩家庭中，他们的家庭关系正面临着新的挑战。许多家庭父母纠缠在生与不生的抉择中，更有许多父母在如何抚育多个孩子的摸索中迷茫。为了尽快适应家庭的转变，培育亲密的同胞关系，社会政策和家庭教育对后独生子女时代的同胞关系进行积极应对。国家和社会层面加快制度建设和支持系统建设，为多孩家庭提供保障，父母应该在家庭系统的转变中扮演主要角色，学会做孩子的父母，重视孩子自我的发展，调整家庭内部的职责分工，减少婚姻冲突，维系融洽的婚姻关系，实施科学的养育技巧。父亲深度参与育儿实践，构建和谐的亲子关系，以应对家庭的变革，促进同胞间建立亲密的关系，经营和升华手足之情，进而合力经营幸福的家庭生活。

第二节　讨论

一　同胞关系体现了本土化特点，具有社会文化差异

西方社会崇尚的是以个人主义为导向的文化，强调个体自由、竞争

和平等的地位，注重个人展现和自我的发展，偏向“利己”的思想，不会强烈地依附于社会关系。西方文化情境中的同胞关系更多体现的是同胞之间的竞争冲突、关系紧张。与此形成鲜明对比的是，集体主义文化认为同胞关系对个体的发展具有重要影响，同胞互动强调同胞之间的相互依存，负有责任与义务，伴随个体一生的发展。同胞关系的特征体现了社会文化和养育习俗的差异，家庭主义价值观是其中一个重要因素。在家庭主义价值观的影响下，家庭成员的情感联结更为紧密，减少了父母差别对待导致的潜在危害，注重长子女对弟弟或妹妹照顾和培育的责任，同胞之间呈现的竞争和冲突特征也有别于西方文化。中国属于集体主义文化，强调家庭主义观念。“家”具有独特的价值与作用，不仅意味着居所，更是表达着一种强烈的心理归属和深深的情感联结。个体对家庭具有强烈的责任感，都在不断努力维系家庭的稳定和发展，让家庭有序运行。同胞是个体一辈子都割舍不断的血脉亲情，但是长时间计划生育政策的实行使得人们早已接受了独生子女的生活方式，兄友弟恭的家庭主义价值观与同胞竞争的现实状况之间产生了巨大的差异，同胞关系异常复杂，呈现出本土化特征。这使得西方文化中对同胞关系的研究成果不能直接应用于中国文化情境，需要展开跨文化的比较研究。本书在中国文化情境下对大龄多孩家庭的同胞关系进行实证分析后发现，同胞关系是一种融合了同伴关系般的横向关系与亲子关系似的纵向关系的斜向交叉关系。同胞关系总体偏向亲密，在不同成长阶段同胞关系呈现“稳中有变”的互动需求，随着年龄的增长，同胞间的冲突在减少；同时由于同胞的年龄尚小，同胞之间的权利对比具有很强的年龄发展特点，同胞之间还表现为等级的、动态的关系，这种效应随着同胞的逐渐长大会发生变化。

中国传统文化的惯性依然对同胞关系的选择与应对产生着深刻的影响。一方面，父母对孩子都具有一种威慑力，这种威慑来源于家本位的观念和社会发展的走向。孩子对于父母的话即便不是完全遵从，但也需要慎重考虑他们的建议。这在一定程度上影响了孩子对同胞的态度。这种影响通常是聚合的，当然有时也会出现重男轻女、对年幼的孩子过度宠爱等，恶化了同胞关系。另一方面，在传统伦理道德的约束下，特别是在家风甚严的家庭中，长子女不能“以大欺小”，年幼的同胞也不能“恃宠而骄”。个体化会对同胞关系产生持久、连续的冲击和挑战，强化了自我“分”的需求，弱化了血缘关系“合”的功能。就连亲子关系都会有各种矛盾，更何况是相对次要的同胞关系。如果将同胞关系的发展变化置于个体的整个生命历程之中，就会发现同胞关系的特殊性决定了同胞之间的关系不会总是处于静态一成不变，更不会一直保持亲密与和谐。

二 同胞关系受到同胞结构和家庭系统因素的影响

同胞关系是家庭系统的一个组成部分，受到同胞结构、家庭关系、家庭环境等多种因素的共同影响。已有研究普遍认为女生的同胞关系质量更好，兄弟组合的同胞关系质量最差。年龄间隔越大，同胞间的冲突就越少，但是因年龄增长相互之间的亲密也在逐渐减少。笔者也认为，女生相比男生更易与同胞建立亲密的关系；在同胞性别组合中，姐妹、姐弟性别组合同胞亲密度要高于兄弟、兄妹组合；随着年龄的增长，同胞彼此之间的冲突日益减少。在家庭系统内各个子系统相互作用。同胞关系不仅对孩子之间的交往互动产生影响，还会影响亲子关系和夫妻关系，反过来亲子关系和夫妻关系对同胞关系也存在重要影响。除了同胞结构特征，家庭系统因素也会对同胞关系产生影响。现有研究主要聚焦于家庭社会经济地位对同胞关系产生的影响，而对亲子关系、夫妻关系作用机制的讨论较少。本书探讨了家庭系统因素的影响，具体表现为亲子关系、家庭的教养方式与父母的婚姻关系。值得注意的是，父亲参与对孩子的抚育工作，温暖的情感表达、高水平的父亲在位有助于促进同胞关系。尤其对于正值青春期的长子女来说，自我意识不断觉醒，他们既渴望独立自主，又会对家庭产生依赖，行走在幼稚与成熟之间。父亲是引导他们探索外部世界、观察现实世界的关键人物，是他们学习的榜样。以上研究都是以全同胞为主要受访者，而对于半同胞、继生同胞的关注较少；另外，不能忽视同胞中的一方存在生理或心理方面的特殊性，需要对他们提供更大程度上的照顾与支持。

三　同胞关系对青少年亲社会行为的作用

亲社会行为是青少年社会性发展的主要内容，是与他人建立良好人际交往的桥梁与纽带。已有研究认为，同胞之间的亲密与温暖促进了个体共情能力的发展，习得了解决冲突的方法，激发了个体的亲社会行为，而同胞间的矛盾和冲突更多关注的是，同胞关系中的消极因素导致个体产生的不良情绪和问题行为，同胞关系对青少年亲社会行为影响的具体作用机制还需要进一步深入研究。本书结合共情能力、道德推脱两个变量，分析了同胞关系对青少年亲社会行为影响的内在机制。研究发现，道德推脱在同胞关系与青少年的亲社会行为之间发挥着部分中介作用。同胞关系除了对青少年的亲社会行为有直接积极的影响，还通过道德推脱对其亲社会行为产生间接影响；在“同胞关系—道德推脱—亲社会行为”这一中介过程中共情具有调节作用，在中介作用的前半段路径（同胞关系—道德推脱）中共情的调节效用显著，这也说明影响青少年亲社会行为的不同因素之间是相互联系的。对于低共情的青少年来说，同胞关系的作用更大，随着共情能力的提升，同胞关系的作用逐步减小。而共情能力越高的青少年往往道德敏感性越强烈，越易构建情感与道德准则的联系，激活内在道德标准以进行正确的道德选择，较少为自己的行为找理由，道德推脱水平较低。本书拓展了对同胞关系问题的理解视角，进一步丰富了中国对同胞关系的研究，促使同胞关系研究向精细化方向发展。

四　“同胞隔阂”与家庭变革

本书延续“代沟”理论，从田野观察中提炼出“同胞隔阂”的概念，在比较研究的层次上，选择“同胞亲密”作为它的对应面，考察青少年在其成长过程中的同胞手足关系，分析同胞关系的发展特征。形象地说，在同胞关系的情境中，隔阂与亲密就像是一条跷跷板的两头，联系的中间是脐带之上的血缘。“同胞隔阂”是指同一家庭内部，兄弟姐妹之间由于年龄差距较大而存在的心理距离，即“虽是同胞，却像上下辈”，主要表现为情感隔阂、心理障碍和个体社会化的时代差异。同时，“同胞隔阂”作为传统“代沟”发生变化的一种新的表现形式，具有鲜明的时代性。这种由同代手足之间的差异而产生的距离感，可能并不亚于世代之间的“代沟”，尤其在一些年龄差距比较大的同胞之间，姐姐或哥哥更多地扮演着“父母”的角色。当然，同胞关系往往是亲密和隔阂并存。同时，“代内年龄差”较大所产生的“同胞隔阂”对既有的家庭结构、养育模式、婚姻关系与亲子关系带来的挑战不容忽视。从一孩到多孩是家庭系统的一次重要转变，家庭内部各个子系统相互作用、相互影响。在这一过程中，从家庭出发考察家庭的变革与调适为理解和审视后独生子女时代的生育政策效应提供了一个新的研究视角，也是探讨再次生育微观机制的主要路径，开启了重筑多孩新家庭理想的可能。

第三节　研究不足

本书关于大龄多孩家庭同胞关系的探讨是一项相对较新的课题，研究尚存在一些不足，当然这也为后续进一步研究提供了参考方向。

一　研究对象

同胞关系对个体发展具有重要的作用。第一，研究对象主要是青少年，缺乏对其他年龄段同胞关系发展的数据采集，难以解释同胞关系发展的面貌。儿童阶段正是个体处于个性和行为形成的关键时期，家庭是儿童社会化的主要场域，家庭各子系统相互作用、相互影响。同胞是儿童生活中重要的陪伴者和支持者，同胞关系是一种矛盾的情感联系，具有与青少年不同的发展特点，对于开展儿童同胞关系研究具有重要的意义。未来需要补充相关比较研究，而且要增加相关变量，重点聚焦同胞数量对同胞关系、家庭养育的影响，以及整个生命历程中手足之情与家庭情感的研究，进一步完善、验证本书的结论。第二，对同胞关系的研究都是采取单向测量，只是分析了同胞关系中的一方，没有进行双向测量，也就是去一一找寻他们的同胞，事实上这也是颇为困难的。

二 样本代表性

本书调查样本的抽取过程充分地考虑了多个方面，但是样本的代表性存在不足。本书采用的是地区性城市样本，尽管来自武汉、南昌两地的调查数据样本量较大，满足了大样本要求，但是区域的限制使得本书的结论能否推及其他城市，有待进一步验证。而对于有同胞关系的农村家庭来说，城乡差异可能是全面认识同胞关系的一个重要方面。如果今后使用更大范围的调查数据来验证本书的发现，既能看到同胞关系呈现的共同特点和发展趋势，又能看到城乡差异的作用。

三 研究设计

从时间的维度来说，横断研究是在某一个时间点对研究对象展开的横截面研究，获得的是在某一时间点研究对象所呈现的全貌，调查面广，能够描述和比较同一时间的研究对象。而纵向研究则是在不同时间点的系统定期研究，描述现象的发展过程和变化趋势，而且能做出因果推论。因此横断研究与纵向研究能够互为补充。本书采取的是横断研究设计，收集到的截面数据只是表示了发放问卷的那个时间点大龄多孩家庭同胞关系的状态、影响因素，得到的是同胞关系的不同类型在某一时间点所呈现的面貌，但是研究的广度和深度较差。随着青少年的年龄增长或者情境发生变化，同胞关系也会随之变化，而且不能揭示因果关系。未来需要通过纵向研究设计来补充和验证横断研究结论，开展追踪数据调查，例如对同一个个体，在10岁时做一次同胞关系调查，20岁做一次调查，30岁再做一次调查；在不同情境中对同胞关系的表现和差异进行分析，不仅能更清楚地看到大龄多孩家庭同胞关系的发展变化过程和趋势，还能深入分析变量间的关系，方能探究因果关系。

参考文献

一 中文文献

安连超等：《共情对大学生亲社会行为的影响：道德推脱和内疚的多重中介作用》，《心理学探新》2018年第4期。

边思倩、胡幼芳：《同胞关系的影响因素研究进展》，《中国儿童保健杂志》2019年第4期。

陈斌斌等：《手足之情：同胞关系的类型、影响因素及对儿童发展的作用机制》，《心理科学进展》2017年第12期。

陈浩彬、刘洁：《家庭社会经济地位与青少年智慧的关系：积极教养方式和开放性人格的中介作用》，《心理发展与教育》2018年第5期。

陈卫：《中国的低生育率与三孩政策》，《社会科学文摘》2021年第10期。

陈钟奇、刘国雄、王鸢清：《父母教养方式与青少年的道德推脱：共情的中介作用》，《中国特殊教育》2019年第2期。

成伯清：《代际差异、感受结构与社会变迁——从文化反哺说起》，《河北学刊》2015年第3期。

程猛、康永久：《从农家走进精英大学的年轻人："懂事"及其命运》，《中国青年研究》2018年第5期。

丁凤琴、陆朝晖：《共情与亲社会行为关系的元分析》，《心理科学进展》2016年第8期。

董颖红：《被忽视的家庭关系——同胞关系对个体心理和行为发展的影

响》，中国社会科学出版社 2018 年版。
董颖红：《同胞关系对大学新生适应的影响》，《心理技术与应用》2017 年第 7 期。
董颖红、刘丹：《中学生的同胞关系与学业自我效能感——自尊的中介作用和出生顺序的调节作用》，《基础教育》2019 年第 3 期。
都芳：《大学生同胞关系现况及其对心理影响的研究》，硕士学位论文，皖南医学院，2018 年。
独旭、张海峰：《子女数量对家庭经济决策的影响》，《武汉大学学报》（哲学社会科学版）2018 年第 5 期。
杜秀莲、高静：《初中生学校道德氛围与亲社会行为的关系：道德认同的中介作用》，《中国特殊教育》2019 年第 8 期。
费孝通：《乡土中国》（修订本），上海人民出版社 2013 年版。
风笑天：《“单独二孩”生育政策对年轻家庭亲子社会化的影响》，《东南大学学报》（哲学社会科学版）2015 年第 4 期。
风笑天：《三孩生育意愿预测须防范二孩研究偏差》，《探索与争鸣》2021 年第 11 期。
风笑天：《中国人口政策调整的影响分析与社会学意义——以人民为中心促进人口与社会可持续发展》，《人民论坛》2021 年第 32 期。
风笑天、王晓焘：《从独生子女家庭走向后独生子女家庭——“全面二孩”政策与中国家庭模式的变化》，《中国青年社会科学》2016 年第 2 期。
郭志刚：《利用人口普查原始数据对独生子女信息的估计》，《市场与人口分析》2001 年第 1 期。
金梦等：《家庭生态系统视角下长子女情绪和行为问题研究》，《中国儿童保健杂志》2021 年第 6 期。
寇彧、徐华女：《移情对亲社会行为决策的两种功能》，《心理学探新》2005 年第 3 期。
寇彧、张庆鹏：《青少年亲社会行为的概念表征研究》，《社会学研究》

2006年第5期。

李何丽、韩巍、张慧敏：《基于全面二胎政策开放下长子女心理探析——长子女心理问题新分析》，《广西教育学院学报》2017年第4期。

李庆善：《美国社会学界关于“代沟”研究的综述》，《青年研究》1986年第5期。

李瑞丽：《同伴关系对攻击行为的影响：道德推脱的中介作用》，硕士学位论文，山西大学，2017年。

梁俏等：《父母心理控制、学业效能感与青少年问题性网络游戏使用：亲子关系的调节作用》，《教育测量与评价》2019年第7期。

《梁漱溟全集》第三卷，山东人民出版社1990年版。

梁宗保等：《从婚姻关系到亲子关系：父母情绪表达的中介作用》，《心理学报》2013年第12期。

廖小平：《代际价值观及其初步瞻望》，《广东社会科学》2007年第6期。

刘广增等：《家庭社会经济地位对青少年问题行为的影响：父母情感温暖和公正世界信念的链式中介作用》，《心理发展与教育》2020年第2期。

刘庆：《亲密与隔阂：大龄二孩家庭同胞关系及其调适》，《南方人口》2019年第5期。

刘珊、石人炳：《青少年道德推脱与亲社会行为》，《青年研究》2017年第5期。

刘田田等：《父母协同教养与学前儿童社会行为的关系：亲子关系和同胞关系的链式中介作用》，《心理发展与教育》2021年第5期。

刘婷婷：《从“一孩”到“二孩”：家庭系统的转变与调适》，《中国青年研究》2017年第10期。

刘雯、於嘉、谢宇：《家庭教育投资的性别差异——基于多子女家庭的分析》，《青年研究》2021年第5期。

刘小峰、刘庆、徐欢腾：《教育成长过程中的家庭同胞关系》，《青年研究》2020年第4期。

刘裕等：《道德推脱对青少年外部问题行为的影响：有调节的中介效应》，《心理与行为研究》2015 年第 2 期。

卢亚：《儿童早期同胞关系——以上海市 A 幼儿园为例》，硕士学位论文，上海师范大学，2018 年。

陆杰华、韦晓丹：《“全面两孩”政策下大龄二孩家庭亲子/同胞关系的调适机理探究》，《河北学刊》2017 年第 6 期。

吕红平：《全面两孩政策的家庭效应》，《社会科学家》2017 年第 5 期。

蒙克：《“就业—生育”关系转变和双薪型家庭政策的兴起——从发达国家经验看我国“二孩”时代家庭政策》，《社会学研究》2017 年第 5 期。

聂建亮、董子越：《“三孩”政策：积极影响、多重障碍与因应策略》，《广州大学学报》（社会科学版）2021 年第 6 期。

屈国梁、曹晓君：《同胞冲突及其解决：家庭子系统的影响》，《心理科学进展》2021 年第 2 期。

师保国、申继亮：《家庭社会经济地位、智力和内部动机与创造性的关系》，《心理发展与教育》2007 年第 1 期。

宋健：《中国生育政策的完善与“善后”》，《中国人民大学学报》2015 年第 4 期。

宋梅：《生育第二胎对长子女的心理影响及对策分析》，《教育导刊》（下半月）2015 年第 6 期。

宋明华等：《父母教养方式对初中生攻击行为的影响：越轨同伴交往和自我控制的作用》，《心理发展与教育》2017 年第 6 期。

孙丽华、张安然：《不同家庭教养方式下二孩同胞关系的调查研究》，《上海教育科研》2018 年第 8 期。

孙新华：《“小二胎”：内涵、特征、成因及启示——基于江西省 T 村的实证分析》，《南方人口》2012 年第 1 期。

孙雪洁：《头胎儿童移情与同胞关系的关系：父母婚姻关系的调节作用及同胞关系干预研究》，硕士学位论文，苏州大学，2017 年。

孙友然、温勇、焦永纪：《“全面两孩”政策对我国计划生育政策体系的影响研究》，《中州学刊》2016 年第 11 期。

田录梅等：《父母支持、友谊支持对早中期青少年孤独感和抑郁的影响》，《心理学报》2012 年第 7 期。

王广州：《影响全面二孩政策新增出生人口规模的几个关键因素分析》，《学海》2016 年第 1 期。

王明珠等：《幼儿父母婚姻冲突与教养方式的关系：父母情绪调节策略的调节作用》，《心理发展与教育》2015 年第 3 期。

王瑞乐、刘涵慧、张孝义：《亲缘利他的不对称性：进化视角的分析》，《心理科学进展》2012 年第 6 期。

王文超、伍新春：《共情对灾后青少年亲社会行为的影响：感恩、社会支持和创伤后成长的中介作用》，《心理学报》2020 年第 3 期。

王文婷：《高中生同胞关系与孤独感的关系：同伴关系的中介作用》，硕士学位论文，鲁东大学，2014 年。

王兴超、杨继平：《道德推脱与大学生亲社会行为：道德认同的调节效应》，《心理科学》2013 年第 4 期。

王雨磊：《父职的脱嵌与再嵌：现代社会中的抚育关系与家庭伦理》，《中国青年研究》2020 年第 3 期。

吴帆：《全面放开二孩后的女性发展风险与家庭政策支持》，《西安交通大学学报》（社会科学版）2016 年第 6 期。

吴杰、王云强、郭本禹：《同性相斥还是异性相吸：基于性别视角的同胞关系研究》，《西北人口》2017 年第 4 期。

吴旻、刘争光、梁丽婵：《亲子关系对儿童青少年心理发展的影响》，《北京师范大学学报》（社会科学版）2016 年第 5 期

谢秀芬：《家庭与家庭服务：家庭整体为中心的福利服务之研究》，台北：五南图书出版公司 1986 年版。

徐夫真：《父母教养与听障青少年疏离感的关系：有调节的中介效应》，《山东师范大学学报》（人文社会科学版）2018 年第 5 期。

徐浙宁：《城市“二孩”家庭的养育：资源稀释与教养方式》，《青年研究》2017年第6期。

许丹红：《当代中国家庭教养实践的类型化探索——基于质性资料的分析》，《中国青年研究》2020年第5期。

阎云翔：《私人生活的变革：一个中国村庄里的爱情、家庭与亲密关系（1949—1999）》，龚小夏译，上海书店出版社2009年版。

杨舸：《新中国成立以来的人口政策与人口转变》，《北京工业大学学报》（社会科学版）2019年第1期。

杨继平、王兴超：《道德推脱对青少年攻击行为的影响：有调节的中介效应》，《心理学报》2012年第8期。

杨继平、杨力、王兴超：《移情、道德推脱对初中生网络过激行为的影响》，《山西大学学报》（哲学社会科学版）2014年第4期。

杨菊华：《新时代“幼有所育”何以实现》，《江苏行政学院学报》2019年第1期。

尹霞云、寇天宇、黎志华：《童年期同胞关系对成年初期人际关系、生活满意度的影响研究》，《湖南科技大学学报》（社会科学版）2016年第5期。

原新：《我国生育政策演进与人口均衡发展——从独生子女政策到全面二孩政策的思考》，《人口学刊》2016年第5期。

翟振武、张现苓、靳永爱：《立即全面放开二胎政策的人口学后果分析》，《人口研究》2014年第2期。

张潮等：《初中生同胞冲突对其攻击行为的影响机制》，《中国健康心理学杂志》2020年第1期。

张杰：《大学生同胞关系及其对人际关系的影响》，硕士学位论文，鲁东大学，2016年。

张荣臻等：《同胞关系质量对头胎幼儿共情的影响》，《学前教育研究》2019年第8期。

张晓娟等：《不同年龄段青少年同胞关系的调查》，《中国健康心理学杂志》2018 年第 2 期。
张雪丽:《"单独二胎"新计生政策下儿童同胞关系及相关因素研究》，硕士学位论文，四川医科大学，2015 年。
张翼:《"三孩生育"政策与未来生育率变化趋势》，《社会科学文摘》2021 年第 10 期。
张羽等:《家庭社会经济地位与父母教养方式对儿童青少年公正世界信念的影响》,《心理发展与教育》2017 年第 5 期
赵凤青、俞国良:《同胞关系及其与儿童青少年社会性发展的关系》,《心理科学进展》2017 年第 5 期。
郑治国等:《二胎环境下小学高年级"脱独"儿童父母教养方式与同胞关系：心理理论的中介作用》,《心理学探新》2020 年第 4 期。
钟晓华:《"全面二孩"政策实施效果的评价与优化策略——基于城市"双非"夫妇再生育意愿的调查》,《中国行政管理》2016 年第 7 期。
周长洪:《关于完善现行生育政策的思考》，《人口与发展》2011 年第 1 期。
周晓虹:《文化反哺：变迁社会中的代际革命》，商务印书馆 2015 年版。
周晓虹:《文化反哺：变迁社会中的亲子传承》，《社会学研究》2000 年第 2 期。
周耀东、郑善强:《多子女家庭和独生子女家庭消费影响因素的差异研究》,《西北人口》2021 年第 6 期。
周怡:《"代沟"现象的社会学研究》,《社会学研究》1994 年第 4 期。
庄妍:《多元视角下同胞出生对儿童的影响研究》，《中小学心理健康教育》2017 年第 25 期。
庄妍:《"二孩"家庭儿童同胞关系调查》,《中国校医》2017 年第 10 期。
庄妍:《家庭长子女对同胞出生的适应研究：进展与反思》,《中国健康教育》2017 年第 2 期。
邹泓:《同伴关系的发展功能及影响因素》，《心理发展与教育》1998 年第 2 期。

[德] 卡尔·曼海姆:《卡尔·曼海姆精粹》, 徐彬译, 南京大学出版社2005年版。

[美] C. 赖特·米尔斯:《社会学的想象力》, 陈强、张永强译, 生活·读书·新知三联书店2021年版。

[美] 加里·S. 贝克尔:《人类行为的经济分析》, 王业宇、陈琪译, 格致出版社、上海三联书店、上海人民出版社2015年版。

[美] 罗伯特·K. 默顿:《社会理论和社会结构》, 唐少杰等译, 凤凰出版传媒集团、译林出版社2008年版。

[美] 玛格丽特·米德:《文化与承诺: 一项有关代沟问题的研究》, 周晓虹、周怡译, 河北人民出版社1987年版。

[英] 安东尼·吉登斯:《社会学》(第五版), 李康译, 北京大学出版社2009年版。

二　英文文献

A. Bandura et al., "Mechanisms of Moral Disengagement in the Exercise of Moral Agency", *Journal of Personality and Social Psychology*, Vol. 71, No. 2, 1996.

A. Bandura, "Selective Moral Disengagement in the Exercise of Moral Agency", *Journal of Moral Education*, Vol. 31, No. 2, 2002.

A. C. Jensen, S. D. Whiteman, "Parents' Differential Treatment and Adolescents' Delinquent Behaviors: Direct and Indirect Effects of Difference Score-and Perception-based Measures", *Journal of Family Psychology*, Vol. 28 No. 4, 2014.

A. D. Benner, S. Y. Kim, "Understanding Chinese American Adolescents' Developmental Outcomes: Insights from the Family Stress Model", *Journal of Research on Adolescence*, Vol. 20, No. 1, 2010.

A. Kowal, L. Kramer, "Children's Understanding of Parental Differential Treatment", *Child Development*, Vol. 68, No. 1, 1997.

A. S. Masarik, R. D. Conger, "Stress and Child Development: A Review of the

Family Stress Model", *Current Opinion in Psychology*, Vol. 13, 2017.

A. S. Wojciak, L. M. McWey, C. M. Helfrich, "Sibling Relationships and Internalizing Symptoms of Youth in Foster Care", *Children and Youth Services Review*, Vol. 35, No. 7, 2013.

B. L. Volling, J. Belsky, "The Contribution of Mother-Child and Father-Child Relationships to the Quality of Sibling Interaction: A Longitudinal Study", *Child Development*, Vol. 63, No. 5, 1992.

C. B. Lam, A. R. Solmeyer, S. M. McHale, "Sibling Relationships and Empathy across the Transition to Adolescence", *Journal of Youth and Adolescence*, Vol. 41, No. 12, 2012.

C. D. Batson, J. G. Batson, R. M. Todd, "Empathy and the Collective Good: Caring for One of the Others in a Social Dilemma", *Journal of Personality and Social Psychology*, Vol. 68, No. 4, 1995.

C. D. Batson, "Prosocial Motivation: Is It Ever Truly Altruistic?", *Advances in Experimental Social Psychology*, Vol. 20, 1987.

C. J. Einolf, "Empathic Concern and Prosocial Behaviors: A Test of Experimental Results Using Survey Data", *Social Science Research*, Vol. 37, No. 4, 2008.

C. J. Tucker, D. Finkelhor, A. M Shattuck, "Prevalence and Correlates of Sibling Victimization Types", *Child Abuse & Neglect*, Vol. 37, No. 4, 2013.

C. J. Tucker, D. Finkelhor, H. Turner, "Sibling and Peer Victimization in Childhood and Adolescence", *Child Abuse & Neglect*, Vol. 38, No. 10, 2014.

C. J. Tucker, S. M. McHale, A. C. Crouter, "Dimensions of Mothers' and Fathers' Differential Treatment of Siblings: Links with Adolescents' Sex-Typed Personal Qualities", *Family Relations*, Vol. 52, No. 1, 2003.

C. M. Stocker, L. Youngblade, "Marital Conflict and Parental Hostility: Links with Children's Sibling and Peer Relationships", *Journal of Family Psychology*, Vol. 13, No. 4, 1999.

C. P. Mota, P. M. Matos, "Does Sibling Relationship Matter to Self-Concept and

Resilience in Aadolescents under Residential Care?", *Children and Youth Services Review*, Vol. 56, 2015.

C. S. Caravita et al. , "Peer Influences on Moral Disengagement in Late Childhood and Early Adolescence", *Joumal of Youth and Adolescence*, Vol. 43, No. 2, 2014.

D. C. French et al. , "Social Support of Indonesian and U. S. Children and Adolescents by Family Members and Friends", *Merrill-Palmer Quarerly*, Vol. 47, No. 3, 2001.

D. R. Richardson et al. , "Empathy as a Cognitive Inhibitor of Interpersonal Aggressive", *Aggressive Behavior*, Vol. 20, 1994.

D. V. Riordan et al. , "Interbirth Spacing and Offspring Mental Health Outcomes", *Psychological Medicine*, Vol. 42, 2012.

D. Wolke, A. J. Skew, "Bullying among Siblings", *International Journal of Adolescent Medicine and Health*, Vol. 24, No. 1, 2012.

D. Yucel, A. V. Yuan, "Do Siblings Matter? The Effect of Siblings on Socio-Emotional Development and Educational Aspirations among Early Adolescents", *Child Indicators Research*, Vol. 8, No. 3, 2015.

E. A. Storch, "The Relationship of Peer Victimization to Social Anxiety and Loneliness in Adolescence", *Child Study Journal*, Vol. 33, No. 1, 2003.

G. Carlo, B. A. Randall, "The Development of a Measure of Prosocial Behaviors for Late Adolescents", *Journal of Youth and Adolescence*, Vol. 31, No. 1, 2002.

G. H. Brody, "Sibling Relationship Quality: Its Causes and Consequences", *Annual Review of Psychology*, Vol. 49, No. 1, 1998.

G. H. Brody, "Siblings' Direct and Indirect Contributions to Child Development", *Current Directions in Psychological Science*, Vol. 13, No. 3, 2004.

G. H. Brody, Z. Stoneman, M. Burke, "Family System and Individual Child Correlates of Sibling Behavior", *American Journal of Orthopsychiatry*, Vol. 57,

No. 4, 1987.

G. Perricone et al. , "Sibling Relationships as a Resource for Coping with Traumatic Events", *Springer Plus*, Vol. 3, No. 1, 2014.

H. C. Yeh, J. D. Lempers, "Perceived Siblingrelationships and Adolescent Development", *Journal of Youth and Adolescence*, Vol. 33, No. 2, 2004.

H. E. Recchia, A. Rajput, S. Peccia, "Children's Interpretations of Ambiguous Provocation from Their Siblings: Comparisons with Peers and Links to Relationship Quality", *Social Development*, Vol. 24, No. 4, 2015.

H. E. Recchia, N. Howe, "Associations between Social Understanding, Sibling Relationship Quality, and Siblings' Conflict Strategies and Outcomes", *Child Development*, Vol. 80, No. 5, 2009.

H. Okudaira et al. , "Older Sisters and Younger Brothers: The Impact of Siblings on Preference for Competition", *Personality and Individual Differences*, Vol. 82, 2015.

H. Recchia, C. Wainryb, M. Pasupathi, "Two for Flinching: Children's and Adolescents' Narrative Accounts of Harming Their Friends and Siblings", *Child Development*, Vol. 84, No. 4, 2013.

I. Tanrikulu, M. A. Campbell, "Sibling Bullying Perpetration: Associations with Gender, Grade, Peer Perpetration, Trait Anger, and Moral Disengagement", *Journal of Interpersonal Violence*, Vol. 30, No. 6, 2015.

J. Dunn, C. Slomkowski, L. Beardsall, "Sibling Relationships from the Preschool Period through Middle Childhood and Early Adolescence", *Developmental Psychology*, Vol. 30, No. 3, 1994.

J. Dunn, "Sibling Relationships in Early Childhood", *Child Development*, Vol. 54, No. 4, 1983.

J. Dunn, S. McGuire, "Sibling and Peer Relationships in Childhood", *Journal of Child Psychology and Psychiatry*, Vol. 33, No. 1, 1992.

J. H. Song, L. Volling, "Coparenting and Children's Temperament Predict Firstborns' Cooperation in the Care of an Infant Sibling", *Journal of Family Psychology*, *Vol.* 29, No. 1, 2015.

J. Kim et al., "Longitudinal Course and Family Correlates of Sibling Relationships from Childhood through Adolescence", *Child Development*, Vol. 77, No. 6, 2006.

J. M. Harper, L. M. Padilla-Walker, A. C. Jensen, "Do Siblings Matter Independent of Both Parents and Friends? Sympathy as a Mediator between Sibling Relationship Quality and Adolescent Outcomes", *Journal of Research on Adolescence*, Vol. 26, No. 1, 2016.

J. N. Gullicks, S. J. Crase, "Sibling Behavior with a Newborn: Parents' Expectations and Observations", *Obstet Gynecol Neonatal Nurs*, Vol. 22, No. 5, 1993.

K. A. Matthews, L. C. Gallo, "Psychological Perspectives on Pathways Linking Socioeconomic Status and Physical Health", *Annual Review of Psychology*, Vol. 62, No. 1, 2011.

K. A. Updegraff et al., "Adolescent Sibling Relationships in Mexican American Families: Exploring the Role of Familism", *Journal of Family Psychology*, Vol. 19, No. 4, 2005.

K. A. Updegraff, S. M. McHale, A. C. Crouter, "Adolescents' Sibling Relationship and Friendship Experiences: Developmental Patterns and Relationship Linkages", *Social Development*, Vol. 11, No. 2, 2002.

K. Hodge, C. Lonsdale, "Prosocial and Antisocial Behavior in Sport: The Role of Coaching Style, Autonomous vs. Controlled Motivation, and Moral Disengagement", *Journal of Sport Exercise Psychology*, Vol. 33, No. 4, 2011.

K. L. Buist, A. Metindogan, S. Coban, "Cross-Culture Difference in Sibling Power Balance and Its Concomitants across Three Age Periods", *Journal of General and Family Medicine*, Vol. 156, 2017.

K. L. Buist, M. Deković, P. Prinzie, "Sibling Relationship Quality and Psychopathology of Children and Adolescents: A Meta-Analysis", *Clinical Psychology Review*, Vol. 33, No. 1, 2013.

K. L. Buist, M. Vermande, "Sibling Relationship Patterns and Their Associations with Child Competence and Problem Behavior", *Journal of Family Psychology*, Vol. 28, No. 4, 2014.

K. McCoy, H. Brody, Z. Stoneman, "Temperament and the Quality of Best Friendships: Effect of Same-Sex Sibling Relationships", *Family Relations*, Vol. 51, No. 3, 2002.

L. A. Serbin, J. Karp, "The Intergenerational Transfer of Psychosocial Risk: Mediators of Vulnerability and Resilience", *Annual Review of P*sychology, Vol. 55, No. 5, 2004.

L. Kramer, A. K. Kowal, "Sibling Relationship Quality from Birth to Adolescence: The Enduring Contributions of Friends", *Journal of Family Psychology*, Vol. 19, No. 4, 2005.

L. Kramer, D. Ramsburg, "Advice Given to Parents on Welcoming a Second Child: A Critical Review", *Family Relations*, Vol. 51, No. 1, 2002.

L. Kramer, "Learning Emotional Understanding and Emotion Regulation through Sibling Interaction", *Early Education and Development*, Vol. 25, No. 2, 2014.

L. M. Padilla-Walker, J. M. Harper, A. C. Jensen, "Self-regulation as a Mediator between Sibling Relationship Quality and Early Adolescents' Positive and Negative Outcomes", *Journal of Family Psychology*, Vol. 24, No. 4, 2010.

M. A. Dirks et al. , "Sibling Relationships as Sources of Risk and Resilience in the Development and Maintenance of Internalizing and Externalizing Problems during Childhood and Adolescence", *Clinical Psychology Review*, Vol. 42, 2015.

M. Dekovic, K. Buist, "Multiple Perspectives within the Family: Family Relationship Patterns", *Journal of Family Issues*, Vol. 26, No. 4, 2005.

M. E. Feinberg, A. R. Solmeyer, S. M. McHale, "The Third Rail of Family Systems: Sibling Relationships, Mental and Behavioral Health, and Preventive Intervention in Childhood and Adolescence", *Clinical Child and Family Psychology Review*, Vol. 15, No. 1, 2012.

M. E. Feinberg et al., "Sibling Comparison of Differential Parental Treatment in Adolescence: Gender, Self-esteem, and Emotionality as Mediators of the Parenting-Adjustment Association", *Child Development*, Vol. 71, No. 6, 2000.

M. E. Feinberg et al., "Sibling Differentiation: Sibling and Parent Relationship Trajectories in Adolescence", *Child Development*, Vol. 74, No. 5, 2003.

M. Nozaki, K. K. Fujisawa, "The Effects of Sibling Relationships on Social Adjustment among Japanese Twins Compared with Singletons", *Twin Research and Hum*an Genetics, Vol. 15, No. 6, 2012.

M. Paciello et al., "Stability and Change of Moral Disengagement and Its Impact on Aggression and Violence in Late Adolescence", *Child Development*, Vol. 79, No. 5, 2008.

M. Scharf, S. Shulman, L. Avigad-Spitz, "Sibling Relationships in Emerging Adulthood and in Adolescence", *Journal of Adolescent Reerach*, Vol. 20, No. 1, 2005.

M. Voorpostel, R. Blieszner, "Intergenrational Solidarity and Support between Adult Siblings", *Journal of Marriage and Family*, Vol. 70, No. 1, 2008.

N. Campione-Barr et al., "Domain Differentiated Disclosure to Mothers and Siblings and Associations with Sibling Relationship Quality and Youth Emotional Adjustment", *Developmental Psychology*, Vol. 51, No. 9, 2015.

N. Campione-Barr, J. G. Smetana, "Who Said You Could Wear My Sweater: Adolescent Siblings' Conflicts and Associations with Relationship Quality", *Child Development*, Vol. 81, No. 2, 2010.

N. Howe, L. K. Karos, J. Aquan-Assee, "Sibling Relationship Quality in Early Adolescence: Child and Maternal Perceptions and Daily Interactions", *Infant and Child Development*, Vol. 20, No. 2, 2011.

N. Szabó, J. S. Dubas, M. A. G Van Aken, "Jealousy in Firstborn Toddlers within the Context of the Primary Family Triad", *Social Development*, Vol. 23, No. 2, 2014.

N. Tippett, D. Wolke, "Aggression between Siblings: Associations with the Home Environment and Peer Bullying", *Aggressive Behavior*, Vol. 41, No. 1, 2015.

P. Bressan, S. M. Colarelli, M. B. Cavalieri, "Biologically Costly Altruism Depends on Emotional Closeness among Step but not Half or Full Sibling", *Evolutionary Psychology*, Vol. 7, No. 1, 2009.

P. L. East, S. T. Khoo, "Longitudinal Pathways Linking Family Factors and Sibling Relationship Qualities to Adolescent Substance Use and Sexual Risk Behaviors", *Journal of Family Psychology*, Vol. 19, No. 4, 2005.

P. Munn, J. Dunn, "Temperament and the Developing Relationship between Siblings", *International Journal of Behavioral Development*, Vol. 12, No. 4, 1989.

P. T. Davies, D. Cicchetti, "Toward an Integration of Family Systems and Developmental Psychopathology Approaches", *Development and Psychopathology*, Vol. 16, No. 3, 2004.

R. Ensor et al., "Trajectories of a Antisocial Behaviour towards Siblings Predict Antisocial Behaviour towards Peers", *Journal of Child Psychology and Psychiatry*, Vol. 51, No. 11, 2010.

R. Jeannin, K. Van Leeuwen, "Associations between Direct and Indirect Perceptions of Parental Differential Treatment and Child Socio-Emotional Adaptation", *Journal of Child and Family Studies*, Vol. 24, No. 6, 2015.

S. D. Whiteman, A. R. Solmeyer, S. M. McHale, "Sibling Relationships and Adolescent Adjustment: Longitudinal Associations in Two-Parent African American Families", *Journal of Youth and Adolescence*, Vol. 44, No. 11, 2015.

S. D. Whiteman, S. M. McHale, A. Soli, "Theoretical Perspectives on Sibling Relationships", *Family Theory Review*, Vol. 3, No. 2, 2011.

S. E. Doughty et al. ,"Links between Sibling Experiences and Romantic Competence from Adolescence through Young Adulthood",*Journal of Youth and Adolescence*, Vol. 44, No. 11, 2015.

S. Eriksen, N. A. Gerstel,"Labor of Love or Labor Itself: Care Work among Adult Brothers and Sisters", *Journal of Family Issues*, Vol. 23, No. 7, 2002.

S. Gameiro, M. Moura-Ramos, M. C. Canavarro,"Maternal Adjustment to the Birth of Child: Primiparity versus Multiparity", *Journal of Reproductive and Infant Psychology*, Vol. 27, No. 3, 2009.

S. Lecce, A. Pagnin, G. Pinto,"Agreement in Children's Evaluation of Their Relationships with Siblings and Friends", *European Journal of Developmental Psychology*, Vol. 6, No. 2, 2009.

S. L. Hart, K. Y. Behrens,"Affective and Behavioral Features of Jealousy Protest: Associations with Child Temperament, Maternal Interaction Style, and Attachment", *Infancy*, Vol. 8, No. 3, 2013.

S. McGuire, S. M. McHale, K. Updegraf,"Children's Percpeptions of the Sibling Relationship in Middle Childhood: Connections within and between Family Relationship", *Personal Relationhips*, Vol. 3, No. 3, 1996.

S. M. McHale et al. ,"Characteristics and Correlate of Sibling Relationships in Two-Parent African American Family", *Journal of Family Psychology*, Vol. 21, No. 2, 2007.

S. M. McHale et al. ,"Congruence between Mothers' and Fathers' Differential Treatment of Siblings: Links with Family Relations and Children's Well-Being", *Child Development*, Vol. 66, No. 1,1995.

S. M. McHale, K. A. Updegraff, S. D. Whiteman,"Sibling Relationships and Influences in Childhood and Adolescence", *Journal of Marriage and Family*, Vol. 74, No. 10, 2012.

T. R. Lee, J. A. Mancini, J. W. Maxwell,"Sibling Relationships in Adulthood: Contact Patterns and Motivations", *Journal of Marriage and the Family*,

Vol. 52, No. 2, 1990.

V. G. Cicirelli, "Sibling Relationships in Cross-Cultural Perspective", *Journal of Marriage and the Family*, Vol. 56, No. 1, 1994.

V. J. Noland et al., "Is Adolescent Sibling Violence a Precursor to College Dating Violence?", *American Journal of Health Behavior*, Vol. 28, No. 1, 2004.

W. A. Arrindell et al., "The Development of a Short Form of the EMBU: Its Appraisal with Students in Greece, Guatemala, Hungary and Italy", *Personality & Individual Differences*, Vol. 27, No. 4, 1999. W. Furman, D. Buhrmester, "Age and Sex Differences in Perceptions of Networks of Personal Relationships", *Child Development*, Vol. 63, No. 1, 1992.

W. Furman, D. Buhrmester, "Children's Perceptions of the Qualities of Sibling Relationships", *Child Development*, Vol. 56, No. 2, 1985.

W. V. Fabricius, "Listening to Children of Divorce: New Findings That Diverge from Wallerstein, Lewis, and Blakeslee", *Family Relations*, Vol. 52, No. 4, 2003.

Y. Lincoln, E. Guba, *Naturalistic Inquiry*, New York: Sage, 1985.